创新从这里起飞

我的教育故事

杨晓林 ◎ 著

中国国际广播出版社

图书在版编目（CIP）数据

创新从这里起飞：我的教育故事 / 杨晓林著 . — 北京：中国国际广播出版社，2021.9
ISBN 978-7-5078-4987-5

Ⅰ . ①创… Ⅱ . ①杨… Ⅲ . ①教育工作 Ⅳ . ① G4

中国版本图书馆 CIP 数据核字（2021）第 177294 号

创新从这里起飞：我的教育故事

著　　者	杨晓林
责任编辑	张娟平
校　　对	有　森
装帧设计	顽瞳书衣

出版发行	中国国际广播出版社有限公司　[010-89508207（传真）]
社　　址	北京市丰台区榴乡路 88 号石榴中心 2 号楼 1701
	邮编：100079
印　　刷	天津雅泽印刷有限公司
开　　本	710×1000　1/16
字　　数	392 千字
印　　张	28
版　　次	2022 年 1 月　北京第一版
印　　次	2022 年 1 月　第一次印刷
定　　价	89.00 元

版权所有　　盗版必究

叶澜教授说:"一个教师写一辈子教案难以成为名师,但如果写三年反思则有可能成为名师。"我用教学实践,印证着叶澜教授说的这句话。从2004年开始,大约三年时间里,我迅速从一名普通教师成长为一名区级骨干教师;2007年我不仅站在了全国优质课大赛的舞台上,而且在全国知名的刊物上发表论文10篇(我正式成为区名教师是在2012年)。教育实践告诉我,教学反思是成为名师的关键。

写三年教学反思一定可以成为名师吗?答案是否定的。我们撰写的教学反思源于我们的教学实践。教师上的课精彩,反思才会精彩;教师上的课有创意,反思才会有创意。所以,即使我们每天坚持写教学反思,但是如果我们的课堂仍然是"穿新鞋,走老路",或者我们的教学平淡无奇、毫无亮点,那么我们怎么能写出有价值的东西呢?"问渠那得清如许,为有源头活水来"。写三年反思,要想有所建树,就必须改变自己的教学方式,使自己的教学实践富有创造性,与众不同,而不是故步自封,墨守成规。

只有实践没有反思,可以吗?不可以。一个教师只有经验而没有对经验进行深入思考,即使是有20年的教学经验,那也只是一年工作的20次重复。如果不善于反思和总结,教师的专业化成长就非常受限——最终导致教学的平庸。"实践、认识、再实践、再认识"循环往复以至无穷，才能获得更深刻的认识，教学反思在教学实践中正是起到这样的作用。爱因斯坦说："学习知识要善于思考、思考、再思考，我就是靠这个方法成为科学家的。"科学家搞研究要善于思考，教师搞教学同样要善于思考。实践是源泉，反思是灵魂、是升华。实践与反思相辅相成，互相促进，形成良性循环，从而促使我们的教学水平和教育智慧不断提升。

科学课程的研究范围非常广泛，有天文、地理、物理、化学、生物等，可谓丰富多彩、包罗万象，可以说，科学课程就是一部百科全书。要上好科学课，教师需要具有广博的知识和高超的教育智慧，这就需要不断地学习，向书本学习，在实践中学习，在学习中实践。在广阔的科学海洋里，我们永远都是不断学习和探索的孩子。

多年的教育实践告诉我们，科学课具有复杂性和多变性。教学中常常会遇到各种各样的问题，这就需要教师随机应变，灵活机动地处理和应对。在这个过程中，教师和学生一起成长，共同进步，这就是我们常说的教学相长。每一个孩子都是一个珍贵的生命，每一个学生都是一幅生动的画卷。多年来，如果说自己在专业成长方面有些进步，很多时候都该感谢我的孩子们，因为在他们身上我学到了很多东西，所有这些东西都是一笔宝贵的财富。将我和孩子们的故事记录下来，并进行分析和总结，就不再是简单的教学工作了，而是一种创造性的研究工作。在这份研究工作中，既有教师和学生的共同成长，又有研究成果，还有学生的敬佩和同行的赞誉，这难道不是人生的幸福吗？

"文章千古事，得失寸心知。"写作是一种艰苦的脑力劳动。教学反思、教学研究，说起来只是简单的几个字，但是其背后却凝聚着无数的辛勤和汗水。创造和收获总是辛苦勤劳的产儿,怠惰无为只会浪费年华生命。鲁迅先生说:"哪里有天才,我只是把别人喝咖啡的时间都用在了工作上。"爱迪生说:"天才是百分之一的灵感和百分之九十九的汗水。"当我们真正去做的时候,我们才会理解这些名言的真正含义。多年来,自己埋头于实验室,埋头于教育实践,读书、思考、研究、撰写教学文章……除了吃饭睡觉,满脑子都是这些事情。很多业余时间和节假日也都忙得不亦乐乎。人不入迷难出奇。正是这些全身心的投入与付出,才换来了一些富于创造性的研究成果。

鲁迅先生说过:"我吃的是草,挤出来的是奶。"这句话用在教学反思(教学研究或教育科研)上,也是特别合适的。我们写的教学反思只是素材,素材要积累很多很多,才能形成有价值的东西。我们写了很多教学反思,但是,最后的研究成果可能只是很少的一部分。

我写的教学反思有多种形式,如教学案例、教育叙事、教学实录、教育日记等,这么多的文章形式也是在"写"的实践中摸索出来的。本书也按照这些形式进行了分类,但这种分类未必十分科学,如教学案例和教育叙事之间可能既有联系又有区别,有的教育日记可能就是一篇教学叙事。文无定法,贵在得法。只要我们写出高质量的教学反思,其实也不必太在乎文章的形式。

本书收录的教学反思,完全是自己教育教学实践的记录和总结。但本书的逻辑性并不算十分严谨,所列举的事例是有交叉的,其中的内容可能会有小部分的重复。

多年以前,我就有过"出本书"的想法。有的老师也和我说过发表了那么多文章,为啥不出本书呢?但是由于各种原因,没有付诸实践。这一次,我终于下定决心要把从前的"想法"变成现在的"现实"。书是人类进步的阶梯。自己撰写的文章，让更多的教师、读者看到，把好的教学经验传播出去，我想这是一件十分有意义的事情。

本书既是本人专业成长的文集，又是一本催人奋进的励志之作。书中涉及的内容十分广泛，可以说是一部"百科全书"。里面包含着丰富多彩的案例，具有很强的科学性、实用性、创造性、可读性、趣味性，语言通俗易懂，朴实无华，没有枯燥、空洞的理论说教。不管您是教师还是学生，抑或普通的读者，相信阅读本书，一定可以看到一个五彩缤纷的世界，并且会受到很多启发和教益。

创新起飞——教学案例

从学生的"卖弄"想到的 /002

放飞学生想象的翅膀 /007

蜗牛吃纸吗 /010

日晕与蜗牛的故事 /014

揭开"彩虹"的神秘面纱 /021

太阳里面的小黑点 /025

面对突如其来的"失火" /028

是压缩空气有弹性吗 /031

润物无声——教育叙事

三年级的第一节科学课 /038

做和不做是不一样的 /044

《摩擦力》教学故事 /048

面对学生的"固执己见" /052

科学教育资源无处不在 /058

蚯蚓的生命力 /062

看似平淡的超越 /067

一张奖励证书 /070

由一次实验操作考试想到的 /074

跳出鱼缸的鱼 /077

意外的收获——《蚂蚁》教学故事 /080

智慧课堂——教学实录

《人造地球卫星》教学实录与评析 /088

《光的传播》教学实录与评析 /100

把谜语引入课堂——《奇妙的护身术》教学实录与反思 /110

一场精彩纷呈的辩论赛——《和谐相处》教学实录与反思 /118

《滑动与滚动》教学实录与反思 /128

《凝结》教学实录与评析 /137

《磁铁的磁性》教学片段与评析 /143

《食盐在水里溶解了》教学实录与评析 /151

放飞学生的心灵——《研究土壤》教学与感悟 /157

豪华落尽见真淳——《声音是怎样产生的》教学实录与评析 /165

因为真实而可爱,因为突破而精彩——《纸的观察》教学片段与反思 /171

魅力科学——教学论文

体验科学魅力,享受快乐学习——科学教学激趣法 /178

教学资源就在我们身边 /184

一切尽在回味中——谈谈科学课的结课 /193

发挥主体作用,培养创新能力 /200

精彩的导入是成功的起点——科学课导入法 /206

尝试把科学课上得有哲学味 /212

随机应变　出奇制胜——例谈科学课的灵活导入 /224

将故事引入科学课堂 /229

风雨彩虹——专业成长

梅花香自苦寒来——我的专业成长历程 /236

站在领奖台上 /250

尘埃落定思无涯——参加全国信息技术整合课大赛随感 /253

李老师的表扬 /256

在东师大培训会上的发言 /259

教师即研究者 /262

教师要写论文吗 /267

童心火花——教育日记

科学是人类进步的阶梯 /274

是坐车好还是不坐车好 /276

要为学生的健康着想 /278

使用工具 /280

由孩子的模仿想到的 /281

要关注学生中的弱势群体 /283

是少数服从多数吗 /286

要好好锻炼自己的口才 /290

换座 /292

老师，我的水蜗牛死了 /294

学生给我送来了青蛙 /296

老师，水蜗牛是卵生的 /298

自制小船比赛 /300

学生给我包书皮 /302

这是真的吗 /304

科学作业 /306

云的联想 /307

把军事问题引入科学课 /309

是大雨纷"飞"吗 /311

"老师，我的第二页没有天气预报图！" /313

小小雨伞寄深情 /315

世界上有完全一样的人吗 /317

学生打碎烧杯之后 /319

小壁虎掉尾巴 /321

神秘的礼物 /323

一个奇异的回答 /325

不以分数论英雄 /328

丢失的小钢片 /330

是"屁" /332

老师的字写得真好 /334

汽车里面有电动机吗 /336

必须以实际存在的为基础 /338

钓鱼岛也是生态系统 /341

要实事求是 /343

"丑小鸭" /345

原来学生竟如此喜欢科学 /347

光源的争论 /349

语言要准确 /351

多考虑学生的需要 /353

畅谈时间 /355

细胞与生命同在 /357

大侠 /359

疾风知劲草 /360

如何减少声音 /361

老师，实验室的防火沙箱怎么不见了 /363

是惯性吗 /365

爸爸的安全帽也是拱形的 /367

让科学课多些笑声 /369

月亮遐想 /371

老师，上课的时候我可以这样坐着吗 /372

她只是一只纸老虎 /374

老师戴的眼镜是放大镜吗 /375

今日事今日毕 /377

学生对"反思"的疑问 /379

爱的阳光雨露 /381

超级教师（Superteacher）/383

爱的传递 /385

静待花开——教育随想

可贵的平民意识 /390

教改新举措之思辨 /394

菩提祖师的"教育"失误——看《西游记》有感 /397

科学的本质是什么 /400

牛顿的伟大——写在"神舟八号"发射之际 /404

朝花夕拾——生活杂感

沙入蚌中谁曾见，一朝成珠天下奇 /408

我看《小兵张嘎》/411

洪师傅不一定要舍弃生命——看《叶问2》有感 /413

"卑躬屈膝"并不能赢得女性的芳心——看《非诚勿扰》有感 /415

清明节的思念 /417

泰山游记 /424

后 记 /433

创新起飞——教学案例

> 处处是创造之地,天天是创造之时,人人是创造之人,而儿童是新时代的创造者,要注重解放儿童的想象创造力。
>
> ——陶行知
>
> 世上没有两片完全相同的树叶,每片叶子都散发着生命的光芒。

从学生的"卖弄"想到的

这节课是六年级的一节科学课,课题是《动物与环境》。课堂上,同学们首先观察了课本插图中的几种动物:蝴蝶、蛾子、鱼、骆驼、猴子、北极熊,思考了它们各自生活的不同环境,初步得出了"各种动物都生活在一定的环境里"的结论。然后,在老师的引导下,同学们兴致勃勃地摆弄着自己带来的实验材料——纸盒、蚯蚓、蜗牛、干土、湿土等,同学们很快设计好了实验,验证了自己的猜想——蚯蚓或蜗牛喜欢阴暗、潮湿的环境。

教学顺利进行到了最后一个环节——认识不同环境中生活着的不同动物。我先让同学们仔细观察了书中的第一幅插图,接着提问:

"图中是什么环境?这里的环境有什么特点?"

"图中的环境是热带森林,这里的环境特点是树木茂盛,气候温暖、湿润。"张力同学站起来不慌不忙地回答。

"在这里生活着什么动物?除了图中画的,你还知道哪些动物生活在这里?"我继续问。

"在这里生活着大象,其他的像老虎、兔子、蛇,也可以在森林里生活。"张力同学依然从容地回答。

"还有狐狸、刺猬、狼、虫子……"其他同学也跟着七嘴八舌地回答,一时间,同学们议论纷纷，课堂气氛十分活跃。看来，同学们对动物有着浓厚的兴趣。

"同学们的知识真丰富！"我极力地表扬着。这时，我忽然发现班里平时非常活跃的贾自强同学在举手，我示意他站起来。

"你有什么问题吗？"我问。

"老师，我想反驳张力同学。"

"你想反驳他？反驳他什么呀？"

"老师，我想给他提个问题。"

"好，那你说吧！"

"张力，我想给你提个问题，你知道插图中的大象是什么'象'吗？"

"当然是'大'象了！"张力在匆忙中机智地回答，他把"大"字读得特别重，此时班里的同学都哈哈大笑起来。

"我知道是大象，我想问的是图中到底是什么大象？"在大笑声中，贾自强同学并没有自乱阵脚，他不慌不忙，继续向张力同学追问着。

此时，张力不能再回答了，他在竭力思考着，难道大象还有不同类别吗？这时教室里也显得异常安静，同学们都在努力思考着，如果这时谁能回答出这个问题，那一定会语惊四座！可是，时间一秒一秒地过去了，班里没有其他同学再站起来。

大象还有其他种类吗？说句心里话，作为科学教师，我也不清楚插图中的大象到底是什么大象？这个问题我也不能解答。

解铃还须系铃人！看着贾自强同学胸有成竹的样子，我对他说："好，大家都不清楚，那就请你谈一谈自己的观点吧！"

"好，"贾自强自信地解释着，"大象可以分为两种，一种是亚洲象，一种是非洲象。亚洲象一般生活在热带森林里，而非洲象一般生活在热带草原里，课本插图里画的是热带森林，所以我认为图中的大象应该是亚洲象。"真是语惊四座！贾自强的解释有理有据，逻辑性极强，充满了智慧！

"真是太精彩了！"我极力地表扬着。

"老师，我还想说。"他继续说。

"亚洲象和非洲象在外形上有较大的不同，这同样说明了不同的环境生活着不同的动物！"多么富有创造性的见解！

"你是怎么知道的？"我惊奇地问。

"我是从《小哥白尼》上看到的。"

"你喜欢看书，知识丰富，并且利用所学知识提出了独到的见解，真了不起！你就是当代的小哥白尼！"我激动地表扬说。

"哗……"此时，班里响起了热烈的掌声。

晚上，我打开电脑，在网上查找了有关亚洲象和非洲象的资料，发现贾自强的看法是正确的，只是个别资料略有不同。我还是不放心，为了弄个水落石出，几天后，我又去了唐山市最大的新华书店，翻阅了许多书，终于找到了需要的答案。

教学反思：

1. 知识是想象和创造的源泉

几天过去了，贾自强同学精彩回答的镜头依然浮现在我的脑海里。我想，他之所以能对书上的插图提出自己的独到见解，最根本的原因在于他读书多，知识丰富；思考多，见解深刻。

刘默耕老师说："没有科学知识，就没有科学能力，很难想象一个头脑空白的人如何解决一些复杂的科学问题。"知识是想象和创造的源泉。没有科学知识，想象和创造就成了无源之水、无本之木。

随着新课改的推进，科学教学目标中的知识目标居于次要地位，但这并不是说学习知识就不重要了，必要的知识是要学的，而且要学好、学透、学扎实。我们反对的是只知道死读书，只知道死记硬背，学到的知识不会灵活运用，不会根据所学知识有所发明和创造。

"问渠那得清如许，为有源头活水来"，今天的孩子在互联网、报纸杂志等多种媒体伴随的环境中成长，他们在信息跑道上常常领先于家长和老师，在学习上有更大的能动性和创造性。因此，鼓励学生阅读课外书，学会上网查阅资料是非常必要的。作为教师，也要不断学习，以前讲"给学生一杯水，教师要有一桶水"，现在想来，这恐怕是不够的，教师要有"一潭活水"，要让学生创造思维的小石子激起层层的涟漪！

2. 呵护学生质疑与批判的火花

质疑与批判是创新精神最重要的体现。质疑是结合自己的独立思考提出质询和怀疑。批判是在质疑的基础上，有根据地对现有知识或结论进行批驳与评判，敢于向权威和陈规挑战，从而建立新的观点。

六年级的科学课本，我使用好几年了，年年讲到这个环节，自己也没有产生过疑问；许多学生也仔细观察过这幅插图，也没有提出过质疑。教参中的说明也不过是"森林里生活着大象"一句话。令人惊喜的是，今天由自己的学生打破了这个"编者、教师、学生同唱一首歌"的局面，大胆提出质疑，提出了"插图中的大象为亚洲象"的新观点。

"一个敢于挑战权威的人往往是最有创造精神的人。"作为教师，在学生提出不同意见时，我们要弯下腰来，认真聆听孩子的心声，让自己的思维与孩子的想法共舞，精心呵护他们的异见，这样，他们的创新思维才会不断闪光！

3. 营造宽松民主的教学环境

人格是环境的产物。创造性人格的培养需要营造宽松民主的环境与之相适应。宽松民主的教学环境是培养学生创造性人格的"气候和土壤"。只有在这样的"气候和土壤"中，学生才会有人格的舒展和绽放，才会有思维的活跃和激荡，才会有创新智慧的迸发。

上述教学中,教师丢掉师道尊严,放下"居高临下"的架子,不搞"一言堂",给学生创造了"七嘴八舌"的空间和条件,才有学生的"春色满园关不住,一枝红杏出墙来"。

(本文发表于《湖北教育:科学课》2016年第2期)

🎓 放飞学生想象的翅膀

小学四年级科学《让运动的物体停下来》第二课时，我让同学们通过分组活动认识了摩擦力的无处不在，找到了增大或减小摩擦的方法。在教学的最后环节，我给同学们提出了一个开放性且富于思考性的问题：如果没有摩擦力，世界会怎么样？同学们经过思考、讨论，进行了大胆的设想。

有的说："没有摩擦力，我们就不能写字，也不能用橡皮改正错误。"

有的说："如果没有摩擦力，我们就无法走路，用手拿东西也非常困难。"

有的说："没有摩擦力，塑料尺就不能和头发产生静电，它也就不能吸引轻小物体。"

有的说："没有摩擦力，流星就不能在天空和大气迸发出火花。"

有的说："如果没有摩擦力，汽车、火车根本就无法停下来，交通事故就会频繁发生，整个世界就会乱作一团。"

"想象力真丰富！"我随即表扬了这位同学的大胆想象，正想做一个小结，来结束本课的教学，忽然又有人站起来反驳："如果没有摩擦力，汽车、火车根本就跑不起来，交通事故又怎么会发生呢？那样整个世界就会陷入一片瘫痪状态。"

这时又有几位同学表示赞同，于是持不同意见的同学开始争论起来，谁也不服气。看到这些，我也一怔，是呀，两位同学的想象推理都是合乎道理的，但为什么正确的想象和推理会导致不同的结果呢？我的大脑思维在飞速地运转，随即终于恍然大悟。于是我引导同学们在各自的推导前提上找找原因，双方同学又重新陷入了沉思、讨论。一会儿，同学们终于发现，原来，两个推导的前提是不一样的，前一个推导的前提是：物体（汽车、火车）在开始时是运动的；后一个推导的前提是：物体（汽车、火车）在开始时是静止的。此时，我和同学们像发现新大陆一样，享受到了成功的喜悦。

我想，在同学们的这些大胆想象和推理之中，无疑渗透着牛顿的惯性定律的思想，如果我们的学生早出生几百年，没准儿也是牛顿、哥白尼一样的大家呢！

教学反思：

爱因斯坦说："想象力比知识更重要，因为知识是有限的，而想象力概括着世界上的一切，推动着人类的进步，而且是知识进化的源泉。"科学课的教学如果只停留在结论的获得上，是不完美和不深刻的，教师还要深挖教材以外的创造因素，引导学生大胆思维，充分放飞学生想象的翅膀，让他们自由地探索科学的奥秘。在上面的教学中，同学们认识了摩擦力的存在，教师提出"没有摩擦力，世界会怎么样"的问题后，学生充分展开想象的翅膀，不仅说出了没有摩擦力，写字、走路等普通生活不能发生的结论，还提出了没有摩擦力，静电、流星等自然现象就不能产生的设想，并且提出了两个看似矛盾、实则合乎道理的大胆推断。学生的想象天上地下，海阔天空，许多想法真是在意料之外，但又在情理之中。从这些想法中不难看出，创造性思维火花在学生的想象中闪烁！

想象，就是创新，创新发端于想象。学校要培养创造型人才，重点在于培养孩子们的想象力，因此，在科学教学中，我们要善于激发学生的想象和思维，鼓励学生发表独特见解，积极倡导学生各抒己见，据理力争，标新立异，尤其是不同意见更要保护和珍视。教师要有意识地组织学生抓住矛盾焦点，进行讨论交流，甚至展开激烈的争辩，形成思维激荡、高潮迭起的课堂氛围。在以上教学中，学生提出了两种观点，一种是"没有摩擦力，汽车火车不能停下来，交通事故就会频繁发生。"另一种观点是"没有摩擦力，汽车火车根本就不能跑起来，交通事故不会发生。"两种观点奇特而新颖，推理正确，但结论却不一致，这就是矛盾的焦点，究竟谁的观点正确呢？在老师的引导下，同学们继续讨论交流，充分展开想象的翅膀，充分拓展思维空间，终于从"山重水复疑无路"进入"柳暗花明又一村"的豁然开朗境地。学生通过这种创造性想象，摆脱了原有知识范围的羁绊和思维定势的禁锢，从而提出新观点，而这些新观点就具有了一定的新颖度和新高度，这就是创造性想象的力量！也许答案并不重要，过程才是美丽的。在讨论交流中，学生相互启发、相互激励、相互评价，不但学到了知识，培养了想象力，而且体会到了自我成功的快乐。

此外，教师提出的问题也很关键。好的问题可以打开学生思维的大门，使他们思维活跃，有所发现和领悟。当教师提出问题后，学生围绕问题只是简单思考一下，就草草结束，这样的教学并不深刻和完美，我们的教学还应该前进一步。只有这样，我们才可以进一步激发学生的想象力和创造力，我们的教学才会更加生机勃勃。同时，教师本人要有一定的教学机智和丰富的学识，否则的话，在同学们的创造性思维面前，教师也许会无所适从。以前讲"给学生一碗水，教师要有一桶水"，现在想来，这恐怕是不够的，教师要有"一潭活水"，才能保证让每个学生把创造性思维、想象的小石子投在你的水中，而能激起层层的浪花。

（2004年，我在唐山市开平小学会议室交流了这篇教学案例，一鸣惊人，受到了教育局李玉芝老师、教育总校张伟老师的赞誉。这次交流看似普通，但却是我专业成长的起点，也是我人生的新起点。这篇文章发表在全国很有名的刊物《教学仪器与实验》2005年第1期，后来一发不可收拾。）

蜗牛吃纸吗

那是去年九月的一节科学课,上课时同学们带来了许多材料,有蚯蚓、湿土、干土,其中李朋威同学带来了40多只蜗牛,实验时,他用蜗牛代替蚯蚓,取得了非常好的效果,课上我极力地表扬了他。下课了,同学们陆续走出教室,我看见李朋威同学也跟着走出来,手里拿着许多蜗牛,就对他说:"实验后的这些蜗牛,你打算怎么处理它们?""我想把它送回原处。""这样做很好,现在老师也想研究研究它,就把它送给老师吧!""当然可以。"李朋威一边说,一边把蜗牛递给了我。

我来到准备室,把这些蜗牛放在桌子上。这些蜗牛用一个磁带盒装着,蜗牛很多,盒子很小,这么多蜗牛就在里面挤着,许多蜗牛早把身子缩到了壳里面,也有的把身体还留在了外面,腹部紧贴着磁带盒的内壁。

下午下班的时候,我又想起了这些蜗牛,它们在一个盒子里很拥挤,也很闷,把蜗牛放在里面,肯定不利于饲养,于是我找来了一个培养皿,把培养皿放在桌子上,将三只蜗牛放在里面,也没有盖上盖儿。我想,蜗牛也不喜欢运动,就是运动了爬行速度也很慢,该不会跑多远吧。

第二天早晨,我走进准备室,发现放在桌子上的培养皿里的蜗牛一只也不见了,咦,蜗牛跑到哪里去了呢?再仔细观察,桌子上有白色发亮的黏液的痕迹,我想,这些痕迹是不是蜗牛留下的呢?于是我顺着痕迹寻找蜗牛,没有找到。我又想，蜗牛一定是不喜欢这个环境，或者饿了，去寻找食物了吧！此时我的脑子里又打了一个大大的问号：蜗牛的爬行速度那么慢，一夜之间又会跑到哪里去呢？既然找不到答案，就索性不去想它，还是干点别的事吧！于是我拿起书开始备课，看了一会儿，我又拿起一本杂志，忽然我发现杂志的一角缺了一小块，好像是被什么东西给啃了似的。再仔细一看，"蚕食处"还留有发白发亮的痕迹，和刚才桌子上的痕迹一样，此时我突然明白过来，这痕迹是不是蜗牛留下的呢？如果是的话，那杂志上的"缺口"是不是蜗牛吃的呢？蜗牛会吃纸吗？一连串的问题浮现在我的脑海里，想了好久，我决定用实验的方法来验证一下我的猜想。

说干就干，我准备好了实验材料：饲养槽、馒头、纸等。我先把馒头、纸放在饲养槽里，在馒头和纸之间放上30多只蜗牛，随后我在旁边开始观察蜗牛的动静。奇怪，此时的蜗牛好像受到了惊吓，一个个把身体藏在了壳里，都不出来。可能时间不够吧，我于是先躲开了。大约过了40分钟，我再去看，发现蜗牛还是躲在壳里，一动也不动，难道是蜗牛的环境不够潮湿？我又在蜗牛的身体上面淋了一些水。过了一会儿，我再去看时，蜗牛还是不出来，这到底是怎么回事呢？此时我忽然想起，蜗牛喜欢潮湿的环境，同样也喜欢黑暗的环境，准备室里阳光充足，蜗牛当然是不敢出来了。于是我又把饲养槽放在实验室的一个角落里，并用黑布包好，便离开了。

两节课之后，我来到实验室，打开黑布，一种似乎是意料之中的景象出现在眼前：饲养槽里的馒头上叮着好多只蜗牛，数了数，馒头上有7只，白纸上有6只，馒头上有明显被啃去的几个部分。让我惊奇的是，白纸上也叮着几只蜗牛，白纸上也有几处"缺口"，这"缺口"正是蜗牛吃掉的，呀，原来蜗牛真的是吃纸的。饲养槽的底部，有几只蜗牛在那里爬着，还有几只蜗牛互相粘在了一起，好像拥抱着、亲吻着。还有几只蜗牛爬到了饲养槽的上面直角处，叮在了那里，一动也不动。

蜗牛吃纸，这是我以前从来没听说过的，要不要把这个研究结果告诉给学生呢？当然应该，这不正是让学生进行科学探究的好机会吗？于是，在科学课堂上，我引导学生进行了如下科学探究活动。

提出问题：教师先把前天自己饲养蜗牛的故事讲给学生听，当讲到自己的杂志一角被"啃"、桌子上留下了发白发亮的痕迹时，引导学生提出问题："杂志的一角是被谁啃去一块儿呢？"

做出猜想：根据杂志一角被啃去的大小、周围留下的痕迹引导学生进行猜想：杂志的一角是被蜗牛啃去的，蜗牛很可能吃纸。

设计实验、验证猜想：学生明确实验目的后，讨论实验方案，交流后确定以下方案，把蜗牛放在一个圆形缸子里的中心处，在距离蜗牛相同距离的圆上位置放上白菜叶、小块馒头、小块白纸等，在缸子上蒙上一层黑布，把缸子放在实验室的黑暗的角落，隔一段时间仔细观察蜗牛的活动情况，并进行记录。

汇报交流：学生在细心的观察下，终于发现，有5只蜗牛爬到了白菜叶上，有4只蜗牛爬到了馒头上，有4只蜗牛爬到了白纸上，白纸出现了小窟窿，这显然是蜗牛吃掉的。有几只蜗牛在缸子的底部，还有几只蜗牛爬到了缸子上面。通过分析，学生得出自己的研究结果：

蜗牛除了吃白菜、馒头等食物外，也是吃纸的。

得出研究结果后，许多同学乘胜追击，提出质疑：蜗牛为什么会吃纸呢？同学们经过充分思考后认为，蜗牛喜欢吃植物的茎和叶，茎和叶里含有大量的纤维，纸也是由纤维构成的，蜗牛可能是喜欢吃纤维吧！这大概是蜗牛吃纸的原因吧！

教学反思：

"蜗牛吃纸"这个结论是以前自己所不知道的，书上也没有见到过，但现在自己知道了，应该归功于自己亲自饲养了蜗牛（当然这个蜗牛是学生捉到的），并且自己及时利用所看见的偶然现象，经过猜想、设计实验等环节，亲身经历了一个完整的科学探究过程，结果有了新的发现——得出蜗牛吃纸的结论。这使我想起了这样一句话：纸上得来终觉浅，绝知此事要躬行。科学家搞发明创造要亲自去实践，科学教师要有所发现，也要亲自去实践。作为学生要想获取真知，也要亲自去实践。认识源于实践，实践出真知，这是多么正确的真理啊！

新课程强调，要让学生真刀真枪搞科学，要让学生亲历科学探究过程，这对于提高学生的科学素养、培养学生的实践能力和创新精神无疑是十分重要的。但是，作为科学教师，要进行科学教学活动，是不是也应该亲身经历学生要研究的每一项活动呢？答案是肯定的。要求学生做到的，教师也应该首先做到。要求学生饲养蜗牛，教师也应该饲养蜗牛；要求学生观察蜗牛，教师也应该观察蜗牛；培养学生的科学素养，教师也应该具备较高的科学素养，只有这样，教师才能适应科学教学的需要，才能真正担当起"组织者""引领者""发现者"的重任。在上面的案例中，如果教师没有亲自饲养蜗牛，教师怎么会有新的发现呢？如果教师没有新的发现，又怎么能指导学生做出新的发现呢？在科学探究中，教师有了新的发现，再去引导学生进行科学探究，并且有所发现，这真是一举多得啊！

在活动的实施过程中，教师是科学活动的引领者、参与者，但不是单纯的知识传授者。当教师有了新的发现时，教师并没有把"蜗牛吃纸"的发现直接告诉给学生，而是引导学生自己提出问题、解决问题，真正使学生亲身经历了一个完整的科学探究过程，这对于培养他们的好奇心和求知欲，发展他们对科学本质的理解，使他们学会探究解决问题的策略，无疑会有很大帮助的。

在上面的案例中，事情的起因是由一位同学带来的40多只蜗牛引起的，看来学生对小动物、对科学是非常感兴趣的。然后这40多只蜗牛又激发了老师的"科学兴趣"。随后，教师的"科学兴趣"引发了科学发现，最后这些"科学发现"又再次影响了学生，可以说，这是一种"良性循环"，在这种良性循环中，教师和学生相互影响、相互促进、共同提高，这也可以算作是一种"教学相长"吧！既然这种"教学相长"有那么多的好处，就让我们的科学教学多一些"教学相长"吧！

（本文发表于国家级刊物《科学课》2009年第4期）

日晕与蜗牛的故事

看到这个题目,您一定会觉得很奇怪,日晕与蜗牛简直就是两种风马牛不相及的东西,它们怎么会扯到一起呢?不过,您先别急,听我慢慢道来。

一天,夏一楠同学来到我的办公室查找资料,查完后,我们一起来到外面,一边走一边谈。忽然,夏一楠好像想起了什么事,对我说:"老师,今天上午我又看到日晕了!""真的吗?"我问。"是真的,是张军告诉我的,我们一起观察了很长时间,现在天上还有呢!"夏一楠边说边把手指向天空,我抬头望了望,什么也没见到,"可能是日晕已经消失了!"夏一楠说。我于是继续问:"天上出现日晕预示着什么?""估计明天可能会下雨!""你说得很有道理,我想明天后天肯定会有雨的。"我胸有成竹地说。说起"日晕",我想起了一段有趣的故事:那大约是去年五月的一天,夏一楠同学在上操时发现太阳周围有一个"圈",并且是彩色的,当时他感到很好奇,但不知道这种现象是什么,他把这种现象告诉了同班的张军同学,张军也没见过这种现象,于是张军又来问我,我通过观察,猜想这种现象可能是"日晕"(因为我似乎听说过日晕这个词,但并没有真正见过),我鼓励他去查阅资料,并写出观察日记。张军通过查字典、上网,终于知道这种现象确实是日晕——一种罕见的自然景观,并且知道"日晕"是风雨将临的征兆。当时的张军显得异常兴奋,像发现新大陆似的。第二天,张军还把写好的观察日记给我看,我表扬了他，并且鼓励他继续观察。那天中午，天空下了一阵小雨。在第三天晚上，果然下了一场大雨，并且整整下了一夜。在观察过程中，张军坚持写出了观察日记，并且认识了谚语"日晕三更雨，月晕午时风"包含的科学道理。自己作为科学教师，过去也并不了解日晕，但通过那几天的观察，和学生一样，自己对日晕有了较深的认识。说起"日晕"的整个认识过程，还真得感谢我的学生呢！

说到这里，我又想起了一件事：下雨天，蜗牛一定会出来活动，虽然蜗牛课还要过几个星期才上，但如果能抓住这个千载难逢的好机会，上课时就不会再发愁缺材料（蜗牛）了，而过去上蜗牛课，常常因为捉到的蜗牛很少，导致教学效果很不理想。于是我来到三年级教室，对同学们说："这两天可能会有雨，别忘了到时候捉一些蜗牛。""老师，现在天气这样晴，你怎么知道这两天会有雨呢？""老师神机妙算！不信你们可以注意观察！"我神秘地对大家说。同学们听后，仍然半信半疑。

第二天来到学校，天有些阴，太阳一会儿躲进云彩里，一会儿又出来。下午，天空下了一阵小雨。

第三天，下了一夜的雨。早晨，天空还是烟雨蒙蒙。来到学校，同学们见到我，高兴地对我说："老师，您真是神机妙算！"我笑笑说："不是老师神机妙算，是前天天上出现了日晕，我是根据日晕来科学预测天气的！"随后我又把前天夏一楠向我"报告"日晕的故事讲给大家听，同学们听完后恍然大悟。今天正好有三年级的科学课。由于课前我布置了作业，下课时同学们纷纷去捉蜗牛，花坛里、空地上，到处都有同学们寻觅的身影。也许是三年级同学感染的结果，四年级同学也纷纷去寻找蜗牛，校园里充满了忙碌的身影，他们的认真劲儿和兴奋劲儿，就像饿人扑在了面包上。

第四节课，当我走进四年级教室时，发现同学们的书桌上满是捉到的蜗牛，这些蜗牛用他们自己做的篮子或者盒子盛着，每个盒子里大约有几十只，看到同学们仔细观察的样子，我不但没生气，反而高兴地对大家说："我们这节课就来研究蜗牛吧！""耶！"同学们高兴地跳起来。要知道本学期四年级没有蜗牛课，但是看到同学们观察蜗牛时那种聚精会神的样子，让我不得不改变教学计划——来和他们重新一起研究蜗牛。否则的话，真是让大家太扫兴了！

也许就此让学生去观察也是一个不错的选择，但是可能会存在一定的盲目性，于是在教学中我让学生说说自己想研究的问题，同学们纷纷举手，有的说："我想知道蜗牛喜欢什么样的环境？"有的说："我想知道蜗牛怎样生孩子？"有的说："蜗牛的嘴是什么样的，它是怎样吃东西的？"还有的说："蜗牛会游泳吗？"……接着我又从静态和动态两个方面去提示观察内容，比如看蜗牛的嘴、眼、触角、身子等多方面去观察；看蜗牛怎样爬行，看蜗牛受到刺激会怎样，尤其要注意观察以前没有发现过的现象。观察蜗牛除了用肉眼仔细观察外，还可以借助放大镜等。

随后的时间，我全部留给了同学们用来观察和实验，并提醒他们及时做好观察记录。就这样，同学们整整观察了一节课，下课了，同学们还是没有放下手中的蜗牛，继续研究着。最后，我给同学们留了一个课外作业：大家继续观察和研究，及时写出观察日记。

在随后几天和几个星期里，同学们仍然保留着那些蜗牛，我粗粗估算了一下，每个同学都捉到了几十只甚至上百只，全班同学的蜗牛总数估计得有上千只。这还是我有生以来第一次看到这么多蜗牛！这回同学们可以痛痛快快、仔仔细细地研究蜗牛了。在课间，只要一有时间，他们就会拿出蜗牛来进行研究，并随时进行观察和记录。同时在课下，只要有时间，他们就会去寻访蜗牛，他们经常伏在花坛里的草丛中，轻轻地拨开草丛和树叶，仔细查看着那些不易发现的蜗牛，神情是那么专注。在这个过程中，同学们同样有很多发现，这么多的发现和这种专注于科学探究的态度是自己作为科学教师无论如何也没有想到的，以前也没有经历过这种事情。如果不是夏一楠同学及时向我"汇报"天上的日晕现象，怎么会有同学们捕捉蜗牛的"兴师动众"？又怎么会有关于蜗牛的这么多发现呢？这就是我的"日晕与蜗牛"的故事，看起来还颇有点神奇色彩，不过更为神奇的还远不止这些,请您继续往下看吧!

附同学们的几篇观察日记:

观察日记一

四年级 田盼

蜗牛受到刺激

这几天,天阴沉沉的,还下起了小雨,这正是捉蜗牛的好机会。下课的时候,我们班全体同学都出动了,我们三五成群地来到花坛前,掀开落叶,一口气捉到了十几只蜗牛。回到教室,我把捉到的蜗牛养在自己制作的小纸盒里。

小蜗牛的外壳是白色和棕色相间的,两只触角长,两只触角短。如果你一碰它的触角,它就会缩进壳里面去。过一会儿,它感到没有动静了,才敢出来。

蜗牛赛跑

今天,我把两只大蜗牛放在桌子上,准备让它们进行一场赛跑。

开始,两只蜗牛都左瞧右看。过了一会儿,它们似乎发觉要挑战对方,因此,都一个劲儿地往前爬,当要爬到终点的时候,我发现其中一只蜗牛好像受到了打击,一动也不动地停在了那里,而另一只则爬过了终点。啊,真好玩!

通过这次观察,我知道了关于蜗牛的许多知识,以后我还要仔细观察。

蜗牛会游泳吗?

蜗牛会游泳吗?这是同学在课堂上提出的问题。要想真正认识这个问题,必须得亲自做一做实验。

我找来了一个鱼缸,放在窗台上,里面倒满水。我把5只蜗牛放在水面上,结果4只蜗牛沉到了水底,一只蜗牛浮在了水面上,但它们都在水里一动也不动。开始,这几只蜗牛的身体都躲进了壳里面,谁也不出来,大约过了30多分钟,这几只蜗牛都从壳里面钻出来,腹部已经吸住了杯子底部,但是没有发现它们在水里游。一个小时后，我再观察时，几只蜗牛开始沿着杯壁往上面爬了。又过了两个小时，当我再去观察时，鱼缸里一只蜗牛也不见了。我向上下左右看了看，没有发现蜗牛。最后，我又看了看鱼缸下面，发现3只蜗牛静静地躺在鱼缸下面，2只蜗牛躲在窗户下面的缝隙里，身子早已缩进了壳里面。看来，蜗牛可以在水里生存，但它不喜欢水里的环境，也不会在水里游泳。

后来，我又多次进行了上面的实验，发现蜗牛的确不会游泳，但蜗牛可以生活在水里。

观察日记二

四年级　鲁婷婷

蜗牛的生命力

9月中旬的几天，持续下了几场雨，我们全班同学一齐出动捉了许多蜗牛，同学们对蜗牛的兴趣简直到了入迷的程度。看到我们这样痴迷蜗牛，科学老师还临时调整课程，专门利用一节课让我们观察研究蜗牛，并及时写出观察记录或观察日记。由于观察细致认真，同学们有了许多发现。同学们观察完后，就把蜗牛放在自己制作的纸盒子里，有的同学把蜗牛放在了实验室的饲养槽里，也有的同学把蜗牛放回了原处。一般在白天或者明亮处，蜗牛是不出来的，它们把身子缩到壳里，随便找一个角落，就躺在那里或者叮在一处进行休息。后来通过查阅资料我才知道，这就是蜗牛的休眠。一天、两天过去了……几个月过去了，现在已经是11月底，蜗牛还是停在那里一动也不动。当然，如果给它们淋一些水，它们也是会出来活动活动的，但是用不了多久，蜗牛就继续把身子藏进壳里，躲在某一个犄角旮旯继续它们的休眠。

听科学老师说，他曾经饲养过蜗牛两年多，没有喂给它们任何食物，但它们还能活着。但随着时间的推移，蜗牛会变成一个失去生命的躯壳。但不管怎样，在不吃不喝的情况下，蜗牛能活这么长时间，可见，蜗牛的生命力还是极强的。

一天，我在网上看到了以下一段资料：1846年3月25日，有一个英国人从埃及带回两只蜗牛，把其粘在固定板上，放进标本室收藏。到1850年3月15日拿出来研究时，发现其中一只壳处有新近形成的黏液膜。研究人员非常奇怪，便把它从板上取下，放进温水盆里。不一会儿，它的躯体便从壳中钻出来，第二天开始进食菜叶，一个月后即完全恢复健康。这只蜗牛在长达四年中，既无食料，又无饮水，居然能活下来，可见其生命力之强。

啊！蜗牛的生命力真强啊！

观察日记三

四年级　程国强　王新
蜗牛和蚯蚓放一起会怎么样

这几天，天接连下起了小雨。这正是捉蜗牛的好机会，于是下课的时候，我们顶着牛毛细雨，在学校的花坛里捉到了许多蜗牛，我和习明轩同学也捉到了几十只。我们把这些蜗牛放在一个大纸盒里，在盒子里面洒了一些水，这样蜗牛身子就从壳里面钻了出来，开始活动了。

由于地面很湿，许多蚯蚓也从土壤里爬出来透气。出于好奇，习明轩同学特意捉了一只大蚯蚓，并且把蚯蚓放在蜗牛堆里，看看蚯蚓和蜗牛放在一起会出现什么情况。

一开始，也许是蚯蚓感觉来到了陌生的环境，碰到了陌生的动物，蚯蚓似乎很惊慌，它拼命地挣扎，身子在用力蠕动。这时，一只蜗牛朝蚯蚓爬过来，蚯蚓此时似乎已经无所畏惧，蠕动着身子，径直迎了上去，并且用自己的头部去顶蜗牛的触角，此时，蜗牛立刻受到了惊吓，赶紧把身子缩进了壳里，好一会儿也没有出来。

但是，还有许多蜗牛它们似乎并不惧怕蚯蚓这个庞然大物，纷纷从侧面包抄过来，它们爬上蚯蚓的身体，有的停在了上面，左瞧瞧，右看看；有的又从上面爬下来，仿佛是在玩滑梯；有的是一直从蚯蚓的尾部爬过来，慢慢地爬到头部，仿佛是在走独木桥。这时蚯蚓似乎感觉到蜗牛并不是自己的敌人，它们也没有丝毫要伤害自己的样子，于是它停在那里一动也不动，任凭蜗牛在自己身体上爬。也许蜗牛在它的身上爬，蚯蚓会感到一种奇妙的按摩作用呢！

放学的时候，当我再去观察蜗牛和蚯蚓的时候，我发现有的蜗牛已经从蚯蚓身上爬下来，有几只蜗牛开始沿着盒子往上爬，甚至有两只蜗牛从盒子里爬了出来。这时蚯蚓也开始蠢蠢欲动了，它蠕动着身子开始努力向上爬，不过它没爬多久，就从盒子边缘掉了下去。看来，蚯蚓爬高的本领是绝对比不上蜗牛的！

通过今天的观察，我发现，蚯蚓和蜗牛虽然是不同的动物，但却是可以和睦相处的！我想，我们人类也应该可以和睦相处！

一次围绕日晕与蜗牛的教学活动，令孩子们兴奋不已，但他们可能并不知道，他们的老师——我同样沉浸在莫大的快乐之中。

（本文发表于国家级杂志《科学课》2008年第11期）

秋天，老师和同学们一起采摘辛勤培育的葫芦

揭开"彩虹"的神秘面纱

第三节课下课时,四年级的张军同学来办公室找我,说天上有个圈,不知道是什么。我来到外面,向天空望了望,只觉得太阳很刺眼,其他的什么也没看见。我问:"在哪里啊?""老师,你看。"顺着张军同学手指的方向望去,果然发现天空有个彩色的圈,这个圈环绕在太阳的周围,好像佛光闪现,煞是好看。"是彩虹吧!"我自言自语地说。不是,彩虹是弧形的,一般在雨中或雨后出现,可现在是晴天啊,我思考着,脑海里忽然闪现出"日晕"一词,在我的记忆里,我看见过月晕这种现象,好像在书上也看见过"日晕"这个词,但并没有真正看见过这种现象,于是,我对张军说:"可能是日晕吧!回去以后查阅一下资料,看看能不能找到正确答案,然后写篇观察日记或者科学小论文,好吗?""好!"说完,张军心满意足地走了。

第二天上午下操的时候,张军同学兴冲冲地向我跑来,高兴地对我说:"老师,昨天看到的真的是日晕,这是我写的观察日记。"接过日记本,我仔细地阅读了一遍,觉得还不错,于是高兴地对他说:"你又有了新发现,真了不起!希望你继续努力!""谢谢老师的夸奖。"说完,张军蹦蹦跳跳地跑了。

科学课上,我向同学们宣读了张军同学的观察日记,读完后,班里立即响起了热烈的掌声。

观察日记

张军

5月25日 星期三 晴

今天上午做操的时候，夏一楠同学告诉我说太阳外面有一个圈，我一看，还真有，这个圈大大的，而且是彩色的，很漂亮。太阳就在这个圈的中心，很刺眼。我想，这个圈是彩虹吧？不是，彩虹是弧形的，离地面也较近，这个"圈"离地面非常遥远，似乎就环绕在太阳的周围，这到底是什么现象呢？这引起了我极大的好奇心。

第三节课下课时，我就跑到了科学实验室，把我的疑问告诉了科学教师，老师走到外面，向天空望了一下，没有看到，就说："哪有啊？"我说："有，在那儿！"并指给科学老师看，这回老师果然看到了，说："好像是彩虹。"老师又想了想，说："这种现象好像是日晕，回去以后查阅一下资料，看看能不能找到正确答案。"接着，老师又嘱咐我："根据你所观察的，写一篇观察日记或科学小论文，好吗？""好！"我高兴地回答。

回到教室，我迫不及待地拿出词典，终于查到"日晕"这个词，这个词的意思是：

日光通过云层中的冰晶时，经折射而成的光的现象。在太阳周围形成彩色光环，内红外紫。日晕常被看作天气变化的预兆。通称风圈。

看到自己查到的资料，我心里有说不出的激动！

放学的时候，我继续向天空望了望，发现日晕跟着太阳移动了，颜色也淡了一些。

大约下午2点钟，天空上的日晕颜色更加淡了，大约3点钟，日晕终于消失了。

放学时，我来到微机室，通过网络，我又收集到了如下资料：

有时候，在太阳或月亮周围出现一道光圈，色彩艳丽，人们叫它"风圈"，气象上称晕。它是由于日、月光线通过云层时，受到冰晶的折射或反射便分解成红、绿、橙、紫等多种颜色。而这种冰晶结构的云常常是冷暖空气相遇而生成的云层，以后云层增厚，发展成雨层云，所以晕是风雨将临的征兆。当天空中出现晕时，本地离这层云有六七百公里，按每小时四五十公里移速来估算，一般在日晕出现后十几个小时风雨才会到来，这便是"日晕三更雨，月晕午时风"的道理。但并不是每次出现晕以后必定刮风下雨，还要根据云的发展情况去分析。一般出现月晕时，刮风的可能性大，而日晕则多是下雨天气。

日晕的形成原理和颜色的排列顺序与彩虹相同，但日晕的颜色界限不是很分明。此外，我还在网上看到了日晕的图片，这些图片上的"日晕"和我观察到的一模一样。看来，科学老师说得非常正确。

日晕常被看作天气变化的预兆，明天天气真的会发生变化吗？会刮风下雨吗？就让我拭目以待吧！

今天，我可真高兴！因为我又认识了一个奇妙的自然景观！

5月26日　星期四　阴

今天早晨起床后，我迫不及待地走到外面，发现天气阴沉沉的，并且有点冷。上午10点左右，天空掉了几个大雨点儿，不一会儿，雨就停了。虽然此后，天一直没下雨，但也没有转晴。

5月27日　星期五　阴

今天天可真冷，风呼呼地刮着，操场上的红旗已经飘起来了，树枝也被吹得东倒西歪。今天学校举行"家长开放日"活动，开会时，家长和学生都来到了操场上，校长刚讲了一会儿，我就感觉非常冷，直打哆嗦，唉，真后悔没有多穿点。

下午第三节课后，老师告诉我们，听天气预报说晚上有中到大雨，今天早点放学。说完后，我们就排着队回家了。走在路上，风大了，阴云已经铺过来了，真是"山雨欲来风满楼"啊！

晚上 8 点钟时，天更加冷了，不一会儿，雨就下起来了。窗外，风呼呼地刮着，雨点噼里啪啦地打在玻璃上，雨下得真大啊！自春季以来，我们这里还没下过一场大雨，庄稼早已旱极了，我想，这下庄稼可以喝个够了，农民伯伯可以不用浇地了，这真是一场及时雨啊！

"日晕三更雨，月晕午时风"，这些民间谚语，说的真是有道理啊！

教学反思：

新课程标准指出：儿童天生的好奇心是科学学习的起点，他们对花鸟虫鱼、日月星空的好奇心，只要善加引导就能转化为强烈的求知欲望和学习行为。而且他们想象丰富，思维活跃。当学生对自然现象产生疑问时，教师因势利导，引导学生收集资料、观察、记录、完成观察日记或科学小论文，使他们经历了一个较为完整的科学探究过程。在这个过程中，学生不仅揭开了"彩虹"的神秘面纱，而且体验到了大自然的神奇和美丽，更为重要的是，学生享受到了自行探究带给他们的巨大成功和无穷乐趣！

（《揭开"彩虹"的神秘面纱》这篇教学案例可以说是《日晕与蜗牛的故事》的姊妹篇，但是，"彩虹"的故事与"日晕与蜗牛"的故事并不是在同一时期发生的。"彩虹"的故事发生在去年的 5 月份，而"日晕与蜗牛"的故事发生在今年的 9 月份。虽然"日晕与蜗牛"的故事与"彩虹"的故事不是同一时间发生的，但是，二者是有密切联系的，"日晕与蜗牛"故事是"彩虹"故事的延续和升华。在教学中，我们发现，孩子们对大自然强烈的好奇心和求知欲，以及他们锲而不舍的精神在整个探究活动中展现得淋漓尽致！——这是需要我们每位教师精心呵护的。）

🎓 太阳里面的小黑点

下午第三节课,几位六年级同学正在实验室做卫生。这时,五年级的夏一楠、孙浩祥同学来到实验室,对我说:"老师,我们看到太阳里面有个小黑点,不知是什么。"

太阳里面有小黑点,我还真没看见过,是真的吗?带着疑问,我跟两位小同学来到操场上,找到一个合适的位置,向着太阳望了望,只看到一轮红彤彤的太阳在西边,但并不刺眼。我说:"太阳里面什么也没有啊?"两位同学坚持说:"有,老师,你再好好看看!"我又仔细盯了一会儿太阳,果然发现太阳里面有个小黑点,这个小黑点并不在太阳的中心,而是在太阳的边缘。这个小黑点是什么呢?是太阳的黑子吗?不对,太阳黑子是看不见的。是天空周围的东西吗?也不像,这到底是一种什么现象呢?我也不清楚。于是,我对两个同学说:"我也不知道这是什么现象,我们通过网络查找一下资料,或许可以找到答案。"

于是我带着两位同学一起来到我的准备室,打开电脑,找到百度网站,输入"太阳里面的小黑点",果然有新的发现。原来,这是一种罕见的自然景观——"金星凌日"现象,对照电脑里的简图,然后我又通过网络搜索有关"金星凌日"的资料:凌日,指地内行星圆面经过日面现象。金星和地球都围绕太阳转,金星轨道在地球轨道的内侧,在某些特殊时刻,地球、金星和太阳会在一条直线上。这时候从地球上观测，金星就像一个小黑点镶嵌在太阳上，并且在太阳表面缓慢移动。天文学家称这种现象为"金星凌日"。随后我们还查找到了其他一些资料。比如，金星凌日的原理与月球造成的日食一样。虽然金星的直径几乎是月球的 3.5 倍，但由于它离地球更远，因此它遮蔽的太阳面积就非常小。

查完资料，两位同学情不自禁地说："啊！原来是金星凌日！宇宙太神奇了！"

"你们了解金星吗？"我问。

"我知道金星是一颗行星。"夏一楠回答。

"对，行星有什么特点？"

"好像是它不会发光吧！"孙浩祥回答。

"说得很对！它的运动轨迹你知道吗？"我又问。

"这个不清楚。"

"其实，金星和太阳一样都是东升西落，这其实都是由地球的自转引起的。我们在黎明会看到东方有颗很亮的星，人们叫它启明星。晚上看西方也会有颗很亮的星，那其实就是金星。"我把我知道的一些知识说了出来。

"今天，你们两位表现很优秀，善于观察，爱思考，这是非常好的习惯，好好努力，将来你们也能成为张衡那样的天文学家！"我表扬了两位同学。

"谢谢老师，今天我们又学到了新知识！"两位同学说。

我笑着说："这个其实应该是感谢你们两位呀！是你们也让我也认识了非常罕见的自然奇观！"

最后，我对两位同学说："回去后根据观察到的现象写篇观察日记，好吧？"

"好！"说完，两位同学满意地走了。

太阳中的小黑点，我自己从来也没看到过，在学生的引领下，我才真正观察到这种神奇的自然景观。太阳里面的小黑点，不仔细观察，并不容易看到，看来孩子们是非常留意，用心观察了。当我和孩子从网络上查找到相关资料后，真有一种豁然开朗的感觉。可以说，孩子的留心观察，勤学好问，使我和孩子又学到了一种新知识，认识了一种罕见的天文学奇观，这真是一种非常美好的教学相长。

学生是非常热爱大自然的，当他们对奇妙的自然现象产生疑问时，科学探究就开始了。他们留心观察大自然，遇事多问几个为什么，这是一种非常好的学习习惯。平时我也是这样教育学生的，看来孩子已经把老师的话记在心中。学生的学习不光体现在课堂上，大自然不也是一本丰富多彩的教科书吗？充分利用好大自然这本书，对于学生开阔视野、培养情操、激发兴趣，对于教师实施素质教育，最终使学生从书本的束缚中摆脱出来，无疑是有很大帮助的。兴趣是最好的老师，难道我们的孩子未来就不能成为张衡、哥白尼那样的大家吗？

（多年之后我才知道，这是 21 世纪首次发生的金星凌日现象，时间是 2004 年 6 月 8 日，本文记录的金星凌日奇观也正好是这个时间。在 2012 年的 6 月 6 日，也发生了金星凌日现象，但没有看到。再下一次将发生在 2117 年，间隔 105 年。一生能观察到一次金星凌日这样的伟大奇观，已经是非常幸运了。非常感谢我可爱的孩子们！）

实验室里，孩子们用废旧塑料瓶种植凤仙花，并于课余时间来此观察记录

🎓 面对突如其来的"失火"

那是五年级的科学课上,学生正在进行分组实验,实验内容是认识热在物体中是怎样传递的。实验方法是,取一个较大的圆形铁片,在铁片上面由中心向四周滴上许多蜡滴,待蜡滴凝固后,点燃蜡烛,把铁片放在火上烤,观察蜡滴的熔化顺序。在实验中,同学们学习热情非常高涨,伴随着实验的进行,实验室里弥漫着蜡烛燃烧时产生的气味。在实验快要结束的时候,突然我听到有同学大喊:"老师,失火了!"我扭头一看,只见王佳月同学一组中,一个同学拿着的试管夹夹着的铁片着起火来,火焰很高。此时,有的同学惊叫起来,有的慌忙离开了座位,有的呆立不动,不知所措,几个小组顿时乱作一团。此时,我脑子里似乎也没有想出太好的办法。正在这时,只见同组的林海洋同学,立即站起身,迅速从另外一个同学手里夺过试管夹,高高举起,离开座位,绕开人群,来到实验桌中间的空地上,打开夹子,铁片从空中落到了地上,火焰顿时熄灭了。此时,教室里又恢复了刚才的平静,同学们无不为林海洋同学机智勇敢的举动拍手叫好。

在汇报交流时,我找了一个合适的时机,对大家说:"林海洋面对突如其来的'失火',所表现出来的镇定、从容、机智和勇敢,让老师也自愧不如,希望同学们向她学习!"此时实验室里再次响起了热烈的掌声。

课后,我也对本课的突发事件进行了反思,应该说,我在实验前也对学生实验时进行了必要的安全教育，比如实验时不要让火烫伤等，但现在看来还不够，当金属片上的蜡滴很多时，加热到一定温度会燃烧起来，这一点，自己就完全没有估计到。我想，在以后的教学中对可能存在的危险要有充分的估计是十分必要的，只有这样，我们在教学活动中才能做到未雨绸缪，有备无患。

但话说回来，在面临突发事件时，林海洋同学的果断、机智、勇敢，不仅超越了许多同学，甚至是超越了老师。因此，我也在想，在进行科学活动中，在给予学生进行安全教育后，让学生勇敢地直面危险，自行处理危机，难道不是培养孩子处理危险的应急能力的绝佳方法吗？在实际教学中，我们常常担心实验中的危险，所以科学探究中，有的活动选择了放弃，有的选择了代替，有的活动明明学生自己可以解决，但为了以防"万一"，老师选择了"包办"。比如为学生倒热水，给学生点蜡烛，教师的服务可谓关心备至。这样做的结果是，学生实验时缩手缩脚，前怕狼后怕虎，时间长了，有的学生不会划火柴，有的学生不敢倒热水，稍微受点皮肉之苦就抹眼泪。由此可见，回避危险恰恰不是避免伤害的方法，而让学生勇敢面对、自行处理才是解决问题的根本之道。

在面对危险时，勇于面对挑战是很重要的，同时选择合适的方法同样重要，也就是说，要有创造性机智。这使我想起了人人熟知的司马光砸缸的故事。司马光小时候与伙伴在院子里玩耍，一个小孩儿不小心掉到大水缸里面。一群孩子吓得跑了，但司马光却没有慌乱，而是从地上搬起一块大石头，使劲砸破水缸，水流了出来，孩子得救了。显然这时候，爬上水缸救人是行不通的，去找大人恐怕也来不及了。这时，一般孩子的思维是：让孩子离开水（把孩子从水里捞出），这样的思维实际上是让人陷入更危险的境地，其结果是不仅孩子捞不出，而且自身难保。而司马光的思维则是让水离开孩子，从而用大石头砸缸，水流出来，孩子得救，其结果是柳暗花明。这样的思维显然突破了常规的束缚，充满了创造性。

在上面的教学中，面对突如其来的失火，有许多方法可以灭火，比如使用灭火器，用沙土盖灭，都是可以选择的。但是用灭火器，比较笨重，也极不方便，效果很难预料；用沙土盖灭，最终会弄得满桌狼藉不堪，还可能会伤到别的同学，影响课堂秩序。而林海洋同学是举起铁片，离开人群，投到地上，火一遇到温度低的地板，立即熄灭了，从失火到灭火，前后只有几秒钟，效率极高。这种做法既让火远离了人群，又迅速扑灭了火，方法十分巧妙！应该说，这不仅仅是普通的机智，而是突破了常规的思维方式，是一种创造性行为。这种思维与司马光砸缸的创造性机智相比，毫不逊色！

教师在平时的教学及各种活动中，要有意识地让学生进行处理各种困难和各种危险的模拟训练，这对于培养学生勇敢、机智和创造性等优秀心理素质，无疑具有重要的意义，也只有这样，在真正的危险或灾难来临时，他们才能科学、合理处置，从容应对！

（本文发表于《教育实践与研究》2008年11期、《科学课》2010年第4期）

是压缩空气有弹性吗

今天科学课的内容是了解空气,同学们做完"纸的奇遇"实验后,为了更好地让同学们理解"空气占据空间"的概念,我又做了一遍这个演示实验:把玻璃瓶口朝下竖直放入水中,水没有进入瓶中,因为瓶里有空气,我于是讲解说:"空气占着这个瓶子,就叫作空气占据空间。"

我一边说,一边松开手,我原以为瓶子会竖直停留在水里,没想到瓶子立刻跳了上来,看到这个现象,我立即问同学们:"你们知道玻璃瓶为什么会跳上来吗?"

同学们思考了片刻,忽然鲁婷婷同学好像恍然大悟似的,大声说:"因为压缩空气有弹性!"这个回答完全出乎我的预料,但是凭直觉,我觉得她的想法还是有些道理的,但一时说不上来。于是我并没有立即对鲁婷婷的回答给予肯定或否定的评价,而是反问道:"还有其他的解释吗?"

"老师,我觉得刚才的解释不妥,我认为是空瓶子比水轻,所以空瓶子才浮到水面上。"有的同学解释说。

"解释得很正确!"我极力表扬说,毫无疑问,我认为这个解释是完全正确的,而且也容易让同学们理解。

课后,我继续思考着这个实验,思考着鲁婷婷的回答。瓶口朝下,把瓶子竖直按下水中，瓶子里的空气跑不出来，但水越深，水的压力越大，水对瓶子里的空气压力也越大，因此瓶子里的空气就变成了压缩空气；松手时，瓶子里的空气会往外挤，于是对水产生了弹力，正是这种弹力使瓶子跳了上来，由此可见，瓶子上浮，这难道不也是压缩空气的力量吗？

看来，鲁婷婷同学的解释也是非常有道理的。或许她不会像我想的那么仔细和深刻，但是她同样想到了瓶子里的空气是压缩空气，并且会产生一种弹力的作用，这反映了她思维的深刻性。同一问题，从不同的角度来看，可以有不同的解释，这不正是学生的创新思维在闪光吗？

第二天的科学课上，我再次把那个实验进行了演示：把一个广口瓶竖直压入水中，松手后，瓶子再次跳上来。我问："瓶子为什么会跳上来？"

"因为瓶子比水轻！"同学们异口同声地回答。

"还有其他解释吗？"

"没有了！"

"有！其实上次鲁婷婷同学的解释是压缩空气有弹性，这种解释也是有道理的，而且她的解释更富有创造性！只是由于上一次老师也无法判断她的想法是否正确，所以没有给大家一个肯定的说法，今天老师特意给补上！"

我的话刚说完，班里立即响起了热烈的掌声。

（发表于《湖北教育：科学课》2013年第3期）

我们爱科学——孩子们设计制作的结构精巧、富于创造性的桥梁,吸引了幼儿园小朋友的目光

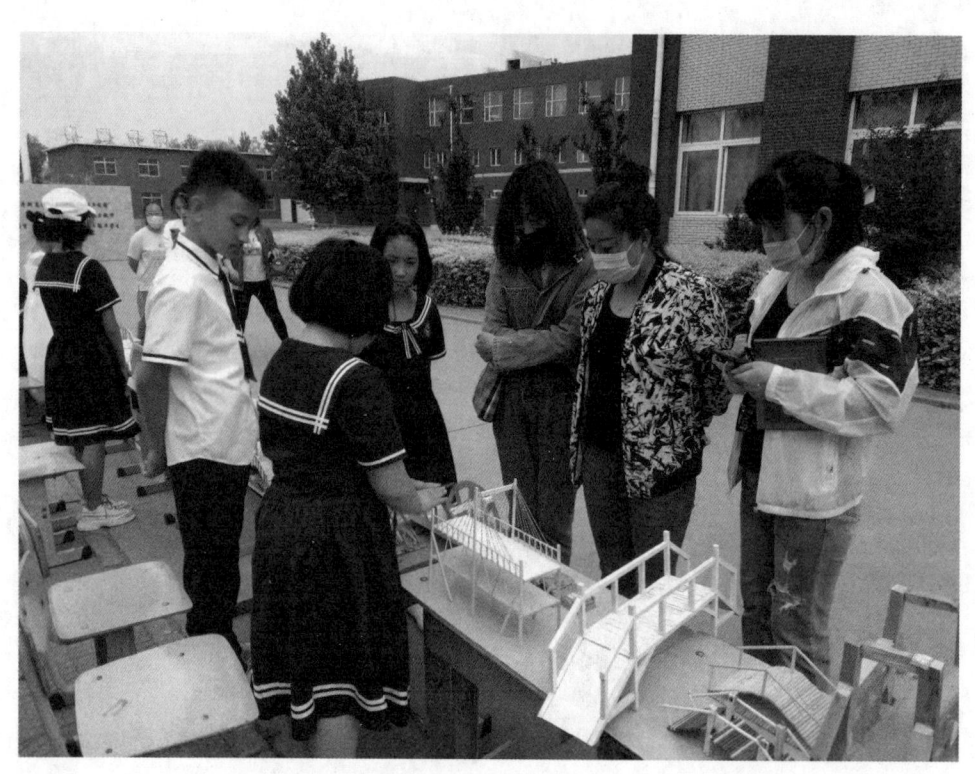

学校艺术节——桥的创意制作展示,小解说员讲解,家长参观

第二课堂带领孩子们下象棋、跳棋、五子棋等,他们兴致盎然

棋逢对手,其乐无穷

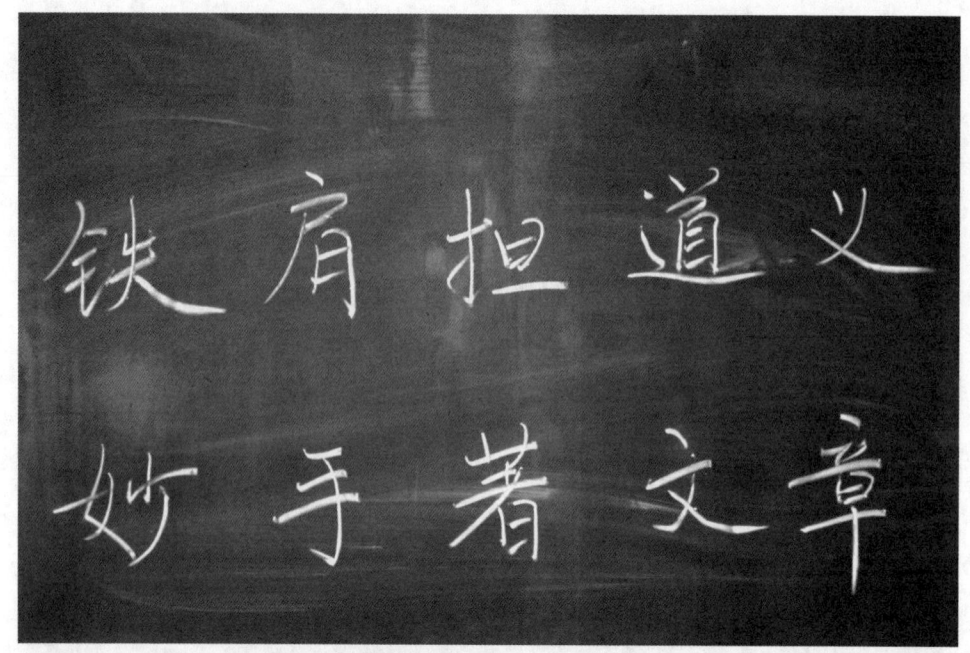
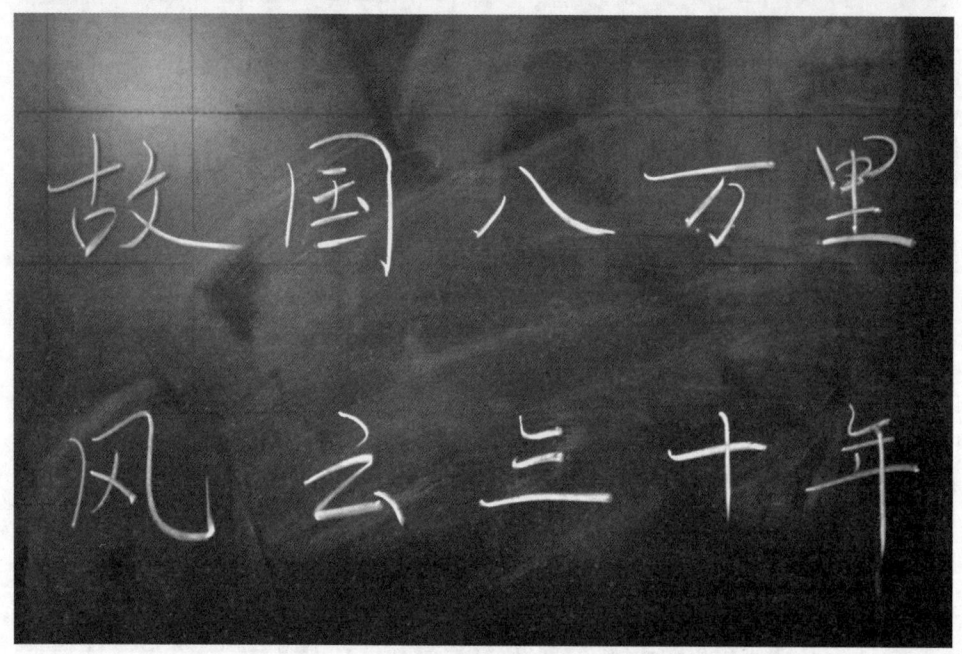

作者在学校粉笔字比赛中获得一等奖

润物无声——教育叙事

不是槌的打击，乃是水的载歌载舞，使鹅卵石臻于完美。

——泰戈尔

有人问鹰："你为什么到高空去教育你的孩子？"鹰回答说："如果我贴着地面去教育他们，那它们长大了，哪有勇气去接近太阳呢？"

——莱辛

三年级的第一节科学课

这节课是三年级的第一节科学课，也是同学们第一次上科学课。一进教室，教室里显得非常安静，班里的每一位同学都坐得端端正正，他们都聚精会神地注视着我，似乎在企盼着老师给他们上第一节科学课，他们似乎想知道科学课到底要干什么，科学到底是什么。

师生问好后，我问："同学们，你们知道这节上什么课吗？"

"科学课！"同学们异口同声地回答。

"谁会写科学两个字？"许多同学举起了手。

"李敬重同学，你到前面来写。"李敬重离开座位，来到黑板前，拿起一支粉笔慢慢地一笔一画地写出了"科学"二字。此时，同学们全神贯注地注视着黑板，教室里出奇的安静。

"他写的正确吗？"

"正确！"

"李敬重字写得很工整，也很正确！"

"根据你的理解，你认为什么是科学呢？"

同学们陷入了思考，这时一位女同学站起来说："我认为科学就是做实验！"

"你为什么会这么说？"

"因为以前我经常看到五六年级同学去实验室时，要带很多实验材料！"

"你看见过他们做实验吗？"

"没看见过。"

"看来你平时很善于观察，也很善于思考！"

"谁来说一说，你认为什么是科学？"

"我认为科学就是搞一些小发明。"

"你是怎么想的？"

"我在电视上看见许多科学节目，许多小朋友在搞一些小发明！"

"看来看电视也能增长许多知识！搞一些发明创造的确是一种科学活动，你们知道灯泡是谁发明的吗？"我边说边指着教室里面的灯泡问。

"是爱迪生吧！"有的同学回答。

"对，是美国科学家爱迪生发明的。他发明的灯泡对我们有什么好处呢？"

"灯泡给我们带来了光明！"

"今天是阴天，有了电灯我们才能看清黑板，才能看书写字。"

"说得好！这就是科学发明带给人类的巨大便利！希望同学们热爱科学！为了让同学们更好地认识科学，我来给大家讲个故事吧！"

一听说要讲故事，同学们立刻来了精神。

"400多年前，英国有位科学家叫牛顿。一天，他正在苹果树下看书，忽然树上有个苹果掉在地上，这个司空见惯的现象引起了牛顿的思考。牛顿想，为什么苹果会落到地上，而不是向天上落呢？"我正想往下讲，只见李敬重同学举起了手。

"你想说什么？"我问。

"老师，我知道这是为什么？"

"因为什么？"

"因为地球有引力！"

"你是怎么知道的？"

"我平时看书知道的！"

"多看书也能让我们增长许多科学知识！"

"不仅如此，牛顿还做出了更大胆的想象，如果这棵苹果树长到月亮那样高，那么这个苹果还会落向地面吗？后来牛顿继续思考，终于发现了著名的万有引力定律。可以这样说，牛顿的万有引力定律奠定了现代天文学的基础……"

讲完故事后，我问："听了这个故事，你受到什么启示？"

"我们要善于思考！"

"我们要留心观察周围的事物！"

"说得好！当我们留心观察周围的事物并思考为什么时，科学探究活动就开始了。"我总结说。

"刚才有同学说科学就是做实验，说的也很有道理！你们知道为什么要做实验吗？"

"不知道！"

"为了同学们更好地理解，老师让大家先思考这样一个问题：一个十磅重的铁球和一个一磅重的铁球同时从同一高度往下落，他们下落的速度一样吗？"

"不一样！十磅重的铁球下落的速度快！"几位同学异口同声地说。

"古希腊哲学家亚里士多德也是这样认为的。他说，一个十磅重的铁球下落的速度是一磅重小球下落速度的十倍。一千多年来，人们对他的观点深信不疑，并被奉为真理。三百多年前，意大利科学家伽利略对这个观点提出了质疑，但是遭到了当时人们的嘲讽和反对，为了证明自己的观点，伽利略亲自拿着两个不同重量的铁球到比萨斜塔进行实验，当两个不同重量的铁球同时从同一高度下落时，站在斜塔下面的人们看到的是两个铁球同时着地。"

"听了这个故事，你们受到什么启示？"

"我们不要迷信别人！"

"我们要想真正认识事物的真相，就要亲自试一试！"

"说得对！因为事实胜于雄辩，实践是检验真理的唯一标准。而不管看起来多么有道理的猜测，都可能是错误的，都必须经过实践的检验！"

此时同学们听得津津有味，并且似乎有所领悟。

为了进一步说明问题，激发学生的学习兴趣，于是我对同学们说："上了近一节课了，同学们一定很累了，现在老师给你们表演个小魔术，大家放松一下，好吗？"

"好！"一听要表演魔术，许多同学高兴得简直要蹦起来！

魔术表演开始了，我拿起一个漏斗，把乒乓球放在漏斗下面，手托着乒乓球，我问："松手后，乒乓球会掉下来吗？"

"会掉下来！"有的同学不假思索地说。

"不会掉下来！"有的同学认为既然是魔术，就一定会出现令人意想不到的现象，因此做出了慎重的猜想。

"好！看看你们到底谁猜的准确！请注意观察！"说着，我松开了手，只见乒乓球像石头一样掉了下来。

"耶！"猜对的同学一阵欢呼！没猜对的同学似乎有些失落。

"下面请同学们继续思考，假如老师把乒乓球放在漏斗下面，嘴对着细管往下面吹气，然后松手，乒乓球还会掉下来吗？"

"不会！"许多同学认为这次魔术将会出现反常的现象。

"看看这次同学们是否猜对了！"我把乒乓球放在漏斗下面，连续用力地向漏斗下面吹起来，这时，只见乒乓球好像被什么吸住了似的，不但没有掉下来，而且还在漏斗下面不停地旋转。同学们立即被这种奇妙的现象吸引住了。

"耶！"同学们又是一阵欢呼！他们在庆祝这次做出的正确猜想。

正当同学们百思不得其解时，我告诉了他们其中的原理："空气的压力大小与空气的流速有关系，空气流速越大，压力越小。当往漏斗下面吹气时，漏斗下面的空气流速增大，空气压力减小，于是乒乓球下面压力大的空气就把乒乓球给托住了。"

接着,我又开始表演第二个小魔术,我拿起一个盛水的锥形瓶,对同学们说:"老师把锥形瓶倒过来,水会流出来吗?"

"会!"

"不会!"可能有同学认为魔术表演一定会有反常现象,于是有的同学也不按照常规猜想。

当我把锥形瓶倒过来时,水立即流了出来。

"耶!"猜对的同学一阵欢呼。

我把锥形瓶里的水倒掉,然后把一个乒乓球放在锥形瓶下面,我问:"我松手后,乒乓球会掉下来吗?"

"会!"

"不会!"

仍然是一部分人认为球会掉下来,一部分人则认为球不会掉下来。

当我松手后,乒乓球像石头似的立即落在地上。

"耶!"猜对的同学又是一阵欢呼。

接着,我把锥形瓶里倒满水,在瓶口处放上一个乒乓球,用力压紧,然后把瓶子倒过来,用手托住乒乓球。我问:"如果松开手,乒乓球会掉下来吗?"

"不会!"全班同学异口同声地回答。

"看看这次同学们是不是猜对了!请同学们仔细观察!"说完,我便松开手,只见乒乓球像被什么东西粘住了似的,没有掉下来。

"耶!"全班同学又是一阵欢呼——这次他们都猜对了!

"你们知道其中的道理吗?"我问。

"是水给粘住了!"

……

又有几位同学试着解释,但都没有成功。

最后，我解释说："瓶子里面装满了水，乒乓球堵住了瓶口，锥形瓶里面没有了空气。在锥形瓶的外面是空气，空气对小球有一种托着的力的作用，我们称之为大气压力。乒乓球之所以掉不下来，正是由于大气压力的作用。"

听了我的解释，同学们终于恍然大悟。

下课铃声响了，同学们仍是意犹未尽，他们对我说："老师，再给我们表演一个魔术吧！"

我笑笑说："以后有时间一定再给你们表演！"

同学们只好依依不舍地离开了实验室。

在三年级的第一节科学课里，我完全抛开了教科书的内容，别出心裁地把蕴含哲理的故事和富于思考性、趣味性的魔术巧妙融入其中，令学生耳目一新，让他们回味无穷！

第一节科学课，极大地激发了学生的学习热情，使学生初步认识了科学的本质，为整个小学阶段的科学教学，打下了坚实的基础！

（发表于《湖北教育：科学课》2011 年第 9 期）

做和不做是不一样的

中午，我正在办公室看书。忽然听到有人开门的声音，一看，进来的是五年级的李晨蕊和田欣同学。只见李晨蕊同学双手端着一个铁盒子，里面有两个杯子，杯子里面有一些水，有一条细绳分别搭在两个塑料杯子里，细绳中间打着个结，"结"下面有一段"水柱"。

我一看，这正是模拟钟乳石形成的实验装置，顿时喜出望外，因为钟乳石的模拟实验有一定难度，而且需要观察四五天的时间，课上没有做，于是我把这个"作业"给同学们留到课下去做了。课下同学们完成得怎么样呢？由于这几天比较忙，我几乎把这件事忘记了，现在看到学生把实验装置带到办公室来了，我的心里怎能不高兴呢？

"老师，你看！"李晨蕊同学指着实验装置高兴地说。

"这是你们自己做的吗？"

"是！"

"实验现象怎么样？"

"很明显！我已经观察了四天，钟乳石越长越长。今天上午，我的小妹不小心给碰掉了，所以这个石柱看起来很小。"

"课下能够认真做实验，并且坚持观察，这种好的学习习惯真是难能可贵！希望你们再接再厉！"接着我又和两位同学交流了最近的学习情况，然后两位同学端着实验装置高兴地回去了。

下午在实验室上课的时候，我问："课下谁把钟乳石的模拟实验做了？"实验室里只有李晨蕊、田欣、董梦圆三位同学举起了手。

"非常好！这个实验难度比较大，而且需要观察四五天才能看到实验现象，因此要想把这个实验做好，必须得有顽强的毅力和持久的耐心才行，在探索科学方面，李晨蕊、田欣、董梦圆三位同学表现得非常出色！希望同学们向她们学习！"

话音刚落，许多同学开始嘟囔起来，看样子好多同学并不服气。我问他们："你们有什么意见吗？"

一位同学说："李晨蕊课下根本没有去做实验！"

于是我问李晨蕊同学："你课下做了吗？""老师我课下做了，在家里我和田欣一起做的！"口说无凭，几位同学还是不相信。

我想了想说："既然有同学不相信，那你把实验步骤跟大家说说，好吗？"

"好！我是这样做的。"李晨蕊同学开始讲述起来，"找两个杯子，里面装入热水，在水里加入尽量多的小苏打，直到小苏打不能再溶解为止。将一根线绳中间打个结，并将线绳放在小苏打溶液中浸泡一下。然后把线绳两端分别泡在两个杯子里，在两个杯子中间放一个碟子，用曲别针把线绳固定在两个杯子里，连续观察几天，可以看到线绳打结处形成了钟乳石。"

李晨蕊同学的叙述非常流畅，如果课下没有去做，实验步骤是说不出来的。我本以为这回同学们可以服气了，于是我问孙郑新同学："你认为可以给她们小组加多少分？"

（一般情况下，在上课时，我会给每个小组同学中各个方面的优秀表现加分。）

孙郑新不屑地说："这个实验很简单，谁都会做，没有什么了不起！不能加分！"

我又问张硕同学："张硕，你来说说该给她们小组加多少分？"

张硕同学站起来说:"我认为可以加100分!"

我问:"说说你的理由?"

张硕同学说:"因为她们小组做得很认真,实验效果也很明显,况且这个实验做起来很不容易!我课下的时候,就没有去做,我要向她们学习!"

我表扬说:"能够看到别人的长处,并且虚心学习,说明你很有上进心!"

此时,班里还是有许多同学不同意给她们小组加分,理由是:这个实验人人都会做,没有什么了不起!

如何让学生服气呢?我想了想,忽然灵机一动,为同学们讲述了著名的"哥伦布竖蛋"的故事:

西班牙著名航海家哥伦布发现新大陆之后,国王举行了一次盛大的宴会,以庆贺这位航海家的伟大发现。在宴会上,几个权贵很是不以为然,有的还讥笑着说:"这有什么了不起的!他只不过躺在船舱内睡上一觉,等到船一靠岸,不就什么都发现了吗?"面对权贵们的讽刺和挖苦,哥伦布微微一笑,没有反唇相讥,而是随手从桌子上拿起一个鸡蛋对这些贵族说:"各位,谁能把这个鸡蛋在桌子上竖起来?"

那些不屑一顾的权贵们纷纷上前展示身手,可是没有一个人能将鸡蛋竖起来。这时只见哥伦布不紧不慢地拿起这个鸡蛋,轻轻地往桌上一敲,鸡蛋稳稳地竖立在那里,顿时下面一片哗然,"这太简单了!谁都会做!"权贵们嚷嚷说。

此时,哥伦布大声说道:"把鸡蛋竖起来也许是世界上最简单的事,但你们却没有成功!当别人成功之后,你们这些聪明人又似乎什么都明白了。问题是大家都知道这样的道理,却没有一个人去做,而我不但知道这个道理,而且亲自去做了。其实,在我们生活当中,的确有许多看似非常简单的问题,但真正要行动起来,却绝不是普通人想象中的那样……"

说完,我看见那些不服气的同学脸红了,他们纷纷表示:"课下一定也要认真做一做!"

此时，我转身在黑板上给李晨蕊同学所在的小组加了100分，这时班里立即响起了热烈的掌声！

等到下一节科学课的时候，我走进实验室，发现许多同学都带来了"模拟钟乳石形成"的实验装置，看着同学们的"杰作"，我和同学们都会心地笑了。

我于是表扬说："今天同学们的表现都很优秀！记住，做和不做是不一样的！"

（发表于《科学课》2010年第12期）

《摩擦力》教学故事

摩擦力大小与什么因素有关？上节课，同学们通过实验已经验证了摩擦力大小与物体重量有关系，物体越重，摩擦力越大；物体越轻，摩擦力越小。摩擦力大小还与什么因素有关？通过思考，同学们做出以下猜想：摩擦力大小还与物体接触面的粗糙程度有关系，接触面粗糙，摩擦力大；接触面光滑，摩擦力小。

如何设计实验证明你们的猜想？经过思考，王恩泽同学很快提出了自己的设计方案：取一个钩码盒，里面放几个钩码，用测力计慢慢拉动，测出拉力大小；把钩码盒放在粗糙的平面上，用测力计慢慢拉动，测出力的大小。

"做这个实验，你还有什么补充意见？"我问。

张雨辰说："两次实验放的钩码不仅数量要一样，而且都要匀速拉动。"

"在对比实验中，如何使接触面粗糙和光滑呢？"

同学们思考后纷纷举手。

"可以在实验桌上做一次实验，再在粗糙的地面上做一次。"赵立杰说。

"可是地面比较脏啊！"有同学提出反对意见。

"我们可以把桌面当成光滑的平面，然后在桌面上垫一层毛巾，于是接触面就变得粗糙了。"

"这真是个好办法！"我表扬说。

于是我又提了一些要求，正准备让同学们按这个方法去做，突然闫旭同学举起了手，我示意他站起来，于是我问："你想说什么？"

"老师，我觉得摩擦力大小与接触面软硬还有关系，接触面软，摩擦力比较大，而接触面硬，摩擦力会较小。"

"这个想法很新颖，过一会儿，我们可以做一做！"

刚说完，刘博学冒出了一句："老师，我觉得在桌面上放一些沙子，可以增大摩擦力。"

"这也是个不错的想法。"我表扬说。

"老师，放沙子不会增大摩擦力，放沙子后，摩擦力会减小的。"赵立杰提出了反对意见。

"大家的想法都不错，可是在桌面上放沙子，桌面也太脏了，我们还是利用毛巾来增大摩擦力吧！"

于是，我给各小组发了一条毛巾，随后材料员开始取材料，认真操作起来。

实验结束后，同学们开始汇报实验结果：放在桌面上拉力是 0.8N，放在毛巾上（粗糙平面）拉力是 4.5N。结论是：接触面粗糙，摩擦力大；接触面光滑，摩擦力小，这样的实验数据说明实验效果非常明显。

"摩擦力大小与接触面软硬有关系吗？"

"可以用海绵垫上试试。"

"材料找到了，你们试试吧！"

同学们又开始操作起来，不一会儿，实验结果出来了："在桌面上拉钩码盒，拉力是 1.1N；把钩码盒放在海绵垫上（用一层布包好），拉力是 3.3N。结论是：物体在坚硬的物体上，摩擦力小；物体在松软的物体上，摩擦力大。"

其他小组也得出了同样的结论，按这样的教学结果来说，同学们也算超额完成任务了，教学也可以就此结束了，可就在这时，我脑子里突然涌入了同学们前面的两种猜想"桌面上放些沙子可以增大摩擦力""放些沙子可以减小摩擦力"，这两种说法似乎都有些道理，到底谁的观点正确呢？不如就此做一做。也就此看个究竟，于是我对同学们说："在物体上放些沙子是否可以增大摩擦力呢？我想让大家做一做这个实验，但又担心桌面上放了沙子，会弄得太脏，还是……"

话还未说完，只听几位同学说："老师，我们一定会注意的，做完实验，我们一定会把桌子收拾干净！"

"老师，没事，中午我来实验室做卫生！"张雨晨同学说。听了同学们的回答，感觉他们好像迫不及待地想看个究竟。

"那好吧！你们就利用身边这些材料自行设计实验吧！"

于是，同学们又开始找沙子、海绵垫等，开始忙碌起来了。由于同学们兴趣浓厚，不一会儿，实验结果就出来了。

王恩泽一组：把钩码盒放在海绵垫上，拉动物体，摩擦力是1.2N，在海绵垫上放上沙子，拉动物体，摩擦力是0.8N。结论是，放沙子可以减小摩擦力。

张雨辰一组：在桌面上放上沙子，拉动物体，摩擦力是1.5N；不放沙子，拉动物体，摩擦力是0.8N。结论是，放沙子可以增大摩擦力。

闫旭一组：把钩码盒放在玻璃上，用测力计慢慢拉动，摩擦力是0.7N；在玻璃上放上沙子，把钩码盒放在沙子上面，慢慢拉动，摩擦力是1.3N。结论是，放沙子可以增大摩擦力。

"咦？为什么同样是放沙子，有的摩擦力会增大，而有的摩擦力会减少呢？"这和同学们最初做出的猜想也是一致的。

随后，同学们陷入了深深的思考中，经过思考和分析，同学们终于发现：如果一个物体表面比较光滑，放上沙子后，它的摩擦力就会增大；而如果一个物体本来比较粗糙，放上沙子后，它的摩擦力就会减小。得出这样的结论后，同学们都感到了由衷的喜悦。

对于这样的实验结论，可能有的同学还是感到难以理解，于是我又问："生活中有没有利用沙子改变摩擦力的现象？"

"老师，我想起来了，有时候路面凹凸不平，在上面垫上一些沙子，摩擦力就减小了，车子从上面经过，就比较容易了。"

"如果地面下了雪或者结了冰，为了防止打滑，人们经常在上面撒一些沙子，这样摩擦力增大，人们在上面行走也就不容易打滑了！"

"同学们说的都很精彩！放沙子，有时可以增大摩擦力，有时可以减小摩擦力，这就需要我们视具体情况而定。生活中蕴含着丰富的科学道理，只要我们拥有一双善于发现的眼睛，我们就会不断发现其中的奥秘！"我最后总结说。

教学反思：

学生是活生生的个体，他们喜欢思考，乐于探索，他们提出的问题常常在老师的预料之外。教师如果能以高超的教学机智，捕捉即时生成的教学机遇，抓住生成的教学资源，点燃学生创造性思维的火花，就能使课堂真正成为师生智慧飞扬的天地，收获意外的精彩！

（本文发表于《科学课》2010年第7期）

面对学生的"固执己见"

2007年5月,我参加唐山市小学科学优质课大赛,我准备的课题是《人造地球卫星》。为了准备这节课,我在多个班级进行了试讲。在试讲中发生的一件事让我永生难忘。

《人造地球卫星》一课,主要包括两个环节:一是多种功能的卫星。这个活动内容就是课前让同学们查阅资料,收集各种卫星的图片和资料,课上交流卫星的功能和用途。二是模拟人造卫星的飞行。通过模拟实验使学生知道,人造卫星绕地球的飞行与乒乓球做圆周运动是同样的道理,只不过这时的拉力不是绳子,而是地球的引力。

还记得在那次试讲中,前面的资料交流环节进行得非常顺利,接着教学进入模拟实验环节。这个实验所用材料很简单,只需一根长 0.5 米左右的细线和一个乒乓球。

实验过程如下:

(1)用胶条把棉线的一端粘在一个乒乓球上。

(2)把细线的另一端提在手中,并举过头顶,让乒乓球做圆周运动。

(3)当乒乓球做圆周运动时,握棉线的手有什么感觉?如果改变乒乓球的质量、棉线的长度、转动的速度,手受到的力有什么不同?

同学们实验结束后，开始汇报交流：

"当乒乓球做圆周运动时，手感觉比较费力。"

"如果增大乒乓球的重量，手受到的力会增大；如果乒乓球转动的速度增大，手受到的力会增大；如果增加棉线的长度，手受到的力会减小。"张齐同学在交流时说。

在倾听时，我听到了一个明显的"错误"——那就是如果增加棉线的长度，手受到的力会减小。正确的结论应该是，增加棉线的长度，手受到的力会增加（当然这只是我内心感觉的正确答案）。

"谁有不同意见？"我问。

"老师，我……我……"几位同学争先恐后地举起手来。

"李晨蕊，你来说！"我想，李晨蕊是班长，她的发言应该会比较准确，如果让她来汇报交流的话，一定会很快纠正张齐同学的错误观点。

"老师，我认为是这样的，增加小球重量，手受到的力会增加……如果增加棉线的长度，手受到的力会增大。"果然李晨蕊的发言准确而流畅，和我心中的标准答案完全一样。

"说得好！看来你体验得更充分！"我随后表扬说。

"同学们，你们认为谁说的正确？"

"李晨蕊说的正确！"几位同学附和着说。

"老师，确实是绳子越短，手越感觉费力！"张齐同学似乎并不服气，他依然坚持着自己的观点。

"不可能的！你体验的并不准确。你想想，绳子长，转动起来肯定是更费力的。"我解释说。

"老师，我还是认为绳子短的时候更费力，因为我在做实验的时候，手的感觉就是这样！"此时的张齐同学还是固执地坚持自己的观点。

"如果有不同意见，这当然是件好事，但不要太固执！今天的实验明显是你的感觉有误！"

虽然我一再解释，但从张齐的表情来看，他似乎还是不服气！而且还想再辩解，但是看到我坚定的表情，暂时也就不再说什么了．

最后，在我的引导下，同学们终于取得一致意见：在小球做圆周运动的实验中，绳子越长，手受到的力越大；反之，绳子越短，手受到的力越小。正因为实验中学生有不同的体验和意见，所以在实验结束后，帮助学生确定唯一正确的结论才显得格外的重要！

本课教学结束后，我想，学生也经历了一个比较复杂的探究过程，在整个探究过程中，学生有质疑、有争辩，这正是新课程教学所提倡的，整个教学应该可以满意了。另外，通过实验学生也得出了比较一致的结论，本课的知识目标、探究目标、情感态度目标全部达成了，这样的教学难道不是堪称完美吗？

又过了几天，再次上科学课的时候，同学们早早来到实验室。张齐同学见到我说："老师，在课下的时候，我又认真地试验了几次，我感觉还是绳子短的时候，手更加费力！"

唉！天下还真有如此固执的人，这样一个简单的实验得出的结论，简直就是秃子头上的虱子——明摆着。但是，学生毕竟是学生，有自己的观点总比人云亦云要好，所以就算学生出现了明显的错误，也不能指责和批评，而要循循善诱。

想到这里，我还是耐心地解释说："张齐，你能坚持自己的观点，这本身是一件好事，但是就这个实验来说，你的感觉还是有误的。你想想，用一根长绳转动一个小球，再用一根短绳转动一个小球，哪个更费力呢？当然是长绳了！再说，有的同学也实验过了，确实是长绳做圆周运动更费力的！希望你不要再固执了！"

我想，我这样说，也不是不尊重学生的意见。因为无论如何，尊重学生的意见，也应该以"事实"为依据啊！当然，这里的"事实"只是自己感觉中的事实，而事实上，这个实验我虽然也做过，但并没有认真体验过，因为我觉得这个实验显然是太简单了，不用认真做，结论也不会错的。

时光流逝，时间一天天过去，张齐同学坚持的声音渐渐离我远去。但也许是张齐同学的固执已见不断刺激我的大脑的缘故，也许是我也习惯于对某种问题进行深入思考的缘故，虽然我不想再在这个问题上枉费心机，但是这个"问题"终于隐藏在了自己大脑的潜意识里，说不定哪一天，这个问题就会从自己的脑海里"蹦"出来。

有一天，在上班的路上，我脑子里似乎在想着某一件事，突然一个物理公式跳进我的脑海里：

$F = m\dfrac{v^2}{r}$——这个物理公式是我高中时期学过的向心力公式。

在这个公式中，F 就是向心力，即物体做圆周运动时受到的力，也就是手受到的力；M 是物体质量；V 是物体做圆周运动时的速度；r 是线绳的长度。按照这个公式来推算，向心力是与绳长成反比的，即距离越长，向心力越小；距离越短，向心力越大。所以说，在小球做圆周运动时，距离越短，拉力越大，手越感到费力。这么说，张齐同学的观点应该是完全正确的！可是这又怎么可能呢？我又仔细地分析了一下这个公式，觉得公式推论确实是这样——距离越短，拉力越大；距离越长，拉力越小。而我原来的观点（更准确地说只是一种感觉），竟然是完全错误的！

难道不是绳子越长，拉力越大吗？虽然自己记忆中的高中物理公式是不会有一点错误的，但是现在我开始对这个物理公式表示怀疑了！

来到学校，我找了一根细线，细线一端固定好一个乒乓球，让它以一定的速度转动起来。然后增加细线的长度，手的感觉的确不是很费力；减少细线的长度，让小球以同样的速度运动，手的确感到比较费力。把上面的实验又重复了多次，手的感觉和体验基本一致。当然，当绳子的长度增加很多后，让乒乓球开始转动起来的确不太容易，但小球一旦转动起来，手的感觉的确是不太费力。难道这样一个简单的实验，自己的感觉竟然是错误的吗？难道班里许多同学的体验都是错误的吗？

经过反复试验，我终于可以确认，当小球以一定速度做圆周运动时，细线越短，小球受到的向心力越大；反之，细线越长，小球受到的向心力越小。由此，我可以断定，张齐同学所坚持的观点不但在理论上是完全正确的，而且在实践中也是完全正确的。那为什么许多同学的感觉也会出现失误呢？经过分析，我认为，这很可能是学生在做"绳子长""绳子短"的对比实验中，小球的转动速度没有很好的控制为相同。当然，还由于空气阻力等客观因素、每个人的操作方法、个人的体验等人为因素的影响，实验结果可能会有所差异。

终于，当再次上科学课的时候，我激动地对大家说："前些日子，老师几乎犯了一个严重的错误，那就是在模拟人造卫星飞行的实验中，我告诉大家的'细线越长，拉力越大'这样的观点是错误的，张齐同学坚持的'细线越长，拉力越小'，这个观点才是正确的。正是由于张齐同学不断坚持正确、反驳错误，才促使我深入地思考了实验中的这个问题。现在我不得不承认，张齐同学的观点不仅是完全正确的，而且他的坚持和执着也给我和每一位同学上了很好的一课！"

"哗……"，同学们热烈地鼓起掌来。

从2007年到现在，这件事已经过去多年了，但这件事还是深深印在我的脑海里，让我时常想起。张齐同学的坚持和执着实实在在地给我上了生动的一课：自新课程改革以来，虽然自己在教育教学中能够充分发扬民主，尊重学生的不同意见，但是做得还很不够，有时候自己过于自信甚至于自负。有时候一些实验由于比较简单，自己并没有认真地去实验一下，体验一下，就轻易地下了结论，从而导致了错误的结论。如果不是张齐同学的"固执己见"，自己的错误岂不是谬种流传！当然，你可能会说，就算是错了，学生也并不知道，没什么大不了的！但是，学生不知道并不能成为你犯错误的理由！因为错误的观点，不管别人是不是知道，它都是错误的，它就是一种客观存在的东西。"知识的问题是一个科学的问题，来不得半点虚伪和骄傲，决定的需要的倒是其反面——诚实和谦逊的态度。"

这才是我们每位科学教师应有的科学态度！

　　另外一点也是非常重要的，教师要掌握一些知识甚至是高深的知识，这对教学是非常必要的。在上面的案例中，我高中时期学习过的物理公式——$F=m\dfrac{v^2}{r}$ 对于自己最终确认正确的结论也是极其关键的，因为理论是实践的指南。由此可见，教师只有多学习，才能使自己在教学中高屋建瓴，左右逢源！

科学教育资源无处不在

暑假近一个半月，由于接二连三地下雨，学校的许多空地上长满了青草，学校的实验室前面更是杂草丛生，许多草足有一尺多高，因此，拔草成了全体师生开学初的"第一课"。

今天是学生返校报到的日子。

早晨七点多钟，我来到学校，趁天气还比较凉快，我独自一人开始在实验室前面的草地上拔起草来。过了一会儿，同学们陆续来到了学校。四、五年级的几位同学看见我在忙着拔草，也主动来到我旁边跟着拔了起来。由于假期里同学们和我一直没有见面，几个同学不断地向我问这问那，好不热情！我也不断地向他们询问暑假的生活、学习情况，他们也不断地向我讲述着身边发生的愉快的事情。

正拔着草时，突然，刘胜航同学跑过来喊："老师，我捉到一只大螳螂！给你！"

"先把它放到实验室的昆虫槽里，我们一起来饲养它！"我回应道。

"好！"说着，刘胜航快步跑向科学实验室。

草丛里的虫子可真多！每个同学都捉到了一只或几只昆虫，有蚂蚱、螳螂、蟋蟀、金盅、瓢虫、臭大姐等，我让几位同学从仪器室取来了昆虫瓶，他们把昆虫分别放在里面，透过昆虫瓶上面的放大镜观察，真是别有一番情趣！

在绿草丛中，刘博学同学捉到了一只绿色的大蝗虫，并拿来给我看。我仔细一瞧，只见这只蝗虫的一条大腿儿已经没有了，我想了想问："这条大腿儿，是你弄掉的吗？"刘博学说："不是，当我准备捉它时，这条腿儿还长着呢！当我捉到它时，它一挣扎，腿儿就掉了！"

"知道蝗虫为什么会掉一条腿儿吗？"

"不知道！"

"再好好想一想！"我鼓励旁边几位同学说。

几位同学陷入了沉思，突然王恩泽同学大声说："老师，我知道了！蝗虫掉腿儿是不是和壁虎主动掉尾巴一个道理，掉一条腿儿，转移敌人的注意力，从而乘机逃走。"

"说的对！牺牲局部而保存整体，这正是蝗虫保护自己的方法！"我解释说。

这时，一位同学捉到了一只蚂蚱，蚂蚱嘴里吐出了许多黑色脓水，脓水弄到了他的手上，他顺手把蚂蚱扔掉了，嘴里还不停地唠叨："真讨厌！弄了我一手！"于是我又问："蚂蚱为什么吐脓水呢？"

"吐脓水，人会认为它已经死了，从而丢弃它，这也是动物保护自己的好方法！"这位同学解释说。

"吐出脓水，还可以吸引别人的注意力，然后它乘机逃走！看！你不是把它扔掉了吗？"另一位同学解释说。

"你们说的都很有道理！"我继续表扬着。

"老师，我捉到一只瓢虫，它也会吐脓水，而且在我的手上一动也不动，跟死的一样！"

"老师，装死也是动物保护自己的方式！"我点了点头。

"老师，我还从草丛里找到许多蜗牛，这些蜗牛把身体藏在壳里面再也不出来了！"

"老师，有的蜗牛从草丛里爬出来，爬到甬道上就再也不爬了，待了半天也不动弹。天气很热，水泥板上很烫！蜗牛有时好像不太喜欢阴暗的地方！"

我想了想说："在学校的甬道上，我也看到一些蜗牛，后面还有发白发亮的痕迹。开始我还认为蜗牛比较懒，爬到哪停到哪。后来我想，这可能是蜗牛在夏眠，在温度很高的情况下，蜗牛会分泌一些黏液堵住外口，然后自己躲在里面睡大觉！这也是蜗牛适应高温的一种方式吧！"听了我的解释，同学们恍然大悟。

正当同学们热火朝天地拔着草的时候，"唧唧唧！"突然，半空中飞来了许多燕子，它们在同学们的头顶上飞来飞去，忙个不停。"咦？这是怎么回事呢？我们拔草，燕子为什么来凑热闹呢？"有同学不禁发出疑问。

"我想，燕子是在吃虫子！"

"没错！我们在拔草，破坏了许多虫子的家园，它们只好飞到空中。燕子要吃虫子，所以就跑来了！"有同学进一步解释。

同学们快乐地拔着草，一边拔，一边仔细地观察着那些可爱的小生灵们，蚂蚁、蚯蚓、蜗牛……还有许多不知名的动物、植物，这一切都激起了同学们的极大兴趣。"老师，这是什么虫子？""老师，这是什么草？""老师，为什么有的蛐蛐尾部有一根细管儿，而有的蛐蛐没有？"我忙着回答，有些应接不暇，但有许多虫子和青草，我也叫不出它们的名字来。

大约十点钟的时候，地面上的草已经拔了很多，裸露在地面上的许多小动物更是四散奔逃了。这时，三年级的班主任李老师也赶过来帮忙，拔了一会儿草，突然一位同学大声问："老师，草是有生命的东西吗？""是！"李老师肯定地回答。"老师经常教育我们要珍爱生命，但现在为什么要把草拔掉呢？"李老师笑了笑说："这个问题提得很好，还是让科学老师来回答这个问题吧！"这个问题同样让我无言以对，我想了想，还是不能给同学们一个满意的回答，因为在学生内心深处，他们是珍爱生命，热爱小动物的！他们平时喜欢饲养小动物，如果小动物死了，他们会难过得掉眼泪！有时小动物死了，他们还会把它埋到土壤里……学生提出的问题，简直无懈可击！也许以后在实验室前面的空地上，种一些好看的花草会更好！也许这是珍爱生命、与动物和谐共处的一种补救措施，但愿这种补救措施能够实现！

普普通通的拔草活动，不但锻炼了学生的体力，培养了学生的劳动意识，而且使学生学到了书本上学不到的科学知识，培养了学生的问题意识和珍爱生命的情感、态度与价值观，真可谓是一举多得！科学教育的资源，真是无处不在啊！

（本文发表于《科学课》2010年第11期）

蚯蚓的生命力

早晨,三年级的刘俊涛和其他几位同学来到我的办公室,一进门,刘俊涛高兴地对我说:"老师,我捉到了一条大蚯蚓!"我仔细一看,只见他手里果然拿着一条大蚯蚓,又粗又长。怎样处理这条大蚯蚓呢?忽然我想起了在昨天的科学课上,同学们刚刚观察过蚯蚓,大家兴趣非常浓厚。唯一不足的是,同学们采集的蚯蚓体型都很小,大约都只有三至五厘米长。对于蚯蚓的外形,虽然同学们仔细观察,并且动用了放大镜,但是获得的信息还是很少,我想,如果把这条蚯蚓饲养起来,让同学们一起来观察,不是很好吗?

于是,我来到仪器室找来了一个培养皿,在里面淋了些水。刘俊涛刚把蚯蚓放在里面,几位同学就围拢过来开始观察。为了让同学们观察得更仔细,我找来了几个放大镜,通过放大镜,几位同学观察得更加认真仔细。在昨天的科学课上,同学们没有看清楚的嘴,这次观察清楚了;昨天没有看清楚的肛门、环带,这次也观察得一清二楚。

小蚯蚓受到刺激,会蠕动身子快速逃走,大蚯蚓受到刺激会怎么样呢?这是同学们非常感兴趣的问题。

刘俊涛拿起一支铅笔,轻轻地碰了一下大蚯蚓的身子,只见大蚯蚓整个身子都在用力,突然,蚯蚓身子中部猛地往上高高跃起,然后整个身子又迅速翻转过来，像蟒蛇一样要把什么东西卷住，此时大蚯蚓的整个身子开始迅速向前蠕动，整个动作一气呵成。"啊！"有的同学开始惊叫起来，几位同学着实吓了一跳！他们完全没有想到，大蚯蚓受到刺激，似乎不仅仅是简单的逃窜，而是带有一种反抗性和攻击性的咆哮！

正观察得兴致勃勃的时候，上课铃声响了，同学们恋恋不舍地离开了科学实验室，回到教室上课去了。随后，我又观察了一会儿，然后把蚯蚓放到培养皿里，回到准备室备课去了。

备了一会儿课，我又来到了实验室，一看，培养皿里的蚯蚓不见了。咦？哪去了呢？我环视了一下四周，忽然发现它正离实验桌不远的地面上爬呢，但是它爬行的速度很慢，身上还沾满了土。我赶紧找来了干净的清水，把蚯蚓身上的土冲洗干净。然后把它重新放在实验桌上，此时蚯蚓又开始蠕动起来。

下课铃声刚刚响过，几位同学又兴冲冲地跑进实验室，观察起蚯蚓来。"快来看啊！实验室里有大蚯蚓！"接着又有许多同学跑进了实验室。因为知道了实验室里有条大蚯蚓，同学们都怀着兴奋和好奇的心情来观察。此时实验桌周围已经挤满了同学。

田畅同学拿起了一支笔去戳蚯蚓的尾部，只听"扑哧"一声，一股脓水从蚯蚓肛门里喷射出来，"快看！蚯蚓排粪便了！"有同学惊奇地喊了起来。

"不对！蚯蚓的粪便是黑色的，像泥土一样，而它排出的发绿！"有的同学反驳说。

"蚯蚓为什么会喷脓水呢？"我问。

"是因为蚯蚓受到惊吓造成的！"有同学说。

"有道理！"

同学们又陷入了沉思，突然有位同学大声说："老师，我认为有可能是蚯蚓受到了刺激，它喷出脓水，用来攻击敌人，然后自己乘机逃走！"

"嗯，你说的也很有道理！"我满意地点了点头。

"我们平时捉蛐蛐、蝗虫时,它们也会排出一些脓水,以转移敌人的注意力,然后乘机逃走!"我接着解释说。

时间过得真快,一会儿上课铃声又响了,同学们不得不离开了实验室,去教室上课去了。此时,我又把蚯蚓放到培养皿里,并将培养皿放到实验桌上。但我又担心蚯蚓逃走,于是我又把放蚯蚓的培养皿放在实验桌的水槽里,看了看,蚯蚓无法逃走,我便离开了。

又过了一会儿,当我再次走进实验室时,发现蚯蚓旁边多了一小堆儿灰黑色的东西,仔细一看,我判断这一定是蚯蚓排出的粪便。这些粪便呈螺旋状堆成一座小山,而且量特别多。蚯蚓怎么会排出这么多粪便呢?又一想,蚯蚓也要吃食物,当然要排粪便了,新陈代谢嘛,这是生命的特征啊!又观察了一会儿,我再次离开了。

当第三次进入实验室时,我发现蚯蚓旁边的灰黑色粪便不见了,取而代之的是,蚯蚓身体周围平铺着一层泥一样的东西。我想,蚯蚓的粪便一定是被平铺开了,可是,蚯蚓为什么要把粪便摊开呢?再仔细一看,蚯蚓本身就静静地躺在了那平铺的泥土中间。我继续思考着,忽然脑子里仿佛透进来一丝亮光,蚯蚓平时生活在土壤里,它把粪便铺开,是不是想营造一种有土壤的环境,这样更有利于生存呢?我想,这种可能性还是很大的,既然是这样,那我也应该为它营造一种拥有土壤的环境。

于是,我找来一个装有土壤的花盆,在土壤上面洒了些水,使土壤变得潮湿。用一个小木棍把土壤扎了许多小孔,算是给土壤松土。然后我把这条大蚯蚓放在土壤里,上面又加了一些树叶杂草之类的东西,算是给蚯蚓的食物了!做完了这些,我猜想这下蚯蚓应该可以好好地在土壤里生活了。

下班的时候,我又去看蚯蚓,发现它一动不动地伏在土壤上,并没有爬进土壤里。我又用小棍儿轻轻地碰了碰它,它也轻轻地动了一下。

第二天早上,当我走进实验室时,发现蚯蚓仍是一动不动地伏在那里,我又用小棍儿轻轻地碰了碰它，它只是轻轻地动了动，好像还有生命的迹象。但是我猜想，蚯蚓恐怕是不行了。

双休日两天，由于没有来学校，所以没有观察到蚯蚓的活动情况。

星期一早晨，当我再次进入实验室的时候，发现蚯蚓还在那里，但它已经完全变成了一个干瘪的东西，看来，蚯蚓早已经死了。

以前，我也饲养过蚯蚓，虽然也为它营造了不错的环境，但过不了几天，蚯蚓就会死去。有时天下大雨，我的实验室经常会爬进一些蚯蚓，但是这些蚯蚓爬到哪里算哪里，它绝对不会再爬出去，只会等待生命的结束——最后变成了一个干瘪的东西。水太多，蚯蚓会浸死；环境干燥，同样不利于蚯蚓生存。

和蜗牛相比，蚯蚓的生命力更加脆弱！蜗牛可以随便在一个地方，就是一两年不吃不喝，它同样能够生存，但这对于蚯蚓来说，简直就是难以想象的！

荀子《劝学》中说"蚓无爪牙之利，筋骨之强，上食埃土，下饮黄泉"，用以说明蚯蚓的顽强，但这似乎只限于土壤的环境，离开了原生态的土壤环境，可以说蚯蚓的生命力是非常脆弱的。

唐山市塔头小学是一所农村小学

我刚到学校时，学校连个实验室都没有。后来学校建成了宽敞明亮的实验室，实验室便成了我埋头工作的场所，也成了孩子们学习、探究的乐园。

看似平淡的超越

"电磁铁的南北极与哪些因素有关?"

一上课,我开门见山就提出了这个问题。

同学们思考后很快做出了大胆猜想:电磁铁南北极可能与导线缠绕方向、电池的正负极有关。

经过独立思考、小组讨论后,同学们很快设计出了两组对比实验方案。

接下来,同学们开始分组实验,应该说,对比实验的操作难度也并不是太大,但同学们的操作却是顾此失彼——有好多小组只完成了"实验组"的实验,而没有完成"对比组"的实验,就认为大功告成了,看到这种情况,我严厉地批评说:"你们真是太不聪明了!"一般情况下,我是不会用这种"不聪明"的字眼去批评学生,因为新课程理念要求教师对学生的评价应该是以肯定、鼓励为主,不要轻易批评、否定学生,对于这些我是知道的,但今天看到学生犯了如此低级的错误,我确实很生气!还好,让我感到安慰的是,在巡视中,我发现刘静、孟迪这一组同学按要求去做了,且实验现象明显,因此,在全班同学面前我表扬了她们。

在同学们做第二组对比实验时,我首先来到了刘静、孟迪一组,只见她们正在安静地做实验,实验完毕后,我问:"改变电池的正负极,电磁铁的南北极跟着改变吗?"刘静小声地说:"做了两次对比实验,结果总是铁钉尖端是北极。"(两次对比实验的结果应该是：一次钉尖为北极，一次钉尖为南极。）我肯定地说："那不可能，你们再试一次！"

于是，刘静迅速组装好电磁铁，用钉尖一端去接近指南针的北极，此时，指南针的北极迅速跑开，用钉帽一端去接近指南针的北极，指南针的北极没有跑开，相反被吸引过来了，由此判断出顶尖一端为北极。调换一下电池的正负极，重做上面的实验，结果发现，钉尖一端为南极，钉帽一端为北极。这时，刘静喜出望外，高兴地说："改变电池的正负极，电磁铁的南北极还是有变化！我前面操作时，电池正负极改变了，导线缠绕方向也跟着改变，这样做，不符合对比实验的要求！"刘静找出了实验失败的原因。

看到刘静一组的成功，我感到很高兴！接着我又来到了刘亚楠、李萌同学一组，这时我发现刘亚楠手里拿着一个较小的条形磁铁，正在摆弄着玩，此时我高兴的心情立刻没有了。心想，不认真做实验，就知道玩。于是我生气地说："还不快做实验，玩条形磁铁干什么？"

"老师，我们是在做实验呢！"刘亚楠不慌不忙地解释说。

"那也不能用条形磁铁呀！得用指南针！"我用命令的口气说，在我看来，用条形磁铁简直就是胡来。

"老师，用条形磁铁也可以。"刘亚楠继续解释说。

"用条形磁铁绝对不行，一定得用指南针！"我胸有成竹地说。

"老师，用条形磁铁也可以，不信你看！"说着，刘亚楠开始操作起来。她把条形磁铁放在桌面上，用电磁铁的钉尖一端接近条形磁铁的南极，条形磁铁立刻被吸引在钉尖处了；用钉帽一端去接近条形磁铁的南极，条形磁铁怎么也没有被吸过来，相反，条形磁铁被排斥开了，由此刘亚楠很快判断出了电磁铁的南北极。

啊！此时我感到十分惊奇，用条形磁铁真的能成功！这怎么可能呢？突然，我恍然大悟，指南针有指南北的性质，条形磁铁也有指南北的性质！既然用指南针可以判断电磁铁的南北极，那么用条形磁铁当然也应该可以了！刘亚楠的做法还有什么可怀疑的吗？她的这种方法当然是完全正确的，而且这种方法比用指南针的方法更简捷、更方便！可是自己为什么就断然否定学生的正确方法呢？

"这种方法是谁想出来的？"

"老师，这是我和李萌一起想出来的！"刘亚楠很谦虚地说。

"啊！你们的方法完全正确，而且很巧妙！比书上介绍的用指南针的方法还要巧妙，这个方法连老师也没有想到！你们真是太出色了！"我很激动，并且极力地表扬说。

在汇报交流时，我首先让刘亚楠、李萌同学展示了她们与众不同的检测指南针的方法，接着，我让同学们评价这种检测方法。贾文静同学站起来说："用指南针来判断电磁铁的南北极，指南针来回摆动，非常不容易观察和判断，这样做很不方便，而用条形磁铁来判断，条形磁铁无论是吸引还是排斥，非常容易观察，所以很方便！"贾文静同学的评价，切中要害，一语中的！

最后，我总结说："做第一组实验时，我还说你们不够聪明，看来我该收回我的话了！教材一直借用指南针来判断电磁铁的南北极方向，但是今天刘亚楠同学发现的检测电磁铁南北极的方法，也许只是方法上小小的改变，但却是一个很大的创造和进步！你们真的很了不起！"

教学反思：

本课的教学已经过去两个多月了，但是刘亚楠同学的"不用指南针也可以检测出电磁铁的南北极"的发现，到现在还留在我的记忆里。刘亚楠同学的这个检测指南针的方法看似简单，似乎只是一个简单的"条形磁铁"和"指南针"的置换，但从实验效果上看却更简捷方便，这是一个创造，这个创造无论从哪个角度来看，意义都不容低估！学生的创造力是无穷的，只要我们拥有一双善于发现的眼睛，就能让他们创造性思维的火花燃烧。

（本文发表于《科学课》2009年第12期）

🎓 一张奖励证书

星期一早晨,我在学校门口值班。五年级的刘光禹、胡冰姿两位同学遇见我,高兴地对我说:"老师,我们找到蚯蚓了!"

"真的吗?"我惊奇地问。

"真的,下午我们就带来。"刘光禹肯定地说。

这时候,我才想起上个星期发生的事情。那是上周三,我去五(3)班上科学课,课题是《蚯蚓的选择》。虽然课前我布置了作业——课下准备一些材料:纸盒子、土壤、蚯蚓等,但是,上课的时候发现同学们带的材料很少,蚯蚓更是没有一个同学带来。上课的时候去找蚯蚓吧,学校外面空地大部分都是水泥地,去哪里找啊?学校有花坛,但是花坛土壤里能找到几条蚯蚓呢?而且找不到蚯蚓,一节课的时间就会白白浪费掉。可是没有蚯蚓,实验就做不成,科学教学就变成了纸上谈兵。怎么办呢?我想了想,终于灵机一动,对同学们说:"咱们同学都住在农村,应该可以找到蚯蚓,双休日也可以去田野里挖挖土壤,找找蚯蚓,下节课谁带来蚯蚓,我将发给他一张奖励证书。"虽然布置了这样的"任务",但是说实话,我对同学们带来蚯蚓是不抱什么希望的。

但是没想到,今天一大早,孩子们就说能带来蚯蚓,这给我带来了很大的惊喜,看来孩子们课下还真用心了。由于刘光禹、胡冰姿两位同学忙着回家,我也没有过多询问其中的具体情况。

下午第一节是五年级的科学课，上课铃声还没响，我提前来到五（3）班教室，只见很多同学都在埋头观察着什么。很多同学的桌子上摆放着土壤、纸盒子，隐约看到盒子里面似乎有蚯蚓在蠕动着。几位同学见到我兴冲冲地对我说："老师，我带蚯蚓了！"

"在哪呢？"

"在我的课桌上。"

我来到刘建阳同学的课桌旁，刘建阳同学打开了盒子，仔细一看，盒子两端分别放着湿土、干土，但看不到蚯蚓。

"蚯蚓呢？"我问。

"老师，蚯蚓已经爬到湿土里面去了！蚯蚓喜欢潮湿、阴暗的环境。"

"这些蚯蚓是怎么捉到的呢？"

"老师，我就从我家院子里的砖头下面发现的，然后我捉了好几条。"

张媛同学也捉到了很多蚯蚓，我问她："你这些蚯蚓是怎么捉到的呢？"

"我是从田野里捉到的。"张媛同学说。

"用小铲子了吗？"

"没有用小铲子，我是用手从泥土里给抠出来的，因为用小铲子会伤害到蚯蚓的。"

听了张媛同学的诉说，我内心一阵激动，没想到孩子们珍爱生命、保护小动物的情感和意识已经深入他们的内心世界了！

刘光禹的桌子上也放着纸盒子，里面也有好多大蚯蚓，我问："你这些蚯蚓是怎么弄来的？"

"老师，星期天的时候，我和爸爸妈妈去田野里出花生，我一边出花生，一边在地里找蚯蚓，我捉到很多只，今天上学的时候，我又把蚯蚓分给了好多同学呢……"刘光禹同学向我讲述着捉蚯蚓的经过。

"既帮助父母出花生,积极参加生产劳动,又捉到很多蚯蚓,不忘学习科学,真是个好孩子!"我表扬说。

上课的时候,我表扬了这些找到蚯蚓、珍爱动物的孩子。既然实验材料准备好了,那么学生分组实验便是水到渠成的事了。

第一个实验是验证"蚯蚓喜欢干燥还是潮湿的环境",取一个长方形盒子,在盒子两端分别铺上一层泥土,一端是湿润的,一端是干燥的,将捉来的蚯蚓放在盒子中间,盖好盖子。过一会儿,观察蚯蚓往哪边爬。此时,同学们的热情非常高涨,他们静静地观察着蚯蚓的动静,大约过了四五分钟,只听见有同学喊:"老师,蚯蚓全爬到湿土里面去了!"当开始汇报交流的时候,同学们高高地举起了小手。

"老师,我们用8条蚯蚓做的实验,几分钟后,5条蚯蚓爬进了湿土,还有3条留在了中间。"

"我们组用3条蚯蚓做的实验,几分钟后,两条蚯蚓爬到湿土里面,一条爬到干土里面。实验说明蚯蚓喜欢潮湿的环境。"

"我们把6条蚯蚓放到干土、湿土中间,三四分钟后6条蚯蚓全爬到湿土里面去了,结论是蚯蚓喜欢潮湿的环境。"

"我们组把3条蚯蚓放在干土和湿土中间,3条蚯蚓全爬到湿土里面去了。"

"我们小组把4条蚯蚓放在湿土、干土中间,结果4条蚯蚓全爬到湿土里面去了,实验说明蚯蚓喜欢潮湿的环境。"

"我们把8条蚯蚓放在了干土、湿土中间,结果6条爬到湿土里面去了,两条还待在干土里面,我们的实验结论是,蚯蚓喜欢潮湿的环境。"

实验结果验证了同学们的最初猜想——蚯蚓喜欢潮湿的环境。

"我发现我们的蚯蚓最终都是钻到湿土里面,这说明蚯蚓不仅喜欢潮湿的环境,还喜欢阴暗不见光的环境。"一位同学补充说。

"这位同学总结得更加全面,那我们就来验证另外一个猜想——蚯蚓喜欢阴暗的环境吧!"我说。

设计好了实验,同学们取来长方形的盒子,盒子一端上面用盖子盖上,另一端不盖盖子,把多条蚯蚓放在盒子中间,将这个装置放到阳光下或者明亮处,观察蚯蚓的活动情况,大约五六分钟过后,有的同学喊:"我的蚯蚓爬到暗处去了!"

汇报交流开始了,同学们的热情更加高涨。

"我们把7条蚯蚓放在明暗交界处,几分钟后,有6条蚯蚓爬到了阴暗处,一条留在了中间,我们的结论是蚯蚓喜欢阴暗的环境。"

"我们用7条蚯蚓做的实验,把7条蚯蚓放在明暗交界的地方,结果5条爬到黑暗处,两条留在了中间,这说明蚯蚓喜欢阴暗的环境。"

"我们把一条蚯蚓放在明暗中间处,过了一会儿就爬到暗处,结论是蚯蚓喜欢阴暗的环境。"

"我们把3条蚯蚓放在明暗交界处,最后3条蚯蚓都爬到黑暗处去了,这说明蚯蚓喜欢阴暗的环境。"

"我把两条蚯蚓放到明暗交界处,两条都爬到黑暗处,我的结论是蚯蚓喜欢阴暗的环境。"

汇报交流结束了,同学们用真实的科学实验证明了自己的猜想——蚯蚓喜欢阴暗、潮湿的环境。

这节课,学生实验效果之佳,探究热情之高涨,是我课前完全始料不及的。

在教学的结尾,我对同学们说:"今天我们实验用的材料——蚯蚓很难找到,但同学们在课下积极去寻找蚯蚓,这才是成功的关键。这些在课下认真完成作业的同学非常值得表扬,同时我也将兑现我的承诺——他们每位同学将获取一张奖励证书,课下,课代表到我那里去领取奖励证书。"

"耶!"同学们高兴地叫起来。

下课的时候,刘光禹同学来到我的办公室。我拿出多份奖励证书,用笔在上面工工整整地书写上了每个同学的名字,名字后面写着:你在科学课上的优异表现,被评为"科学智慧之星"。

由一次实验操作考试想到的

下午第一节课,六年级同学进行科学实验操作考试。由于前几天同学们围绕着实验操作试题专门进行了操作练习,所以本节课我并没有让同学们再进行操作练习,而是直接让学生到讲台前面去进行实验操作了。当我宣布要进行实验操作考试时,我发现同学们已开始拿出实验操作试题,忙着看操作步骤,认真背实验结论了。虽然说期末的科学实验操作考试,并不是像语文数学等主科那样正规,但是看同学们认真准备的样子,也可以看出他们还是比较重视的。

第一个到前面进行实验操作测试的是田盼同学,由于田盼同学平时学习成绩一直很好,因此先让她到前面来操作,也有"率先垂范"的作用。田盼的实验操作题目是"杠杆的平衡规律"。实验操作开始了,只见田盼同学迅速打开实验盒,组装好杠杆尺,调节平衡,然后左边挂好重物(钩码),杠杆尺倾斜了,田盼尝试着在杠杆尺的右侧挂钩码,杠杆尺并没有平衡。此时田盼边调试边思考,虽然开始的操作显得并不十分熟练,但经过几次尝试,杠杆尺终于平衡了。台下同学们聚精会神地注视着田盼的实验操作,此时实验室里出奇的安静。从操作过程上来看,田盼的操作并不熟练,按理说,前些日子我组织大家进行了认真的操作练习,应该没有问题啊!我心里想着,也许是前些日子的操作复习,距离今天的考试时间隔了好几天,这期间同学们又没有复习,于是就开始忘记了,所以这也属于正常现象。

完成了验证"杠杆尺在什么情况下省力、费力、不省力也不费力"的操作后,田盼开始说实验结论:"……当用力点到支点的距离大于用力点到阻力点的距离时,使用杠杆可以省力。"我一听,就觉得结论有问题,应该是"当用力点到支点的距离大于阻力点到支点的距离时,使用杠杆可以省力"。于是我又让田盼重新把结论再说一遍,结果结论还是没有更正过来,于是我对田盼说:"田盼,你先休息一下,看看别的同学是如何操作的。"于是,田盼回到自己的座位上,拿出试题,开始复习起来。

第二个到前面来进行实验操作的是王鑫同学。王鑫是班里的一位男同学,平时就非常喜欢动手实验,而且思维敏捷,让他到前面来操作,应该不会有什么问题吧!果然在操作中,王鑫的实验操作步骤基本正确,说到结论也是结结巴巴的,虽然不是很流畅,但王鑫根据自己的实验操作得出了正确结论,就凭这一点就很难能可贵,于是我给了王鑫满分,王鑫高高兴兴地回到了自己的座位上。

第三个到前面来操作的是孙赛男同学,她是班里成绩较好的女同学。在实验测试中,她的整个操作过程比较熟练,但说到实验结论环节也出现了错误,更让我意外的是,在总结结论时,她和前面田盼的错误一模一样,同样是"当用力点到支点的距离大于用力点到阻力点的距离时,使用杠杆可以省力"。这是怎么回事呢?平时我也没这样教啊?我真是纳闷了!于是我给她进行了纠正,然后让她再重复一次正确的结论,这次总算正确了,此时我总算长出了一口气,看来科学实验操作考试,也要多重复、多背诵才能完成!

接着,我又让田盼到前面来进行实验操作。我想,有了其他同学的示范,再说田盼同学又是个好学生,这回操作准没有什么问题了!果然,组装杠杆尺,调节平衡整个操作过程一气呵成,非常流畅。"很熟练!"我表扬说。果然是好学生,虽然出过错,但一点就透!我心里感到非常高兴。开始说结论了,"当用力点到支点的距离大于用力点到阻力点的距离时,使用杠杆可以省力。"田盼熟练地说着。

我一听，原来的错误还是没有改，于是我生气地对田盼说："你又错了！到底是怎么回事啊？难道老师没有把结论给你们写下来吗？"

"老师！你给我们的实验试题中结论就是这样写的！"还没等田盼解释，在旁边观看的几位女同学齐声说。

"拿来，我看看！"说着一位同学递给我实验试题，我仔细一看，原来试题上的结论果然和田盼同学背诵的完全一样。

"嗯！是老师写错了！"我很诚恳地说。

"哎！"几位女同学嘟囔着，他们在埋怨着老师犯的错误。

"嗯，是老师给你们写错了，这是老师的失误，可是，老师虽然给你们把结论抄错了，但是这不能成为你们错的理由！因为你们通过实验操作自己可以得出结论，而不是死记硬背、生搬硬套！死记硬背的一个结果就是老师错了，你们也跟着错；老师对了，你们也不知道为什么对，当然更谈不上创造了！"我的话掷地有声！

期末实验操作考试已经过去好多天了，但我的心却久久不能平静。自课程改革以来，学校的实验教学较以前已经有了很大的发展。在教学中，我也经常教育学生们不要死记硬背、生搬硬套，要学会质疑和创造。但是从这次实验测试来看，自己做得还远远不够。托尔斯泰说："如果学生在学校里学习的结果是使自己什么也不会创造，那他的一生将永远是模仿和抄袭。"培养学生的活学活用能力和创新精神依然是我未来科学教学的主旋律。

跳出鱼缸的鱼

中午,我正在备课,忽然,张璐瑶和刘亚惠同学来到我的实验室。看到我,张璐瑶兴冲冲地对我说:"我捉到的那只天牛,你还要吗?"说着,她伸出手向我展示一只天牛。这时,我才想起自己早晨来到学校时,几位女同学正在做卫生,张璐瑶同学告诉我她捉到一只昆虫,并拿给我看,但不知叫什么名字,又不知怎么处理它,于是问我怎么办。我当时告诉她这只昆虫叫天牛,观察完后可以放到实验室的饲养槽里面。这不!中午她就给我送来了。我让她把天牛放到饲养槽里,随后,两位女同学并没有离开,而是观察起鱼缸里的鱼。

过了一会儿,突然我听到张璐瑶同学开始嘟囔起来:"唉!这条大鱼快死了!"这怎么可能呢?前几天养得好好的,上午我们在观察鱼的活动时还好好的。后来我又往鱼缸里倒了许多水,应该活得更好才对呀!我心里想。

"这条鱼真的快死了!它已经漂在水面上来了!"两位同学又开始叫起来。听到这些话,我急忙走过来,一看,那条大鱼果然漂在了水面上,张着大嘴,缓慢地呼吸着,真像是奄奄一息的样子。再仔细一看,鱼身上还沾了许多沙土,脏兮兮的,也不知怎么弄的。

"这是怎么回事呢?身上怎么沾上沙土的?"我惊讶地问。

"老师,这条鱼开始是在地上的。我们还以为它成鱼干了呢?然后我们把它捡到水里，它就这样了。"张璐瑶解释说。

"这是真的吗？"我问。

"是真的！"张璐瑶肯定地说。

"你们看到鱼跳出来的吗？"

"没有看到，我们把天牛放在昆虫槽里的时候，就发现地上躺着一条鱼，当时我们还以为死了呢！没想到鱼放到水里，又开始活了过来，就成现在这个样子了！"

"唉！看来鱼就算是放到水里，也很难成活。"我推想说。

"可是，鱼怎么会跳出鱼缸呢？水里缺氧吗？有可能，今天上午五年级同学观察时，我还特意向里面倒了半桶水。按常理说，鱼缸里水多了，里面的氧气也会增多的。"我对两位同学说。

"可能是你倒进去的水，水质有些异常，倒在鱼缸里，鱼有些不适应，就往外跳了！"刘亚惠同学分析说。

"有道理！"说着我打开了电脑，从网上查了查相关资料，发现确实有这种情况。鱼跳出鱼缸，原因无外乎，水中缺氧和水质异常这些原因。

又观察了一会儿，刘亚慧同学又开始惊叫起来："老师！小鱼吃大鱼了！"

听到喊声，我赶紧凑过来观察，果然，只见水里几条小鱼正在吃大鱼身上的东西，有的小鱼还在啃大鱼的嘴，有的小鱼正在吃大鱼的鳍，这难道就是鱼之间的乘"鱼"之危，分而"食"之吗？

又过了一会儿，我们发现，这条大鱼仿佛并没有被吃掉，相反，这条大鱼似乎有了些精神，活动似乎也比较自如了，看来小鱼也许并不是在吃大鱼！

又过了一会儿，我们又发现，大鱼已经在水里完全活动自如了，身上的脏东西也少了许多。看来，小鱼并不是想乘人之危吃掉大鱼，而是吃掉了大鱼身上的脏东西——它们是在尽力挽救大鱼的生命啊！

观察到这里，我也是感触很多，然后我对两位同学说："你们观察得很仔细，也一定有许多心得。回去之后把你们看到的和想到的,写篇观察日记,然后交给我,好吗?"

"好!"两位同学认真地回答。

一条跳出鱼缸的鱼给了我们很多思考:(1)鱼的生命力很强,人们常说"鱼儿离不开水",但实际上从这条鱼的表现看,有的鱼是可以在相当一段时间里离开水的,类似的现象我也看过很多。(2)鱼虽然只是一种小动物,但它们其实并不是冷血动物,它们是有感情的动物——这种动物并不会乘人之危,相反,它们也会"一方有难,八方支援"。这正是这条鱼带给我和同学们的思考与启示。

意外的收获
——《蚂蚁》教学故事

上午第三节是三年级的科学课,这节课的课题是《蚂蚁》。现在的季节已是深秋,天气渐渐冷了起来,夏季经常见到的蚂蚁也很少见到了。如果上课的时候学生捉不到蚂蚁,该怎么办呢?如果捉不到或者捉到的很少,能不能用其他小动物代替呢?如果可以替代的话,可以用什么小动物来替代呢?这一串串的问号闯进我的脑海里。

上课的时候,我对同学们说:"现在天气冷了,地面上的蚂蚁很少了,但是我们还要捉一些蚂蚁,进行观察,所以我们能捉多少是多少。捉的时候,可以选择那些体型大的,这样更便于我们观察。如果找不到蚂蚁,也可以捉其他小动物来代替。在捉的过程中,我们要注意保护小动物,不要随便伤害它们……"

介绍完了注意事项,我给每一组同学分发了带放大镜的昆虫瓶,然后同学们排着整齐的队伍去校园里捉蚂蚁。去操场的路上,同学们边走边仔细地寻找着蚂蚁,就像我课前预想的一样,同学们在路上(包括空地、花坛里)没有找到一只蚂蚁。到哪里去寻找蚂蚁呢?操场的西边有一大片地,地上长满了草,草很高,而且已经枯黄了。那里会不会找到蚂蚁或者其他小动物呢?但愿能找到,否则的话,这节科学课就只能"纸上谈兵"了!

来到这片草地上,同学们迅速分散开来。他们往草地里一走,立即惊动了很多小动物,这些小动物开始从草地上四散奔逃,有蝗虫、蟋蟀、瓢虫……

"老师,这些小动物捉吗?"

"捉!只要是小动物都可以捉,比一比看哪个小组捉的多!注意不要伤害它们。"

说完,同学们立即忙碌起来。

我和许多同学来到学校院墙下面,忽然,我们发现有许多蜘蛛迅速从草丛里爬出来,开始沿着墙壁往上爬了。这些蜘蛛比我们平时见到的体型要小,颜色呈棕色,八只足又细又长。但是这些蜘蛛在墙壁上爬的时候,速度非常快。

"老师,我们捉蜘蛛吗?"

"可以!"以前还真没有研究过蜘蛛,这次可以研究一下,也许会有意外的收获呢!

不一会儿,同学们的昆虫瓶里面已经有很多小动物了,蟋蟀、蝗虫、蚂蚁,当然最多的当属蜘蛛了。此时同学们的脸上露出了成功的喜悦!

回到教室,我问:"我们应该怎样研究这些小动物呢?"

"我们可以先观察它的外形,然后及时做好记录!"

我满意地点了点头。随后,同学们开始迫不及待地观察起来,他们透过放大镜,那种专注的神情,真像是饥饿的人扑在面包上一样。

大约过了十分钟,同学们已经观察完毕,记录本上不仅有文字,还有图画。

"我们还可以研究什么呢?"我问。

"我想知道这些动物是否会游泳?"

"我想研究这些动物的逃生本领!"

"我想知道这些动物放在一起,会怎么样?"

……

"同学们提的问题很有研究价值!前几天,一个同学捉到一只青蛙,一直放在实验室的缸子里。青蛙可是游泳的高手,我想知道,把青蛙和蜘蛛、蚂蚁等小动物们放在一起,到底是谁的游泳本领最大?"

"那还用说,一定是青蛙!"

"那也没准儿!也许别的小动物会超过它!"

同学们七嘴八舌地议论着。

我从准备室里拿出水槽,分发给各个小组,然后同学们又给水槽倒满水,随后研究活动开始了。当同学们把小动物分别放入水中之后,令人惊奇的一幕出现了:只见蜘蛛极其迅速地从水槽的一边跑到了另一边!当然青蛙也毫不示弱,它在水里迅速拨动前腿,后腿用力一蹬也快速游到另一边去了!

"哇!蜘蛛游得太快了!"

"蜘蛛游得真快,简直就是水上漂!"

"蜘蛛比青蛙还要快呢!"

"蚂蚁、蝗虫似乎不会游泳!它们在水里挣扎呢!"

……

顿时,实验室里变成了欢乐的海洋!

"同学们,要仔细观察,不要忘了做记录,也可以把你观察到的写成观察日记!"

听到我的提示,同学们又开始拿起笔忙着记录起来。

时间过得真快,不一会儿,下课铃声响了,但是同学们还是意犹未尽!

"你们还想观察吗?"

"想!"同学们异口同声地回答。

"下一节是什么课?"

"体育课!"

看到同学们探究的热情如此高涨,又想到下一节的体育课也是自己执教,以后还有时间给同学们补上,于是我说:"那下一节体育课你们继续观察,好吗?"

"太好了!"很多同学高兴地蹦了起来。

就这样,本来孩子们很喜欢上的体育课,却被科学课"挪用"了!

下面是同学们写的观察记录或者观察日记:

谁是游泳冠军

刘嘉成　张鹤飞

今天,在老师的带领下我们捉到了很多小动物,有蜘蛛、蝗虫、蟋蟀、蚂蚁等。实验室里还饲养着一只青蛙,于是老师提出这样的问题:让这些小动物和青蛙比一比,谁是游泳冠军?

经过猜想,同学们一致认为,青蛙将是名副其实的游泳冠军。

到底谁才是游泳冠军呢?实验让我们眼见为实。

老师给我们找来了一个大水槽,我们几个同学同时把青蛙、蜘蛛、蟋蟀、蝗虫、蚂蚁等小动物放在水里,只见蜘蛛健步如飞,还没等我反应过来,蜘蛛已经到达另一边了。青蛙也毫不示弱,前腿拨水,后腿用力蹬水,一会儿,青蛙也到达"对岸"了。而蟋蟀、蝗虫、蚂蚁只能在水里挣扎,好长时间也没游多远,看来,这些昆虫只是些旱鸭子。我们又做了几次实验,实验结果还是一样,蜘蛛还是比赛的第一名。实验结果证明,蜘蛛才是真正的游泳冠军。这是非常出乎同学们的预料的,而同学眼里的冠军——青蛙只能居亚军了。

后来我们又做了一个大胆的实验,把一只蜘蛛按入水中,松手后,蜘蛛会很快浮起来,然后迅速逃跑。但是,把蜘蛛长时间按入水中,蜘蛛也会死去。

蜘蛛为什么可以浮在水面上,快速地在水面上运动呢?我们思考了很久,也没有想出答案。我们去问老师,老师想了想说:"蜘蛛很轻,腿很纤细,腿上还有很多细小的绒毛,由于水的表面张力的作用,蜘蛛才可以轻松地浮在水面上,并且快速运动。有一种叫水黾的昆虫,也会在水面上自由地运动,同样是由于水的表面张力的作用。"

课下,我们查阅了资料,没有找到关于蜘蛛会游泳的相关信息。但查阅到一种叫作水黾的昆虫，它会在水面上飞快地滑行，的确是由于水的表面张力的作用。我想，蜘蛛和水黾能在水面上自由运动，原理应该是一样的。

蜘蛛成为名副其实的水上漂，陆地上也能运动如飞，还能飞檐走壁，我想，根据蜘蛛的奇特本领，发明一种既能在水上快速行驶，又能在陆地上快速行驶，还能飞檐走壁的汽车，将会大大造福于人类。

蜘蛛

刘佳成

蜘蛛是益虫，也是空中悬着的小动物。它先吐丝，织成网，然后把飞来的昆虫粘住，最后吃掉它。

蜘蛛一般捕捉蚱蜢、蝗虫、苍蝇、蚊子等害虫。蜘蛛是名副其实的游泳高手，它在水面上就像在陆地上爬行一样，快速如飞。

蜘蛛身体矮小，吐出的丝呈螺丝状。蜘蛛还可以在墙上飞跑，其飞檐走壁的本领可以和壁虎相比。

蜘蛛受到刺激也会缩成团，然后装死，这大概是蜘蛛保护自己的一种方法吧！如果你把蜘蛛放在地上，它会拔腿就跑，很难再捉到它。

啊，蜘蛛真是一种能力非凡又可爱的小动物！

观察蜘蛛

田珊

蜘蛛有八条腿儿，头小小的，眼睛也小小的。蜘蛛身体后边有一个吐丝的地方，身上有一点点的黑色。蜘蛛爬行的时候，六条腿似乎并不怎么用力，就可以做到健步如飞。

蜘蛛遇到对手时会打架，双方用两条前腿互相"拼杀"，有时身体会"扭抱"在一起。

蜘蛛在水面上游泳非常轻快，轻盈的身体一下子就可以跑到另一端，再从另一端跑到别的地方去。

如果蜘蛛不游了，就静静地趴在水面上；如果在水面上放一片叶子，蜘蛛就会爬到叶子上面去；如果你用一根树枝去碰它，它就会缩成一团；如果在水面上插一根树枝，蜘蛛也会迅速爬上去；如果在水面上放一只纸船，蜘蛛就会爬上纸船，然后自由自在地在纸船上爬行。

蚂蚁和蜘蛛
张鹤飞

蚂蚁的头圆圆的，身子长长的，它有六条腿。

我把蚂蚁和蜘蛛同时放到昆虫盒里，一会儿，一只蚂蚁便盯上了一只蜘蛛。它用力咬住一只蜘蛛的腹部，慢慢地把它咬死了。蚂蚁先把蜘蛛的腿儿咬下来，再吃掉别的部分。

也有一只蜘蛛毫不示弱，它主动向蚂蚁发起攻击，差一点杀死蚂蚁，幸亏我及时把蚂蚁救了出来。

蜘蛛受到刺激就缩成一个圆团，一动也不动，像死的一样。过一会儿，它也会偷偷逃走。

蜘蛛游泳时，它在水面上快速移动。但是，如果把蜘蛛长时间按在水里，它也会死去。由此可见，蜘蛛在水面上游泳本领高超，但它不会潜泳。

在水面上放一片叶子，蜘蛛就爬了上去，好像不想回到水面上趴着了。

在水面上，蚂蚁就是一只旱鸭子，它的游泳本领当然比不过蜘蛛了。

观察蜘蛛
田紫祎

蜘蛛有八条腿，腿上还有些毛毛。它有两只小小的眼睛，身上有些花纹，嘴下有两颗毒牙。肚子有些发白,大大的。

蜘蛛会游泳,它可以浮在水面上。蜘蛛浮在水面上的时候,似乎只有八条腿触及水面,而肚皮则好像没有贴在水面上。蜘蛛不仅在地面上跑得飞快,而且在水面上爬行时也极其迅速。蜘蛛的八条腿可以抱住自己的身子,变成一个圆圆的东西。

这就是我上《蚂蚁》一课的教学故事,本是无心插柳,却柳成荫——让孩子们有很多意外的收获!这意外的收获,不仅仅包括孩子们课本上学不到的知识,还包括孩子们与生俱来的好奇心和求知欲——被彻底激发了!

三年级学生,其中有张鹤飞、刘嘉成等。这也是作者在唐山市塔头小学执教的最后一届学生。

由于并校的原因,在2011年的秋季,作者和同学们来到了更美丽的新校园——唐山市康各庄小学

智慧课堂——教学实录

> 科学赐予人类的最大礼物是什么呢？是使人类相信真理的力量。
>
> ——康普顿（美国）
>
> 课——是点燃求知欲和道德信念火把的第一颗火星，我愿执着地"众里寻他千百度"。

《人造地球卫星》教学实录与评析

教学内容：冀人版科学六年级下册《人造地球卫星》一课。

课前交流：

师：我听说咱们班的同学以知识丰富、思维敏捷著称，下面老师出几个天文学方面的问题来考考同学们，你们喜欢吗？

生：喜欢。

师：1969年7月20日，美国宇航员阿姆斯特朗乘宇宙飞船成功登上了什么星球？

生：是月球。

师：2003年，中国航天员杨利伟乘"神舟五号"飞船遨游太空，请问"神舟五号"飞船绕什么星球飞行？

生：地球。

师：月球和地球有什么关系？

生：月球是地球的邻居。

生：月球绕着地球转。

师：因此，我们说月球是地球的什么星？

生：卫星。

师：月球是地球的天然卫星，通过刚才的问答，我发现同学们的确知识丰富、思维敏捷，真是名不虚传！下面让我们以饱满的热情步入科学殿堂。

评析：教师通过提出几个天文学知识方面的问题，不仅可以在教学的开始，迅速激活学生的思维，而且营造了天文学的学习氛围，还引出了"地球的天然卫星"的概念，为下一步揭示和认识"人造地球卫星"打下了坚实的基础，真可谓一举多得。

师：我们先来猜个谜语：多种多样闪光芒，不是天生是人装，太空之间任我游，收集情报送地上。

生：是卫星。

生：是人造地球卫星。

师：回答得更准确！关于人造地球卫星，同学们可能会觉得很神秘，但是不要急，过一会儿我们就会揭开它神秘的面纱。我们先看一段视频。（播放中国第一颗人造卫星发射视频，学生观看，并被卫星发射时的壮观场面深深吸引住了。）

师：这是什么场面？

生：卫星发射场面。

师：感觉怎么样？

生：太壮观了！

师：真是一飞冲天，横空出世！

评析：通过谜语竞猜，承上启下，进一步激发了学生的学习兴趣，顺利地引出了课题；通过观看卫星发射视频，使学生感受到了卫星发射时一飞冲天、横空出世的壮观场面，使学生心灵受到强烈的震撼，激发了学生探索卫星的热情。

师：世界上哪个国家最先发射了人造地球卫星？

生：是苏联。

师：这颗卫星从太空向地球发出了"嘀嘀"的声音，这声音虽然微小，却震惊了全世界，同时揭开了人类向太空进军的序幕。到现在为止，人类共发射了多少颗人造地球卫星？

生：5000多颗。

师：这么多卫星，反映了人类在航天技术领域的杰出成就。

师：课前同学们收集了大量关于人造卫星的资料，说一说，你知道了哪些种类的卫星？

生：我知道有通信卫星、导航卫星、气象卫星、地球资源卫星、科学探测卫星、技术试验卫星……

师：收集的材料很详细，好的开头是成功的一半，说一说它们都有哪些用途？

生：卫星在科学探测方面的应用，改变了人类坐地观天的传统。它携带着各种仪器，穿过大气层，自由自在，不受干扰为人类记录着大气层、空间环境和太空天体的真实信息。而这些十分宝贵的资料又为人类登上太空、利用太空提供了攻关指南。

师：大家知道太空里有什么吗？太空的环境怎么样？

生（同学们沉思了一会儿）：不知道。

师：科学探测卫星就可以帮助我们很好地认识这些问题。

评析：科学探测卫星的用途，学生可能难以理解，因此，教师巧妙地设计出两个简单的问题，虽然学生说"不知道"，但这个"不知道"正中了教师的"下怀"，不知道的内容正好是科学探测卫星可以解决的问题，学生对于这个难点的理解就此迎刃而解。

生：技术试验卫星是进行新技术试验或为应用卫星进行试验的卫星。航天技术中有很多新材料、新仪器，其能否使用，必须在天上进行试验；一种新卫星的性能如何，也只有把它发射到天上去实际"锻炼"，试验成功后才能应用；人上天之前必须先进行动物试验……这些都是技术试验卫星的使命。

师：2003年，"神舟五号"飞船发射成功，"神舟五号"是发射一次就成功了吗？

生：不是，在发射前还要进行多次试验，有时还要把猴子等一些动物放在卫星里进行试验。

师：说得对！"神舟五号"升空前，发射的卫星就是技术试验卫星。

生：人造地球卫星在资源调查方面的应用：搞建设，首先要摸清资源情况，这就需要资源调查。靠人工调查，速度慢，效率低，如果用资源卫星，一天绕地球十几周，用来普查森林，很快就能查完，而且可以监视各种变化，及时设法处理。在卫星上安装勘察矿产资源的遥感设备，可探测矿产。

师：说起资源卫星，我想起了《西游记》里的孙悟空，他有一双什么眼睛？

生：火眼金睛。（学生在笑，觉得很有趣，但这时同学们也许并不明白老师的真正意图。）

师：火眼金睛有什么用？

生：可以识别妖精。

生：能从天上看见地面上的妖精。

师：资源卫星就像孙悟空的火眼金睛，能从太空探测地上和海底的宝藏。（此时学生恍然大悟。）

评析：教师通过引入孙悟空的"火眼金睛"，让学生理解"资源卫星的用途"，使抽象复杂的东西一下子变得简单而形象，学生在趣味中学到了知识。

生：通信卫星也有广泛的应用：电视已成了我们生活的一部分，如果用与地球自转周期相同的同步通信卫星转播，像我们这样大的国家只要有一颗卫星，就连边远地区也能收看到中央台的电视节目了，如果在同步轨道上等间隔地放上三颗同步通信卫星，就能实现全球通信，到那时，你想看哪个国家的电视节目就很容易了。

生：因为有了通信卫星，我们可以看到世界杯足球赛，还可以看到刘翔！（说到这里，学生大笑，课堂气氛很活跃。）

生：我知道明年我们国家还要发射两颗同步卫星，估计是为明年北京奥运会实现全球直播做准备。

师：分析得很有道理！正是由于有了通信卫星的帮助，我们才可以在家里就能看到自己喜爱的节目，可以知道很远的地方发生的事情，真是"秀才不出门，便知天下事"啊！

生：气象卫星是对地球及其大气层进行气象观测的人造地球卫星。它能大范围地、及时迅速地、连续完整地对气候"察言观色"，并把云图等气象信息发给地面用户。

生：我知道，中央电视台每天发布气象信息，就是利用了"风云二号"卫星。

师：看来平时很注意观察啊！卫星在气象观测方面有着广泛的应用。

生：我还知道，1998年，中国长江流域发生特大洪水，要不要在荆江实行分洪，当时国家的决策机构举棋不定。气象部门根据接收国外气象卫星的资料，提出了荆江不分洪的建议，结果避免了40万人不必要的搬迁，并使60万亩农田免于被淹，减少经济损失6亿元。

师：这个事例很典型！气象卫星对于国民经济的发展也是非常重要的。

生：卫星在军事侦察方面的应用：1990年8月2日，伊拉克突然袭击并占领了科威特的国土。40多万美国及盟国军队云集海湾，伊拉克的重要机场、战略设施受到了美国导弹和飞机的狂轰滥炸，损失惨重。美国何以能准确地掌握伊拉克的军事机密呢？其中侦察卫星功不可没。

师：看，卫星对于一个国家是多么重要，落后就要挨打啊！

生：导航卫星，是为地面、海洋和空中用户导航定位的人造卫星。20世纪早期，在撒哈拉沙漠喷洒杀虫剂的飞行员，只能靠地图和指南针来引导方向。因为沙漠没有明显的标志，导航十分困难。1991年，小型的全球定位系统接收器开始使用，这使得飞机可以按照系统标示的位置准确喷洒，误差在30米以内，实现了空中导航。

生：我还知道，有的汽车和手机上安装着"GPS"导航定位装置，"五一"黄金周外出旅游时，如果能带着，无论走到哪里，都不会迷路了。

师：同学们搜集的知识确实很丰富，并且能够活学活用！

评析：组织学生课前上网收集关于"卫星用途"的资料，是完成本课教学的重要途径；通过课上交流，实现资源共享；在汇报资料时，为了不至于使学生的交流游离主题太远（卫星的重要用途），教师给予适当的引导。在教学中，教师根据实际情况，给予适时的鼓励和评价对于激发学生交流的热情起了重要的作用。对于抽象的、学生难以理解的知识点（如科学试验卫星、技术探测卫星的用途），教师适当地讲解、点拨，包括深入浅出地举例、提问，对于学生突破教学难点都是非常必要的。

师：刚才同学们交流了这么多资料，让老师分享了你们的劳动成果。和大家一样，老师也收集了一些资料，现在和大家一起分享。

老师播放课件，学生观看。（学生被这种直观形象的画面深深吸引。）

评析：教师收集的资料，是对学生汇报交流的有益补充。通过课件，虚拟情景，动态演示，化复杂为简单，化抽象为直观，不但激发了学生的想象和联想，增加了教学的趣味性，而且为学生深刻理解卫星的作用和功能（本课学习重点）创造了有利条件。

师：人造卫星多种多样，能不能按自己的标准给它们分类？

生：按用途分类，有的用在军事上，有的用在通信方面。

生：可以按形状分类，有蝴蝶形的，有圆柱形的。

生：可以按重量大小来分类。

生：可以按离地球的远近分类，卫星离地面的距离有远有近。

师：同学们找到了这么多分类方法，看来大家是费了一番脑筋的。通过刚才的交流，你受到哪些启示？

（学生畅所欲言）

生：卫星的功能很多，卫星对于一个国家确实很重要。

生：卫星确实是一项伟大的发明。

……

师：卫星对于一个国家的发展是非常重要的。这使我想起了邓小平同志说过的话，如果60年代以来中国没有原子弹、氢弹，没有发射卫星，中国就不能叫有重要影响的大国，就没有现在这样的国际地位，卫星的发展，是一个国家兴旺发达的标志。

评析：在这里教师引用邓小平的名言进行概括总结，使学生对"卫星对于一个国家、民族的重要性"，有了深刻的认识，同时产生了强烈的民族自豪感。教师富于激情的语言，也增加了教学的感染力。

师：现在，同学们对于卫星有了一定的了解，关于卫星，同学们还有哪些问题呢？

生：人造卫星绕地球飞行而不掉下来，这是为什么？

生：太空中人造卫星很多，它们会撞到吗？

生：人造地球卫星靠什么燃料飞行？

……

师：同学们提出了许多有价值的问题，很好，谁能解释这些问题？

生：不同的卫星在太空飞行时有不同的轨道，所以不会相碰。

师：你是怎么知道的？

生：我是从一本书上看到的。

师：能够学以致用，很了不起！

设计意图：

对那些有价值的问题，鼓励学生根据已有知识回答，有利于培养学生"学以致用"的能力，并且有利于教学的生成——形成教学中不可预见的精彩。

师：这节课我们重点研究一下，人造卫星绕地球飞行而不掉下来，这是为什么？

生：是因为地球引力的吸引。

生：是科学家的作用。

生：是遥控的作用。

师：同学们做出了大胆的猜想，非常精彩！要想知道谁的猜想正确，该怎么办？

生：做实验。

师：实践是检验真理的唯一标准，今天我们要做的实验和以往的不太一样，今天我们要做的是个模拟实验，我们先来看下面这个问题。

学生阅读后回答下列问题：实验用什么材料？棉线、乒乓球分别模拟什么？

生：材料有棉线、乒乓球。棉线模拟地球引力，乒乓球模拟卫星。

师（出示问题提示：卫星的飞行速度不同，卫星离地球的距离不同，卫星质量不同，如何利用这些材料来设计模拟实验？）：下面我们就围绕这样几个问题进行设计实验，小组同学先讨论方案。

（小组讨论，由记录员记录实验方案。）

学生汇报交流实验方案。

评析：设计实验环节是本课教学的一个创造。本来课本有这个模拟实验的方法，学生直接阅读就可以了解实验方法并进行实验，这样教学也是无可厚非的。但是教师在这里，改变了常规做法，并没有让学生直接阅读实验方案，而是出示"问题提示"，让学生根据"问题提示"设计实验方案，这样做实际上虽然增加了学生的实验难度，但是却使本环节的教学更具有挑战性，更能激发学生的主动性和创造性，从而培养学生自行设计实验的能力。

师：实验设计得很好，在实验中，我们应注意哪些问题呢？

生：把棉线举过头顶。

生：要站在离同学远一点的地方。

生：旋转的小球不要击伤同学或自己，不要让小球脱手。

生：小组同学要注意分工合作，及时做好记录。

（学生分组实验，教师巡视指导）

师：谁来说一说你们的实验结果？

（找同学到前面，边演示边汇报）

生：手和绳子之间拉力的大小和绳子的长短、小球的飞行速度、小球的质量有关系。

生：绳子越短，拉力越大；小球速度越快，拉力越大；小球质量越大，拉力越大。

师：这说明地球引力的大小和什么有关系？

生：地球引力的大小和卫星距离地球的远近、卫星的飞行速度、卫星的质量有关系。

师：小球能够做圆周运动，是因为有绳子的拉力。人造地球卫星和地球之间并没有绳子，它是靠什么绕地球飞行的呢？

生：是地球的引力。

师：说得非常好！刚才我们认识了卫星之所以能围绕地球飞行，是因为有地球引力的作用，现在请同学们思考，只有地球引力，卫星就可以绕地球飞行了吗？

生：可以。

生：不对！只有地球引力，卫星会掉下来。

师：那还需要什么条件？

（学生思考后回答）

师：同学们的想法对不对呢？我们来看课件。

（教师播放课件）

师：卫星之所以能绕地球飞行而不掉下来，原因是什么？

生：需要有很高的速度，还有地球引力。

师：解释得很精彩！"神舟五号"飞上太空，或者飞船要想登上月球都需要非常高的速度。

评析：这个问题有一定难度，让学生思考有利于培养学生思维的深刻性。在学生深入思考后，要想真正理解和认识这个问题，难度仍然是非常大的，这时教师利用课件来演示说明，学生会有"山重水复疑无路"后的豁然开朗之感。

师：我们认识了许多卫星，今天我们还要认识一种特殊的卫星，（教师出示课件）你知道这是什么卫星吗？

生：是地球同步卫星。

生：我认为它是通信卫星。

师：为什么说它是通信卫星？

生：因为您说过三颗同步卫星可以实现全球直播，可见同步卫星又是通信卫星。

师：分析得真精彩！同步卫星有什么特点呢？

生：它转动的速度和地球转动的速度一样。

师：从地球上看，它是静止的还是运动的？

生：是静止的。

评析：同步卫星对于学生是难以想象的，利用课件可以使学生对于同步卫星有一个直观形象的认识，从而突破这个教学难点。

（出示地球同步卫星模型，指导学生认识地球同步卫星。）

师：这是老师做的同步卫星模型，希望同学们课下制作一个更富有创造性的同步卫星模型。

评析：教师出示自己亲自制作的地球同步卫星模型，不仅仅是让学生对同步卫星有个直观形象的认识，同时也是起了一个"率先垂范"的作用，为学生课下进行科学制作活动打下了基础。

师：这节课上到这里就要结束了，但同学们探索科学的热情远远没有停止，同时人类向科学进军的脚步也远远没有停止。

（教师播放"神舟五号"飞船升空的视频，学生观看）

师：同学们，地球是人类的摇篮，但人类不会永远生活在摇篮里。从苏联发射第一颗人造卫星到美国宇航员阿姆斯特朗成功登上月球，从中国航天员杨利伟成功遨游太空到"嫦娥一号"的绕月飞行，这些震撼世界的大事在未来几百年依然会回荡在人们的耳边。同学们，努力学习科学吧！相信在不远的将来，你们也会让五星红旗遨游太空！让祖国因为你们而骄傲！

评析：在教学的结尾，教师用壮观的录像、奔放的音乐和激情的解说，营造了教学情感高潮，使学生产生了强烈的"献身祖国航天事业"的报国之情，教学结束后，同学们仍然意犹未尽。

（《人造地球卫星》一课荣获2007年全国优质课大赛一等奖，本课的教学实录发表于《科学课》2008年第7期）

作者在浙江海宁参加全国优质课大赛（图为海宁市实验小学）

作者在浙江参加全国大赛期间，在杭州游览了美丽的西湖

《光的传播》教学实录与评析

1. 猜谜语，导入新课

师：同学们，你们喜欢猜谜语吗？

生：喜欢！

（同学们一听到要猜谜语，兴趣立即高涨，注意力迅速集中）

师：请同学们注意听，有位老公公，面孔红彤彤，他来天就亮，他走黑洞洞。（猜一自然现象）

生：是月亮。

生：应该是太阳。

师：有位小姑娘，夜晚来乘凉，提着小灯笼，灯笼闪闪亮。（猜一小动物）

生：是萤火虫。

师：同学们反应真快，前两个猜的很正确。再听下一个：大起来，满山坡，小起来，像枣核，能走千山万岭，不能跨过小河。（猜一自然现象）

生：是光。

生：是水。

生：是火。

师：对，是火。这个谜语有一定的难度，但这个难关还是被同学们克服了，希望你们在下面的科学学习中，继续攻克难关。

师：谁来说一说，三个物体有什么相同点？

生：它们都能发光。

师：对，我们把发光的物体叫作光源。

评析：猜谜语是学生喜爱的方式，能吸引学生的注意力，启发学生的思维，使平淡、枯燥的教学内容转为妙趣横生的学习活动。本课导入中，教师通过引导学生猜谜语，活跃了学习氛围，顺利揭示了光源的概念，为后续教学活动打下了坚实的基础。

师：想一想，在我们的周围，还有哪些光源？

生：有星星，星星发光。

生：有蜡烛，有手电筒。

生：有雷电。

生：有电灯、霓虹灯。

生：有雪。

生：不对，雪不能发光。

生：雪看起来很亮。

生：雪是白色的，反光能力强，因此看起来很亮。但雪本身不发光，它不是光源。

生：有小镜子。

生：小镜子能反光，不能发光，它不是光源。

师：说得很有道理，反光的物体不是光源，只有自己发光的物体，才是光源。

生：有电视。

生：春节时放的烟花。

生：电焊焊接时发出的光。

生：有月亮。

生：还有我们平时玩的激光灯。

生：还有马路上的红绿灯。

师：同学们的想象真丰富，仔细看一看，这里面有"黑客"吗？

评析：这样的语言幽默风趣，学生一听就懂，也很乐于接受。

生：老师，我觉得月亮不是光源，我好像从一本书里看见过，月亮本身不发光，它反射的是太阳的光。

（让学生说出更多光源的例子，既可以使学生加深对光源概念的理解，又可以训练学生的发散性思维。在列举的过程中，学生自由发言，自由辨析，取长补短，相互促进，掀起了一个小小的学习热潮，形成了一个良好的学习氛围。）

师：你的知识真丰富。能不能用你喜欢的标准给这些光源分分类呢？

生：有的光源发出的光是长久的，如太阳、星星；有的光源发出的光是可以熄灭的，如火、电灯。

生：有的光源是靠燃烧发光的，如蜡烛、火柴；有的是靠电来发光的，如电灯、手电筒。

生：有的光源是大自然本来就有的，如太阳、萤火虫；有的是人经过加工做出来的，如电灯、蜡烛。

师：这两种光源概括起来怎么说？

生：天然光源，人造光源。

师：概括得很好。刚才同学们的回答都很精彩，关于光，同学们有什么问题吗？

（学生充分思考后回答）

生：光里面有什么？

生：光的传播速度是多少？

生：为什么有的物体发光，有的不发光？各种物体发出的光一样吗？

生：光有重量吗？

生：光都能产生热吗？

生：光是怎样向外传播的？

生：光对于我们人类有什么好处？有什么害处？

生：没有光，世界会怎么样？

师：问题提得真好，今天我们主要研究一下光的传播路线是怎样的？其他的问题请同学们课后动动脑筋，查阅一下资料，自己解决，好吗？

生：好。

评析：问题是打开一切智慧大门的钥匙，在以上教学片段中，鼓励学生提出问题，既可以培养学生的求异思维，又可以让问题成为教学的资源。教师把课上不能解决的问题放到课下让学生去研究，可以培养学生处处学科学、时时学科学的意识。

2. 自行探究，解决问题

师：光的传播路线是怎样的？请同学们根据生活经验提出自己的猜想。

（学生独立思考后，相互讨论）

师：哪组同学谈谈你们讨论的结果？

生：我认为，光的传播路线是直的。

生：我也认为光线是不能拐弯的。

师：你们为什么会做出这样的猜想？

生：我每次打开手电筒，看它发出的光束是直的。

生：我平时经常玩激光灯（激光手电筒），发现它发出的光非常直。

生：看电影时，我发现从镜头发出的光是直的。

生：如果光线可以弯曲的话，阳光可以照到房间的每一个角落。而平时阳光只能照进房间一小部分。

评析：在以上教学中，我并没有满足于学生做出的猜想，而是要求学生讲讲为什么会做出这样的猜想。这样做不仅有利于纠正学生胡乱猜想的坏毛病，而且有利于培养学生思维的深刻性和逻辑性，还有利于培养学生实事求是的科学态度，真可谓是一举多得。第四位同学的猜想理由很独特，是学生的创新思维在闪光，学生的潜力真是不可低估啊！

师：你的推理很有创造性，创新是科学进步的灵魂，继续努力吧！

评析：鼓励最能将学生的潜力发挥到极致。适时鼓励学生的创新意识，有利于培养学生科学的情感、态度和价值观，也为后面学生设计实验求新、求异做了充分的精神准备。

师：同学们谈了自己的想法，有理有据。可是，作为老师，我还是坚持认为光的传播路线是弯的，你们说，该怎么办呢？

生：用实验的方法来证明。

生：对，事实胜于雄辩。

师：实践是检验真理的唯一标准。课前我们大家一起准备了许多实验材料，下面，同学们就用这些材料，自己设计实验，验证你们的猜想是否正确。实验时，小组同学要先讨论一下实验方案，然后再动手操作。实验时要注意小组分工合作，要敢于标新立异，设计出多种实验方案。

（学生分组讨论实验方案，然后分组实验，教师巡视指导）

师：同学们，在实验中你们是怎样验证的？有什么发现和体会？

（学生纷纷举手，老师让学生到前面边说边演示）

生：我是用学具袋中的学具做实验的，我先把三块带孔的硬纸板立在桌上，打开激光灯，当三块纸板上的孔在一条直线上时，光能通过小孔照到墙上；移动其中一个纸板，纸板移动的距离不要太大，当三块纸板的孔不在一条直线上时，光不能照射到墙上。我的结论是，光是沿着直线传播的。

师：实验方案很好，表达的也很清晰。

生：我也同意他们的做法。我们的做法和他们的差不多。我们也是把三块纸板排好，不同的是，我们从三个纸板的孔穿过一个细直塑料管，打开激光灯，光通过细直管，照在墙上；将直管弯折，光不能照到墙上。实验说明光的传播路线是直的。

师：为什么插个细直管？

生：开始实验时，三个纸板的孔很不容易调到一条直线上，插一个直管，就容易多了。实验效果也很好。

生：我有补充，将细直管弯折的时候，通道不能折死，这样实验才更严密。

师：同学们同意他的说法吗？

生：同意。

师：你的思路很严密，学习科学就要一丝不苟。你们做到了这一点，真了不起。

生：这两个实验设计的确实很好，第一个实验和书上的要求差不多；第二个实验多插了一个直管，很有创造性，设计得很严密，但是我觉得如果让实验过程更简单的话，去掉三个硬纸板，只用一个直管就足够了。

（这位同学既合理评价了前面两位同学的实验方案，又大胆提出了自己的见解，是同学们的创新智慧在闪光。）

师：大家同意他的改进办法吗？

生：同意。

师：你的想法确实有独创性，连老师都没想到，研究科学就是需要创新精神，要大胆表达自己的见解，哪怕是说错了，当然，你的想法很正确。

师：其他同学还有什么发现？

生：我是用电灯和直塑料管做这个实验的。打开电灯，通过直塑料管，能看见灯光；把直塑料管弯折，不能看见灯光。这个实验也说明光是沿着直线说明的。

生：我是用激光灯和细直塑料管做这个实验的，打开激光灯，让光照射管口，光能通过塑料管照到地面上；把塑料管弯折，光不能通过塑料管照到地面上，实验说明光是沿着直线传播的。

生：我实验时用的材料是白纸和蜡烛，把白纸卷成一个细直筒，点燃蜡烛，通过细直筒能看见烛光；将细直筒弯折，不能看见烛光，实验说明光是沿着直线传播的。

生：我们小组材料没带全，只有一个白纸卷成的直筒，我们想到了可以利用太阳，但是通过直筒看太阳，又太刺眼，（后来被老师制止了）于是我和张军想出了一个好办法。我们拿出两块小镜子，用小镜子将光反射到另一块镜子上，再用镜子把光反射到管口，阳光能通过直筒照到墙上；将直筒弯折，光不能照到墙上。这个实验也说明光是沿直线传播的。通过实验，我们还发现光是可以多次反射的，反射的光也是沿着直线传播的。

师：用眼睛看太阳，你们的表现很勇敢，但我们更要注意安全，要时时保护自己。你的办法真巧妙，而且还有意外的收获，老师觉得你们太出色了，你们就是未来的爱因斯坦。

评析：表扬时不忘对学生进行教育，适时对学生进行自我防护教育很重要，有利于学生形成珍爱生命、珍爱健康的态度、情感和价值观。

生：老师，我们也是利用太阳做实验的，我们没有用小镜子，而是把塑料管对着太阳，阳光通过塑料管在地上形成一个亮点（亮圆），把塑料管弯折，亮点消失，这个实验也证明光是沿直线传播的。

生：我们的做法和他们的差不多，不同的是，我们没有把直筒弯折，只是稍稍移动一下直筒，亮点就没有了，实验也证明了光的传播路线是直的。

师：你们的方法都很有独创性，连老师都没想到。

评析与反思：

本课最大的亮点是学生充分利用准备的材料大胆实验，反复尝试，设计出了八九种实验方案，这大大超乎我的意料。究其原因是多方面的，但主要的有以下几种：

（1）实验材料准备充分。学生在20分钟左右的时间里设计出了这么多的方案，充足的材料提供了最根本的保证。但事情也有例外，由于两组同学的材料没带全，他们便想到了可以利用的最大天然光源——太阳，利用两片小镜子得到了阳光，并且发现反射光也是沿直线传播的，这是学生的创新思维在闪光！另一组同学把纸筒对着太阳，地面上形成一个亮圆，现象非常明显，稍稍移动纸筒，不必弯折纸筒，地面上只留下直筒的影子，这同样证明了光是沿直线传播的，同学们的观察多么仔细，想法多么巧妙，这同样是学生的创新思维在闪光！这给我的启示是：凡事有其利必有其弊，准备足够的材料为学生实验创造了有利条件，没有足够的材料更激发了学生的想象力和创造力，结果使实验方案更具独创性。因此为同学准备足够的材料是重要的，但是不应该让学生局限于这些材料，可以让学生思考一下：我们身边有没有更合适的材料？不用这些材料能不能设计出更好的实验方案？这样，学生的创新之火又被我们重新点燃了。

（2）材料的多样性。表面上看，学生的实验方案大同小异，有千篇一律之嫌，实则不然。有的小组用的材料是激光灯和细直塑料管，由于激光灯发出的光束细而且集中，用它照射，效果十分明显；如果改用手电筒，由于光束较粗，用它照射，效果则差许多。而用手电筒来照射白纸卷成的直筒，则效果很好。由于白纸卷成的直筒可粗可细，实验时可灵活掌握，十分方便。况且卷成一个细直筒，学生有一个思考和动手的过程，有利于学生的智慧在指尖上闪光，而一个直管，粗细固定不变，光线稍弱时，就不能通过直管照进来，这是它的局限性。同理，学生选择不同的光源，由于光的明亮程度不同，光束的集中程度不同，光的颜色也有所不同，实验效果也会有所不同。因此，选择不同的光源，不但可以进一步激发学生的学习兴趣和探究欲望，避免实验时产生枯燥乏味之感，而且有利于学生创新思维大门的打开。

（3）在教学中，教师为学生创设了宽松的探索环境和自主探究的时间，相信学生并且大胆放手，让他们各显神通。在实验中，他们有的点燃蜡烛，有的打开电灯，有的独立思考，有的相互讨论，有的调节小镜子，还有的离开座位到外面去，拿着直筒对着太阳，总的来说，课堂成了"乱"的海洋，但是正是这活生生的"乱"场面，使学生心灵深处"希望自己成为一个探索者、一个发现者"的愿望彻底激发了，于是，他们设计出了一个比一个精彩的实验方案，提出了一个比一个深刻的见解，这种种方案和见解就是学生创造性思维之花结出的累累硕果！我想，只有建立在尊重学生、相信学生潜力这样一种基础上的科学课，才能让学生感受到科学探究的成功和乐趣，培养学生的实验能力和创新精神才能落到实处。这使我想到了这样一句话：儿童的潜力像空气，放到多大的空间里它就有多大。真是有道理啊！

师：听了几位同学的汇报，你们有什么收获？

生：我们用不同的方法证明了同一结论：光是沿着直线传播的。

生：这就是条条大道通罗马。

生：这些实验证明了我们的猜想是正确的

生：学习科学，动手动脑很重要。

生：在实验中，同学们学到了很多科学知识。

生：前两个小组和后两个小组的同学很有创新精神，我要向他们学习。

生：有的小组合作得好。

……

师：同学们搞了一节课的科学，既动手，又动脑，现在一定很累了，我们一起来做个游戏，放松一下，好吗？

生：好！

（打开投影仪，让光照在银幕上，教师演示手影游戏。）

师：这个游戏有趣吗？谁还能为大家演示出更多的动物？

（学生兴趣倍增，纷纷举手。教师叫两位同学上前演示。）

师：他们的手法怎么样？

生：好！

师：关于手影的游戏，你们有什么疑问吗？

生：这些有趣的"小动物"是怎样形成的？

生：因为手是不透明的，它挡住了光，所以在手的后面形成了影子。

生：手影的形成与光有关，没有光，就没有影子。

生：手影的形成与光的直线传播有关，因为光是沿着直线传播的，光从手的周围和手中的缝隙透过去，照在银幕上，形成了光亮部分；一部分光不能通过手照射过去，于是在手的后面有一片黑暗部分，手的影子就是这样形成的。

师：说得真精彩！

评析：游戏是儿童的天堂。手影游戏直观生动，趣味性非常强，当学生看到只用一只手就能迅速完成的"鹅""狗""鹰""兔"等小动物，兴趣极为高涨，同时脑子里打了个问号，这究竟是怎么回事呢？这样做，既达到了寓教于乐，又进一步激发了学生的好奇心和探究欲望。

3. 巩固训练，拓展提高

教师演示：将一张带小孔的纸板立在桌上，点燃一根蜡烛，让蜡烛的火焰和小孔一样高，在纸板的后面立一个纸屏，前后移动蜡烛，观察纸屏上有什么，它会发生什么变化，这说明了什么？

评析：一节课的结束并不意味着知识、技能学习的中止，特别是科学知识和技能，有其特殊的系统性和连贯性。教师在每一节课结束时设置一些富有启发性、创新性的问题或实验，让学生课后去思考、去实践、去体验，使科学探究活动顺利延伸到课外。

注：本课选自冀人版科学三年级（下）《光的传播》一课。

（本文发表在全国中文核心期刊《新课程研究》杂志2005年第5期。我在学校实验室上了这节课，一鸣惊人，受到了教育局李玉芝老师和教育总校张伟老师的极大好评。当时学校很多老师都为我这节课的成功而高兴。从此，我开始用教学与科研两条腿走路，开启了教师专业化成长的新的征程。）

把谜语引入课堂
——《奇妙的护身术》教学实录与反思

师：我们这节课来个谜语智力竞赛，同学们喜欢吗？

生：喜欢。

师：爬墙上壁是英雄，身体扁平勤捉虫，尾巴断了能再生，中医称它是守宫。（学生积极开动脑筋，争先恐后地举手。）

生：是壁虎。

师：壁虎受到敌人的攻击，为什么要断掉自己的尾巴？

生：因为壁虎要逃跑，这是它保护自己的方法。

生：过一段时间，壁虎的尾巴还会长出来。

生：老师，这是弃车保帅的做法。

师：回答得真精彩！老师为你们小组加10分（以下回答正确的均加10分，特别出色的回答加更多的分数），今天我们就来学习动物与生俱来的《奇妙的护身术》。

评析：一个"壁虎"的谜语，揭开了本课谜语教学的序幕，每个谜语，都是投向学生大脑思维的小石子，在学生思维的湖面激起了层层的涟漪；多个谜语，将在学生思维的湖面激起层层的浪花。猜谜语并且采用智力竞赛的形式，使整个教学活动充满了竞争与挑战，学生的积极性空前高涨。

师：让我们把镜头对准一片田野，在这里生活着这样一些动物，猜猜他们都是谁？第一个：身穿花衣爱打扮，美丽翅膀光闪闪，不会唱歌爱跳舞，百花丛里舞得欢。

生：是蝴蝶。

师：眼大颈细脑袋小，身长肚凸穿绿袍，手拿两把大镰刀，小虫见了拼命跑。

生：是螳螂。

师：绿衣小英雄，田里捉害虫，水陆都是家，唱歌呱呱呱。

生：是青蛙。

师：说得好！这时，天上飞来一只老鹰和一只黄雀，想一想，这些小动物该用什么方法来保护自己？

（教师出示图片，学生认真思考）

评析：在这里，教师为学生创设了一个教学情境，当蝴蝶、螳螂、青蛙正在自由生活的时候，突然，天上飞来了老鹰和黄雀，一场惊心动魄的争斗即将来临，这些弱小的动物该如何保护自己，才能使自己化险为夷呢？巨大的问号使学生陷入深深的思索中。

生：青蛙可以跳到河里。

生：蝴蝶可以躲在花丛里，螳螂和青蛙可以藏在草丛里。

生：它们都可以跑到草丛里，由于它们的身体颜色和周围环境的颜色差不多，所以老鹰和黄雀不容易发现它们。

师：动物的这种特点在科学上叫什么？

生：叫保护色。

师：你是怎么知道的？

生：我平时在书上看见过。

师：你平时爱看书，知识丰富，做到这一点，很了不起！想一想，螳螂还可以怎么保护自己？

生：螳螂可以用它的两个前腿来夹它们。

师：螳螂的足有什么特点？

生：很锋利。

师：螳螂的足像什么？翅膀像什么？

生：螳螂的足像植物的枝，翅膀像草叶。

师：螳螂的身体和周围环境相似的特点，我们称它为拟态，所以它还可以利用拟态来保护自己。

（教师引导学生认识"保护色""拟态"的概念。）

师：还有哪些动物利用保护色或拟态来保护自己？

生：有蝗虫、兔子。

生：还有老鹰、鹿。

生：还有枯叶蝶，它的翅膀像枯树的叶子，它是利用拟态来保护自己的。

……

师：在生活中，人们是怎样利用保护色的？

生：有迷彩服，士兵穿上它，躲在森林里，可以很好地保护自己。

……

师：自然界里还有这样一些动物，猜猜它们都是谁？思考一下它们都有什么奇妙的护身术。能走路，会游泳，风吹忙缩头，雨打便收尾。身穿铁甲衣，是个胆小鬼。

生：是穿山甲。

生：应该是乌龟。

师：它利用什么方法来保护自己？

生：乌龟遇到危险时，会把头缩进去，用身体外面的硬壳来保护自己。

生：它能利用保护色来保护自己，常常躲在岩石附近，身体颜色和旁边环境差不多。

师：分析得很精彩！下一个：身上花花绿绿，走路弯弯曲曲。洞里进进出出，开口十分狠毒。

生：是蛇。它能向攻击它的敌人喷射毒液，用来保护自己。

生：它也有保护色。

生：它没有保护色。

生：蛇常常隐藏在草丛里，身体颜色与草差不多，因此，它也有保护色。

生：老师，我知道有一种蛇，它受到天敌攻击时，会躺在地上装死，一动也不动。

师：你是怎么知道的？

生：我从电视上看到过。

师：说得真精彩！继续听：叫龙不是龙，专爱吃小虫。身体会变色，隐秘难寻踪。

生：是变色龙，它是利用保护色来保护自己的。

生：这是一种特殊的保护色。

师：名字叫作牛，不会拉犁头。说它力气小，背着屋子走。

生：是蜗牛。它也利用硬壳来保护自己的。

师：身体不算大，尖刺满身插。遇放缩成团，谁都没办法。

生：是刺猬，它是利用身上的尖刺来保护自己。

生：如果老虎来吃它，嘴会被扎破的。（学生大笑）

师：刺猬的护身术的确很厉害！

生：老师，我知道有的动物有办法对付刺猬。

师：请你来说一说。

生：是黄鼠狼，黄鼠狼会往刺猬身上喷臭气，刺猬会被熏得晕倒，身体就会打开，然后黄鼠狼乘机吃掉它。（学生大笑）

生：黄鼠狼遇到敌人的攻击，也是用放臭气的方法，许多动物受不了，它乘机逃走。

师：说得好！你是怎么知道的？

生：我奶奶跟我讲过。

师：你奶奶说得很正确。看来，任何一种动物的护身术都有它的局限性。

师：有个动物，黄衣黄裤，身上开花，头上长树。

生：梅花鹿。它也是利用保护色来保护自己。

生：我觉得梅花鹿头上的角长得像树枝，这种特征是拟态。梅花鹿利用保护色和拟态，躲在丛林里，猛兽不容易发现它。

师：你们分析得很好！

生：老师，我觉得梅花鹿遇到猛兽的攻击，还常常逃跑，因此它跑得特别快。

师：这就是三十六计——

生：走为上策。

师：这是我们中华民族传统智慧的精华。这叫作打得赢就打，打不赢就跑。

师：请听下一个，钳子一双，尖刀八把。身披铠甲，横行天下。

生：是螃蟹，它有锋利的足，它也可以利用身上的硬壳来保护自己。

师：回答很正确！猜猜下面的动物是什么：大姐长得真漂亮，身穿橘红花衣裳。七颗黑星上面镶，爱吃蚜虫饱肚肠。二姐最爱嗡嗡唱，百花园里忙又忙。后腿携带"花粉筐"，装满食品喂儿郎。三姐身披黄衣裳，腰儿细来腿儿长。飞到田间捉害虫，尾巴毒针塞刀枪。

生：它们是瓢虫、蜜蜂、马蜂。

生：瓢虫会装死，还会喷洒绿色的脓汁。蜜蜂、马蜂遇到攻击会用毒针来刺对方。

生：老师，我知道蜜蜂在用毒针刺对方的时候，自己会死掉，而马蜂刺对方的时候，不会立即死掉。

师：你知道得真多！下面我们由陆地转向海洋，看看海里生活着什么动物？它们有什么奇妙的护身术？

师：身上雪雪白，肚里墨墨黑，从不偷东西，却说它是贼。

生：是乌贼，乌贼会喷墨汁，然后乘机逃走。

师：这是一道风险题，竞猜规则是每个小组选出一个代表，到前面来答题，回答正确的给小组加20分，回答错误的减20分，也可以放弃答题权，准备好后，教师读题：脑瓜像个圆口袋，几条长腿像小辫，浑身柔软样子怪，躲在深海难得见。

（各个小组代表，到前面答题，答完后，教师宣布答案：有的答案是鱿鱼，有的答案是乌贼，只有一位同学的答案是章鱼回答正确。此时答对的小组一片欢呼。）

生：章鱼遇到敌人的攻击时，会喷墨汁，等敌人看不见时，它乘机逃走。

生：它也利用保护色来保护自己。

生：它的足还有吸盘的作用，遇到攻击会紧紧吸住敌人。

师：你们的知识很丰富，分析得很精彩！自然界的动物多种多样，其护身术也各有各的高招，下面同学们开动脑筋自己设计表格，根据动物的护身术给动物分类。

（学生设计表格，给动物分类，然后交流，略。）

师：通过研究，我们知道动物的护身术多种多样。人们在日常生活中还学习它们呢。你知道在生活中，人们有哪些运用到动物的护身术的地方？

（学生思考后回答，略。）

师：在自然界，动物为了生存，无时无刻不进行着追逐和竞争，那些掌握奇妙的护身本领的动物在激烈的竞争角逐中生存下来，那些没有奇特护身本领的动物最终被淘汰，这就是达尔文的自然选择理论。正是由于这种自然选择，物种才得以延续，动物的种类也多种多样，我们的世界才如此生动和美丽！不过目前由于诸多原因，动物生存的环境越来越恶劣，许多动物正在逐渐减少。这里老师送给同学们一句话：珍爱生命，与动物和谐共处！

评析：本课的结尾，是教学的总结和升华。教师的语言铿锵有力，发人深思，几句话让学生悟出了自然界的一个规律：适者生存，不适者淘汰。学生听到后，有豁然开朗之感，同时受到了珍爱生命、与自然和谐共处的情感、态度和价值观的教育。

教学反思：

谜语是中华民族的艺术瑰宝。谜语以它的思考性、知识性、趣味性、文学性受到了学生们的喜爱。利用谜语教学，我在以前实验过，一般用在教学的导入阶段，最多时我曾用过三个。在本节课中，我把许多个谜语用在教学中，是我的一个大胆尝试，实践证明，教学效果非常明显。在本节课中，我把两课时的内容合并为一课时，教学效率大大提高。

猜谜语是训练发散思维的极好形式。因此，在本课教学中，利用许多个谜语教学，对于训练和培养学生的创造性思维和想象，是非常有好处的。

在本课教学中，教学节奏非常快，完全是建立在学生独立思考的基础上，所以，我没有采用小组合作（前后桌4人一组）的形式，但我也给同学进行了分组，每一竖行为一组，小组学生答对，便给本组加上相应的分数。对于每个谜语和问题的提出，同学们积极思考，自由辨析，不断掀起一个个小小的学习热潮，这同样是同学们团结合作的结果，是同学们集体智慧的结晶。在课前我也没有让同学们去查阅资料，因为如果课前让学生去查阅大量资料的话，上课就变成了汇报资料的形式，那么，整节课的教学形式就会发生改变，这样的话，学生的兴趣会大大降低，思维的锻炼强度也会大打折扣。新课程标准指出，教师要树立开放的教学观念，学生对问题已有的经验和认识是重要的教学前提，这正是我本节课教学的一个基本理念。

说起本课的谜语教学，还有一段有趣的插曲：我的女儿一周零六个月了，我经常给她买一些看图认物的幼儿启蒙读物，有时间就给她读，每次读的时候，女儿总是兴奋不已。有一次，在给女儿读儿歌、谜语时，我发现里面有着许多精美的图片，如刺猬、壁虎、螳螂、蝎子、蛇等，旁边配有朗朗上口的谜语，仔细思考，谜语里面包含着丰富的科学道理，此时，我眼前一亮，如果将这些谜语应用在教学中，会不会取得更好的教学效果呢？我想起了《奇妙的护身术》一课，经过反复思考，精心设计，初步设计出了教案，先是在五年级试验了一次，此后，我先后在三、六年级均上了此课，教学效果非常好，学生反应强烈。也正赶上临近期中考试，学生忙于复习，我来上这节课时，学生的积极性空前高涨，并且放松了紧张的心情。学生在紧张激烈的竞赛中，充分体验到了谜语竞猜的神奇魅力，享受到了科学学习带给他们的无穷欢乐，真可谓是一举多得。此时，我想起了新课程标准的一句话："科学教育的资源无处不在，无时不有。"

（本文发表于《科学课》2007 年第 01 期）

一场精彩纷呈的辩论赛
　　——《和谐相处》教学实录与反思

教科书中提供的材料是两则消息：

　　材料一：浙江台州的一棵称为"文物"的古樟树，生长在将要修建高速公路的必经之地。由于当地农民坚持要保护它，所以在历经两年多的反复争论后，才选择了一个折中的办法，即花费320多万元将古樟树移到另一地方。

　　材料二：一棵三人合抱粗的大槐树，挡住了宝兰二线铁路的扩建，为避开此树，有关部门不得不将铺设的铁路绕了个大弯子，这一绕，多花了2000万元人民币。

为了一棵树，花那么多钱值得吗？其实，是为了保护古树绕道修路，还是为了修路砍掉古树，这是经济发展过程中经常遇到的问题。问题的实质是发展经济和保护环境的矛盾。面对这样的矛盾，我们到底该如何处理和应对呢？是否就该非此即彼或者非彼即此呢？显然，问题远远没有这样简单，需辩证地分析和综合地考虑。

从发展经济的角度来考虑，应该砍掉古树；从保护环境、与自然和谐共处的角度来考虑，应该保护古树，绕道修路。看问题的角度不同，处理问题的方法也会有所不同，这正是展开辩论的基础。

教材正是从这个角度出发，设置了这样一个命题：在发展经济的同时，要注重保护环境，合理利用各种资源，与自然和谐共处，从而达到发展经济与保护环境的和谐统一。

通过辩论会的形式，能充分发挥学生在教学中的主体地位，激发学生学习科学的兴趣，培养学生的辩证思维和语言表达能力，做课堂的主人。为此，我设计本课的教学目标为：积极参加辩论会，发表自己的看法；能归纳出辩论双方的观点；在辩论中能运用批判性思维；能为自己的观点找到充足论据，并清楚地表达出来。

为了让辩论活动更有成效，课前我布置了以下任务：仔细阅读课本中的阅读材料，思考材料中包含的内涵，提出自己的辩论观点，开动脑筋为自己的观点寻求理由；课下可以在网上收集相关资料，为自己的观点寻求材料（证据）。最后要求学生写出辩论词，辩论词要论据充分，可以从多个角度来阐明自己的观点，说理符合逻辑。

除此之外，我还对正反双方主要代表及主持人进行了相关培训，让他们了解更多的辩论知识。

教学过程：

主持人：今天的科学课我们进行一次辩论会，正方题目是"为了一棵树，花那么多钱值得"，反方题目是"为了一棵树，花那么多钱不值得"。我是主持人，下面介绍双方辩友。

（辩友介绍，略。）

正方主辩：今天我方的观点是，花那么多钱值得。理由是，钱没有了还可以再赚，但是把古树砍掉了，再想把树培养那么大那是不可能的事了，因为古树是不可再生资源。再说，古树本身所承载的历史价值、文化价值、研究价值及生态价值，是多少金钱都无法买到的。现在我们国家经济飞速发展，但国家一再明确规定，文物古迹是祖先留下的珍贵遗产，在发展经济的同时，必须加强全社会的文物保护意识，不要给子孙后代留下历史遗憾。现在北京虽然建了很多高楼大厦但依然保护四合院，而不是为了现代发展去破坏"古文物"。

反方主辩：今天我方的观点是为了一棵古树，花那么多钱不值得！因为中国的古树很多，砍掉一棵古树，损失可以说微不足道。另外，砍掉一棵古树，天堑变通途，可以节省许多绕道、占用土地等费用。节省下来的2000万元人民币，如果拿去栽树，可以造更多的森林、公园；如果拿去捐助灾区，可以挽救很多生命；如果拿去用来建希望小学，可以挽救很多失学儿童。

主持人：下面进入自由辩论时间，现由正方发言。

正方：千年古樟是人类祖先和大自然留给我们的珍贵遗产，是历史悠久的见证，是活的文物、活化石，是无价之宝，如果砍去，会给我们带来不可估量的损失。

反方：保存一棵古树，国家就浪费320多万元，如果全国有一万棵古树，那么就要320亿元，就这320亿元，这么多人民币，可都是老百姓的血汗钱啊！

正方：古树不但珍贵，而且能放出大量的氧气，可以使空气清新，好处是非常多的。

反方：我觉得花那么多钱不值得，砍下古树，省下的钱还可以大量地植树造林，是一片森林放出的氧气多呢，还是一棵古树放出的氧气多呢？（掌声）

正方：一棵古树不但有研究价值，还能防风固沙，消减噪声。

反方：砍掉古树，节省下来的钱可以建造巨大的公园，供人们游览娱乐，也可以抵御风沙，这不是两全其美的事吗？

正方：我觉得值得，因为物以稀为贵！千年古树在我们国家太稀少了！砍掉一棵古树只需要几分钟，但是花上千年也弥补不了失去古树所造成的损失！（掌声）

反方：作为"文物"的古树，即使再保护也有死的时候，与其花那么多钱保护，还不如种更多的树，既可以美化环境，又可以防止水土流失，一举多得啊！

正方：古树本身就是一个生态系统，大树下面有许多花草，上面有许多小动物，鸟儿可以在上面筑巢，许多昆虫在那里生活。如果砍倒大树，这些生命将毁于一旦，我们这是在谋财害命啊！（掌声）

反方：一棵古树，虽有价值，但已是风烛残年，日薄西山！如果砍掉修路，可以节省大量资金用来发展经济，造福当地的老百姓，对比之下，哪个更合适啊？所以我认为，花那么多钱，非常不值得！

正方：夏天的时候，人们还可以在大树下面乘凉、娱乐，这是多么惬意的一件事啊！

反方：可是节省下来的钱，我们可以建造更大的公园，供更多的人娱乐，一棵树很有限啊！

正方：当地的老百姓对这棵古树是非常有感情的，他们宁可舍弃土地、房屋，也不愿古树毁于一旦！

反方：许多老百姓保护古树的目的是保护风水，其实质是搞封建迷信！

正方：保护古树就是保护祖先留下来的珍贵遗产，这怎么说是搞封建迷信呢？

反方：可是这棵古树已经阻碍了发展的道路！

正方：国务院《城市绿化条例》规定：凡树龄在300年以上，以及特别珍贵稀有或具有重要历史价值和纪念意义的古树古木，定为市级保护对象。保护古树，人人有责！

反方：抱着一棵古树不放，永远也摆脱不了贫穷、落后的局面！

正方：我查到这样一份资料：古樟大树的记载历史已有1200多年，它树叶茂盛，覆盖面积达50平方米，树干底可围摆椅凳十余，当地人称为"樟王"，纯属天下奇有之物！这样的树的价值是金钱无法衡量的！

正方：一把铁锯、一把大斧给大树造成的损害，给人们心灵留下的巨大痛苦，造成的经济损失,你算过吗?

反方:如果这棵树不砍,将会损失2000万元的建设资金;如果为保树而实行其他方案,则需要拆迁其他村的房屋,工作非常难做,费用也非常巨大,真是得不偿失啊!

正方:钱无论多少,都可以挣来!可是古树就一棵,砍了就永远也没有了!公路的线路不是法定的,而古树却是受法律保护的!

反方:现在是经济社会,做什么都要讲经济效益!一棵古树,及时砍掉,既节省了大量资金,又可以促进当地老百姓脱贫致富,促进当地经济发展。一棵古树,死守着不放,其实是抱残守缺,缺少与时俱进的眼光!一棵树和发展经济的致富路比较,哪个轻哪个重啊?

正方:可是发展经济并不能以破坏环境为代价,如果树没了,而破坏了生态环境,泥石流来了,人没了,就算是有再多的钱也没有用啊!(掌声)

反方:砍掉一棵树,怎么能说就破坏了生态平衡呢?(掌声)

正方:有一棵树砍掉,就会有第二棵、第三棵……这好比大堤开了个缺口,将一发不可收拾啊!(掌声)

反方:同样,保留一棵古树,需要花费2000万元人民币,中国有一万棵古树,那就是2000万万元人民币,这确确实实是个天文数字啊!那么多人民币,是多少老百姓的血汗钱啊!

反方:的确,讲绿色环保是正确的。但是对于一棵古树来说,它对于绿色环保有多大的价值呢?就算是它有研究价值,它能有多大的研究价值呢?它能比得上秦始皇陵兵马俑吗?如果比得上,当然可以保留。但事实上,有多少人真正去研究了?没有几个!最多人们不过是在那里乘凉、娱乐罢了。当高速路修过来时,人们才想起它是一棵古树名木。失去了,人们才会觉得它的宝贵。其实,我们平心静气地想一想,一棵古树,真的是人们所说的那样有价值吗?(掌声)

正方:对方说价值,我就和你说价值!一棵树到底具有多大的价值呢?如果抛开历史、文化及情感价值不论，而偏要将一棵树的生态价值进行量化的话，印度加尔各答农业大学的一位教授进行了这样的计算：一棵五十年树龄的树，累计产生氧气的价值约 31200 美元；吸收有毒气体、防止大气污染价值约 62500 美元；增加土壤肥力价值约 31200 美元；涵养水源价值 37500 美元；为鸟类及其他动物提供繁衍场所价值 31250 美元；产生蛋白质价值 2500 美元；除去花、果实和木材价值，总计价值约 200000 美元。这是个惊人的数字，但这只是普通一棵树的价值，仔细想想，一棵古树的价值又岂止这些？

正方：一棵树的实际价值是无法估量的，与其让它死掉，不如让它好好活着！

反方：为了一棵树，铁路要绕个大圈子，要多占用很多的土地、房屋，还要做许多人的工作，这要浪费大量的时间！时间就是生命啊！这许许多多的事情，对方辩友都算过吗？

正方：可是，从珍爱生命、保护环境的角度来说，我认为付出多大代价，都是值得的！（掌声）

反方：发展才是硬道理！一棵古树，与一条崭新的致富路相比较，真是不足挂齿！（掌声）

主持人：现在请双方辩友做总结性发言。

正方：为了保护一棵古树，或者移栽树木，或者绕道修路，需要多花费几百万元甚至上千万元的资金，这样的花费确实很大。但是这样做，却保护了凝聚着历史、文化、研究价值的千年古树，保护了人类赖以生存的自然环境。同时这样做，也为后人在保护古树、发展经济之间的取舍、平衡，乃至合理筹划方面，树立了光辉的典范！因此我方认为，为了保护一棵古树，花那么多钱，是非常值得的！（掌声）

反方：不可否认，一棵古树确实有它的历史、文化、研究及生态价值，但是在地大物博的中国，这样的古树是非常多的。砍掉这样一棵古树，其损失可以说是微不足道的。砍掉它，既可以减少大量的资金投入，又为经济的发展铺平了道路！砍掉一棵古树，节省了大量的时间，时间就是生命，时间就是效益，这就可以使我们有更多的时间来做更多的更有意义的事情！砍掉一棵树，我们会有暂时的痛苦，但是我们换来的将是长久的幸福；砍掉一棵树，我们失去的仅仅是一棵树，但是我们换来的将是经济的腾飞，百姓生活的富足！砍掉一棵树，节省下来的钱，我们还可以大量地植树造林，美化我们的生活环境，这样利国利民的大好事，难道不值得吗？综上所述，我方认为，为了一棵树，花那么多钱，非常不值得！（掌声）

教师点评：

这是一场势均力敌、精彩纷呈的辩论会。正方从古树具有历史、文化、研究及生态价值的角度深刻阐述了己方"为了保护一棵古树，花那么多钱非常值得"的观点，强调了古树的稀少和不可再生性，破坏了这样的资源，就会造成永远无法弥补的损失，论据准确合理，论证非常具有逻辑性！反方呢，从发展经济的角度阐释了己方"为了保护一棵古树，花那么多钱不值得"的观点，强调了砍掉一棵树，可以创造更大更多的经济效益，如节省下来的钱可以修建森林、公园等。同时反方也强调，古树虽然有历史研究价值，但中国有很多古树，砍掉一棵古树，损失是微乎其微的。这样的论据也非常有力量，几乎让正方难以反驳！在自由辩论阶段，双方唇枪舌剑，针锋相对，非常精彩！比如，正方说"发展经济并不能以破坏环境为代价，如果树没了，而破坏了生态环境，泥石流来了，人没了，就算是有再多的钱也没有用啊"，而反方随即反驳说"砍掉一棵古树，怎么能说就破坏了生态平衡呢"。正方接着反驳说"有一棵树砍掉，就会有第二棵、第三棵……这好比大堤开了个缺口，将一发不可收拾啊"，这样的辩论可以说是针锋相对，显示出了辩论双方敏捷的思维和高超的辩论技巧。作为五年级的小学生，能做到这一点，确实是难能可贵的！作为你们的老师，我为同学们的精彩表现感到骄傲！其实，辩论的胜负并不是最重要的，最重要的是，在辩论的过程中，同学们能辩证地思考、分析问题，深化了所学知识，提高了对问题的认识。我希望同学们在生活中，从我做起，从一点一滴做起，自觉地"保护环境，与自然和谐相处"！

教学反思：

组织这样一场比较正规的辩论会，对于我来说还是第一次。以前自己也组织过辩论会，但规模比较小，一般分以下两种情况：

（1）质疑，另一方迅速做出反应。这时的辩论，往往是在未做任何准备或者准备并不充分的情况下进行的，这就需要学生在短时间内迅速思考，快速组织语言，于是双方进入自由辩论阶段。这样的辩论，对于培养学生的快速反应能力和语言表达能力是非常有利的。

（2）有所准备，针锋相对。科学教材中，有的活动有"辩论"要求，为了完成教学目标，在科学课堂上，教师给了学生辩题后，让学生思考一段时间，就开始让学生围绕辩题，展开辩论。从教学实际上看，这样的辩论也是很精彩的！在很短的时间内，学生迅速思考，根据自己已有的知识、经验，寻找理由。在辩论时，正反双方可以畅所欲言，各抒己见，课堂上也会出现针锋相对的精彩场面。由于是快速准备、快速思考，这样做同样能够激发学生的学习热情，提高学生的快速反应能力和语言表达能力！

以上两种情况都是在没有准备或者准备不充分的情况下进行的辩论，这样的辩论虽然有利于活跃课堂气氛，培养学生的机智和临场应变能力，但毕竟由于准备不足，学生的思维较为肤浅，语言表达上也常常会出现硬伤，而教师也无暇顾及，只能草草收场，进入下一环节了。

多年来，我一直想组织一场比较正规的辩论会，但未能如愿。因为我们知道，辩论赛是一种高级智力活动，它对于辩手的语言表达能力、写作等方面及综合素质的要求是非常高的，因此组织这样一场辩论赛，对于小学生来说，并不容易。世上无难事，只怕有心人！本学期，我终于下定决心，组织一场规模较大并且比较正规（和以前课堂上突然出现的辩论相比较）的科学辩论赛。

在提出辩题"为了一棵树，花那么多钱值得吗"后，我让学生独立思考，鼓励小组同学相互讨论、交流，当学生头脑中有了初步的想法后，再将自己的想法（理由）写出来。这时，老师可以先让学生说说自己的想法，接着提出自己的修改意见，然后让学生进一步加工和完善。

课前，我提出了写作辩论词的明确要求，但这时候学生写出的辩论词仍然会比较稚嫩，或者语言上会有硬伤。这时教师可进一步提出改进意见，同学们回去再修改，修改完后，再由老师和家长提出改进意见，如此反复多次，直到辩论词趋于完善，以求做到精心准备。

本次辩论赛，我结合学生的实际情况，把全班同学分成正反两方，确定正反方主要代表及一名主持人。辩论赛开始时，正反双方分别由两位辩手先发言，阐述己方观点和理由，然后就直接进入自由辩论阶段，最后由正方、反方同学总结陈词。辩论赛结束后，由教师进行点评。这样"改制"的结果是，既可以使双方的主辩手充分阐述己方观点和理由，同时可以使更多的同学参与到整个辩论赛之中，从而提高辩论赛的价值，使辩论赛更加精彩！

组织这样一场辩论赛，教师是非常关键性的人物，他既是辩论的组织者，又是辩论的仲裁者。所以，组织一场卓有成效的课堂辩论，既要设法创造一种平等、和谐的辩论氛围，又要适时地对学生进行点拨、启发、引领、指导，从而使课堂辩论合理有序地展开，防止毫无章法、漫无目的地争论。

组织这样一场比较正规的辩论赛，既有辩论前学生的精心准备，辩论中的唇枪舌剑，又有辩论后的如释重负；既有辩论前的搜集整理，辩论中的慷慨陈词，又有辩论后的成功喜悦；既有辩论前绞尽脑汁的苦苦思考，又有辩论中始料未及的尴尬，还有辩论后的意犹未尽。辩论是一场只见声音而不见硝烟的战斗。在这场战斗中，同学们的写作能力、思辨能力、收集整理资料的能力、快速反应能力，以及同学们的耐心、意志力等心理素质都得到了很好的锻炼和提高，这对于学生未来的发展必将产生深远的影响。

（这篇文章发表于《科学课》杂志 2011 年第 7 期。暑假回到学校，便收到了两张汇款单，其中一张就是文章的稿费，这让我喜出望外。遗憾的是没有收到《科学课》的杂志，也没有收到编辑部的赠刊，后来一直也没有收到。但让我感到十分惊喜的是，那一年寒假，我和许多名师及培养对象在东北师范大学附属小学培训期间，在学校的阅览室看到了这一期的《科学课》杂志，也看到了刊载的这篇文章。一篇文章的发表，要随着刊物传播到全国各地，全国各地的老师、读者都可以从中受益，这是一件多么有意义和值得骄傲的事情啊！）

《滑动与滚动》教学实录与反思

师：同学们，你们喜欢科学课吗？

生：喜欢！

师：为什么？说说你的理由？

生：因为科学课上我们可以学到很多科学知识。

生：科学课上我们可以动手操作，我对科学实验很感兴趣！

……

师：说得很好！第二个问题，刚才老师在科学实验室时看到了墙壁上有很多科学家的画像，我对他们是肃然起敬的，作为一名学生，你喜欢哪位科学家？

生：我喜欢居里夫人。

师：为什么？

生：因为居里夫人发现了放射性元素镭，还有钋，她对人类的贡献很大！

（听了这位同学的叙述，我感到非常惊讶，因为自己真的没想到学生知道的这么多，还有学生提到的"居里夫人"，也正是自己要提出的谜语的答案，真巧啊！学生竟然提前说出了自己心中的答案。）

师：老师给大家出个谜语，"贤内助"是什么意思，你们知道吗？

生：就是贤惠的助理。

（学生大笑）

师：老师告诉你，贤内助是贤惠的妻子的意思，用这样一句话可以猜一个科学家的名字。

生：是居里夫人！

师：反应非常机敏！思考一下，为什么她叫居里夫人呢？

（有的同学举起了手）

生：因为她的丈夫叫皮埃尔·居里，所以她叫居里夫人。

师：恭喜你！完全正确！

师：老师说一句话，请仔细听，我从来不把半小时看作是微不足道的一小段时间，完成工作的方法是爱惜每一分钟。这句话，告诉了我们什么？

生：告诉我们要珍惜时间！

师：说得非常好！"完成工作的方法是爱惜每一分钟"这句话能不能换一种说法？

生：完成工作的方法是爱惜每一秒钟。

师：说得非常精彩！

教学反思：

这样一段课前交流是我随机想出来的，交流之前我非常担心自己提的问题学生回答不出来，可是在交流中我发现学生的知识面之丰富、思维之敏捷大大出乎我的意料，可以说这种交流活动达到了消除紧张气氛、活跃学生思维的作用。学生的出色表现也使我对他们有了进一步的了解，从而也进一步增强了我的教学"士气"，为下面的教学打下了坚实的基础。

师：好，下面让我们以饱满的精神状态进入科学殿堂。先看两段视频，仔细观察视频中的小朋友在做什么运动。

（播放视频）

师：视频中的小朋友在做什么运动？

生：在玩滑梯。

生：在骑小车子。

师：两种运动方式有什么区别？

生：一种是滚动，一种是滑动。

（板书：滚动与滑动）

师：一个物体在另一个物体表面运动，有滚动和滑动两种方式。

（师演示：推重物）

（师演示：推小车）

教学反思：

在本课的导入环节，通过播放小朋友玩滑梯、骑小车子的视频，使学生初步认识了滚动与滑动两种运动方式，引出本课课题，激发了学生的学习兴趣。

师：这是什么运动方式？

生：滚动。

师：有什么办法使它变为滑动？

生：小车倒过来。

师：还有其他办法吗？

生：侧着推它。

生：把轮子固定住。

师：反应很机敏！生活中有哪些滚动或滑动的现象？

生：汽车行驶属于滚动。

生：学校大门在移动的时候，属于滚动。

师：善于联想！

生：在超市买东西我们推购物车时，轮子与地面之间是滚动。

生：滑冰的时候，滑冰鞋与地面之间是滑动。

师：同学们的想象非常丰富！这也把我的思绪带到了遥远的过去，在古代，人们搬运重物时很吃力，他们会怎么做呢？

生：在重物下面放一些圆木头。

教学反思：

在本课教学的开始环节，是让学生认识滑动和滚动，接着回顾一下人类搬运重物的方法，感受科学技术与社会的关系。认识了滑动与滚动，再让学生了解人类搬运重物的方法，两个看似脱节的环节如何把它们衔接起来呢？经过长时间思考，我终于想到了这一句："同学们的想象非常丰富！这也把我的思绪带到了遥远的过去"，这样一句简洁的语言，真可谓是承上启下，既发挥了激励性评价的作用，又顺利使教学进入了下一环节。科学教学需要高超的语言艺术，由此可见一斑。

师：这真是一个好办法！这里是一盒钩码，很重，还有几根铅笔，谁来体验一下滚动和滑动？

（学生到前面操作）

师：感觉怎么样？

生：在桌面上推动它感觉很费力，放到铅笔上很省力！

师：看来你体验得很深刻！这也充分体现了古代劳动人民的聪明和智慧！随着时代的发展和社会的进步，滚木逐渐被什么所代替？

生：轮子。

（出示课件）

师：由此可见，轮子不愧是人类最伟大的发明之一，它的发明，方便了人们的生活，推动了人类历史的发展。现在老师有个问题，人们为什么用滚动的方式来移动重的物体？

生：比较方便。

生：省力。

生：物体滑动时摩擦力大，滚动时摩擦力小。

师：猜想是科学研究的前奏，同学们走出了精彩的一步！要想知道同学们的猜想对不对，我们该怎么做呢？

生：做实验！

师：对，事实胜于雄辩！怎么做这个实验呢？我这里有个小车、测力计，怎样测量出小车滚动时的摩擦力？

生：把小车放在桌面上，用测力计拉动它，就可以测出小车滚动时的摩擦力。

（生到前面来演示）

师：方法非常正确！需要注意的是，当我们匀速拉动小车时，拉力才等于摩擦力。

师：怎样测量小车滑动时的摩擦力？

生：把小车倒过来拉动它，就是小车滑动时的摩擦力。

师：这确实是一种方法！可是今天我们设计的是一个对比实验，对比实验的要求是只有一个条件不同，其他条件完全相同。如果把小车倒过来，滚动变成了滑动，那么小车和桌面的接触面发生了怎样的变化？

生：接触面增大了。

师：因此严格地说，这样操作不符合对比实验的要求。所以如果轮子和桌面的接触面不变的话，怎样才能使小车由滚动变成滑动？

生：不让轮子转动。

师：用什么办法呢？

生：可以用胶带把轮子固定住。

师：这是非常好的方法！还有其他更简捷的方法吗？

生：从小车侧面拉动它。

师：到前面来试一试？

（学生到前面操作）

师：这种方法与众不同，非常具有创造性！这是一个对比实验，实验中相同的条件是什么？不同的条件是什么？

生：接触面面积一样。

生：小车上放的重物一样。

生：相同的接触面。

师：不同的条件是什么？

生：一个是滚动，一个是滑动。

师：实验时还要注意以下事项。

（课件出示温馨提示，学生阅读。）

思考：

在本课的设计实验环节，在试讲时，我采取了让学生讨论实验方案的方法，在讨论过程中，虽然我给学生出示了"实验计划"，但学生的讨论依然流于形式，我想，既然讨论如此低效，为什么非要让学生讨论呢？经过思考，我发现这个实验方案本来也不是很难，只要设计得当，学生是可以想出这个对比实验方案的。于是在今天的教学中，我临时改变了原来的计划，将讨论直接变成了独立思考，从今天的教学效果看，在本环节节省了大量时间，教学效率也很高，因此这样的处理是合适的。

师：好，现在有了两种方法，实验时你可以选择感兴趣的方法。

（学生实验，教师巡视指导）

师：谁来汇报一下你们小组的实验结果？

生：滚动摩擦力是 0.1N，滑动摩擦力是 3.7N，实验说明滚动摩擦力小，滑动摩擦力大。

生：我们小组测量的结果是，滚动摩擦力是 0.1N，滑动摩擦力是 2.5N，滑动摩擦力是滚动摩擦力的 25 倍。

师：这又说明了什么？

生：滑动摩擦力比滚动摩擦力大得多。

师：刚才同学们说得很好！前几节课我们学习了运动与力的关系，现在思考下面这个问题，为什么静止的小车要受到一定的拉力才能运动起来？

生：小车要克服摩擦力的作用。

师：为什么运动的小车失去动力后自己会慢慢停下来？

生：因为惯性。

师：如果是惯性的作用，小车该继续运动。

生：是因为小车……

（这时几个学生试图回答，但都没有答对，可能是对于小车受到摩擦力的影响，学生难以想象。）

师：大胆思考，发挥想象力，说错了也没关系！想一想，小车失去动力后，它还受到什么力的作用？

生：小车和地面有摩擦力。

师：完全正确！摩擦力有什么作用？

生：运动中的小车失去动力后还要受到摩擦力的作用，所以小车自己会慢慢停下来。

师：在这里有很多同学都遇到了科学上的阻碍，但是同学们苦苦思考，始终没有放弃。此时，我想起了叶剑英元帅的一句诗：科学有险阻，苦战能过关！

师：说得很准确！汽车、自行车都要采取阻止车轮转动的方法，为什么车轮停止转动，车子很快就能停下来？

生：车子在行驶时受到了滚动摩擦力的作用，当刹车时，滚动摩擦力迅速变成了滑动摩擦力，而滑动摩擦力比滚动摩擦力大得多，所以车轮停止转动，车子会很快停下来。

教学反思：

在提出"为什么运动的小车失去动力后自己会慢慢停下来"这一问题时，学生开始的回答并没有答到点子上。而在教师的引导后，经过一番痛苦的思考，学生终于想出正确答案，此时我激动地说"科学有险阻，苦战能过关"，这样的评价可谓"有感而发"，恰到好处！

师：解释得非常清楚！滚动摩擦在生活中应用非常广泛，在车轮与轴之间都安装了滚珠轴承，观察它的构造，猜想它有什么好处。

生：它可以使轮子在转动的时候更加灵活。

师：下面我们也来制作一个"滚珠轴承"。

（学生阅读实验方法、步骤）

师：下面同学们开始操作。

（学生操作，教师巡视指导）

汇报交流：

师：没放玻璃珠时，把大瓶盖盖到小瓶盖上，感觉怎么样？

生：很费力，不容易转动。

师：在小瓶盖里放一些玻璃球后，瓶盖转动容易吗？

生：容易！

师：为什么？

生：因为不放玻璃球时，转动瓶盖时，是滑动摩擦；放玻璃球时，转动瓶盖时是滚动摩擦。

师：解释得非常好！

师（播放一段动车飞速行驶的视频）：这节课我们学习了滚动与滑动，其实滚动与滑动在生产生活中应用的领域是非常广泛的，未知的领域还有很多，未来还等着我们去探索、发现，我相信，同学们将来一定会在这个领域大显身手、大展宏图，继续让历史的车轮滚滚向前！

教学反思：

"文似看山不喜平"，说的是写文章。我认为上课也是一样，如果过于平凡就会导致平庸。试讲时的草草结尾实在是过于平淡了，能不能变换一种方式呢？经过认真思考，我想到这样一种结课方式，我将之称为"情感激励式"。我想，这样一种情感激励式，一定会给同学们以启迪、鼓舞和回味。

（这节课是我和几位名师培养对象一起上的一节"同课异构课"，上完后受到了许多老师的好评。虽然过去曾多次参加优质课评比，但对于这样一节观摩课，我并未敢轻视和怠慢。准备这节课时，我在学校进行了多次试讲，并且邀请了我校的腾俊峰校长和周边兄弟学校的科学老师来听课、评课，他们分别从不同角度给这节课提出了好多中肯的、合理的意见和建议，也非常感谢大家。我想，一节课的成功，是要经历多次打磨的，这其中既需要自身的努力，又需要发挥同伴互助的作用。）

《凝结》教学实录与评析

师：这里有三个同样大小的玻璃杯（分别标有 1、2、3 号），1 号杯装有热水，2 号杯装有同样多的冷水，3 号杯没有装水，分别给三个杯子罩上玻璃钟罩，观察有什么现象发生？（边说边演示）

评析：心理研究表明，探究的欲望是推动学生探究活动的内部动力。因此教学中根据学生的心理特点，设置了这个演示实验，创设了情境，引发了学生的兴趣，激发了学生探究问题的欲望。同时，玻璃钟罩形体较大，便于观察，容易吸引学生的注意力。

（学生观察后纷纷回答）

生：1 号杯的玻璃钟罩上有许多"白气"。

生：这些"白气"是小水珠。

生：另外两个玻璃钟罩上没有小水珠。

评析：提出问题固然重要，而启迪学生的问题意识尤为重要，观察是问题的摇篮。

师：看到这些现象，你们有什么问题吗？

生：为什么 1 号杯的钟罩上面有许多小水珠？

生：为什么 2 号、3 号杯的钟罩上面没有小水珠？

生：小水珠是怎样形成的？

评析：问题是科学探究的起点，在教学中鼓励学生发现和提出问题，并以此作为教学的资源。

师：问题提得很好！能根据前面的实验装置，发挥想象力，对你们提出的问题做进一步分析吗？

（学生充分思考后回答）

生：我认为小水珠的形成与"热水"有关系。

生：我也同意这个说法，因为冷水杯和无水杯的钟罩上面都没有水珠，热水杯的钟罩上面有水珠，所以我认为小水珠的形成与"热水"有关系。

评析：从不同的现象进行合乎逻辑的推想，从而培养学生的思维能力。

师：热水与玻璃钟罩之间是什么？

生：是空气。

师：热水与钟罩之间隔着空气，小水珠是怎么"跳"到上面来的呢？

（学生分组讨论）

师：谁来汇报一下你们小组讨论的结果？

生：我们推想可能是杯里的水先变成水蒸气，水蒸气又"飞"到钟罩上变成小水珠的。

生：我想钟罩上的小水珠就是由水蒸气变成的。

师：冷水上面也有水蒸气呀，为什么盖冷水的钟罩上没有水珠呢？

生：冷水温度低，蒸发慢，水蒸气少；热水蒸发快，水蒸气多，因此小水珠也多。

师：同学们回答得真棒！那么水蒸气是在什么条件下变成小水珠的呢？请同学们就这个问题做出猜想。（板书：水蒸气→小水珠）

生：我猜想水蒸气是在遇冷的条件下形成的。

生：我猜想水蒸气在受热时也可能形成水珠。

评析：让学生运用已有的经验或事实做出猜想，即假设是"真刀真枪"搞科学的重要步骤，虽然第二位同学的猜想是错误的，但"错误往往是正确的先导"，它为同学们做科学实验提供了一个崭新的思路，同时有利于培养学生的发散思维，对于学生的探究热情我们要给予扶植和保护。

（板书：受冷？受热？）

师：谈一谈你们为什么会做出这样的猜想？

生：我想，实验中的钟罩是凉的，水蒸气是热的，因此我猜想水蒸气由于受冷形成了小水珠。

生：我平时沏茶时，杯盖是凉的，但一会儿上面就有了许多水珠，所以我认为水蒸气是由于遇冷才形成小水珠的。

生：水在平常温度下就会变成水蒸气，水蒸气再遇热只能是水蒸气，水蒸气遇热形成水似乎不合乎道理，所以我认为"遇热"的条件不成立。

评析：在上面的教学片段中，我并没有满足于学生做出的"遇冷"或"遇热"的猜想，而是要求学生讲讲为什么会做出这样的猜想，这样做不仅有利于纠正学生胡乱猜想的坏毛病，而且有利于培养学生思维的深刻性和逻辑性，同时也有利于培养学生实事求是的科学态度，真可谓一举多得。

师：同学们真会动脑筋，分析得有理有据。爱因斯坦说过："学习知识要善于思考、思考、再思考，我就是靠这个方法成为科学家的。"希望同学们有更精彩的表现！

评析：表扬和鼓励会激发学生的科学探究的自信心，用科学巨人的话鼓励学生，对培养学生良好的科学态度和价值观十分有益。

师：可是，我们刚才所讲的只是一种猜想，要想真正认识这个问题，我们应该怎么做？

生（齐声）：做实验。

师：对，做实验。实践是检验真理的唯一标准，现在就让我们像科学家一样用实验来验证我们的猜想吧！

评析：这样的话有利于培养学生唯物主义的科学态度。

师：怎样做这个实验呢？看看你们桌上的实验材料，也许实验的时候要用到。实验时老师的要求是：要开展小组合作，相互配合，实验时不要拘泥于一种方案，同时要认真观察，及时做好记录。

（教师出示实验计划，学生根据计划设计实验方案，然后分组实验，教师巡视指导）

师：同学们研究得都十分认真，小组合作也非常好。下面咱们听一听各小组是怎样研究的？

生：我们小组是这样研究的，找两个相同的保温杯，里面倒入同样多的温度相同的热水，在两个杯子上同时盖上热铁片和冷铁片，过一会儿冷铁片上有许多小水珠，热铁片上没有水珠，这个实验说明水蒸气是在受冷的条件下形成了小水珠。

生：我们的做法是，找一块湿布，上面同时摆放一个冷铁筒和热铁筒，过一会儿，冷铁筒外面有许多小水珠，热铁筒外面没有小水珠，这个实验也说明水蒸气遇冷形成小水珠。

生：我们的做法是，找两个相同的玻璃杯，里面倒入同样多的温度相同的热水，同时向两个杯口盖上冷玻璃片和热玻璃片，结果只有冷玻璃片有许多小水珠，这个实验也说明水蒸气由于受冷形成小水珠。

评析：第斯多惠说："科学知识是不应该传授给学生的，而应当引导学生去发现它们，独立掌握它们。"在以上分组实验中，同学们利用手边的实验材料，大胆尝试，自主实验，设计出了种种方案，很好地体现了新课标的自主探究精神，也许同学们的实验方案存在着许多不足，但瑕不掩瑜。看，同学们的创造力是无穷的，这种种方案就是同学们创造性思维之花结出的累累硕果！

师：大家设计的实验都很成功，用不同的方法做实验，得出的结论是一样的，谁能用一句话概括一下我们的实验证明了什么？

生：水蒸气遇冷会变成小水珠。

师：水蒸气遇冷会变成水，这种现象叫作凝结。

（板书：凝结）（擦去"遇热""？"）

师：现在，我们再回过头来想一想，刚开始的演示实验中，那些小水珠是怎样形成的？

生：1号杯装的是热水，热水上面有许多水蒸气，水蒸气遇冷就在钟罩壁上形成许多小水珠。

师：回答的好！同学们想一想，自然界或生活中还有哪些凝结现象？

（学生积极思考）

评析：引导学生积极思维，真正实现理论联系实际，达到学以致用的目的。

生：烧水时，壶盖上有许多小水珠，这是一种凝结现象。

生：做饭时，锅盖上也会有许多水珠，这也是凝结现象。

生：洗澡时浴池里有许多水汽，浴池顶上有许多小水珠，这也是凝结现象。

生：初冬的早晨，门窗的玻璃上有许多小水珠，我想这也是凝结现象。

生：我照镜子时，常常对着镜子"哈气"，于是镜面上会蒙上一层水汽，这也是一种凝结现象。

生：老师，雾的形成是凝结现象吗？

评析：虽然不敢确定，但学生的联想能力很好，值得表扬。

师：富有想象力！雾的确是一种凝结现象。

生：还有露水，夏天的早晨，田野里的庄稼和草的叶子上，有许多露水，我想那也是一种凝结现象。

评析：实验结束后，让同学们谈一谈自然界或生活中的凝结现象，既可以培养学生的发散思维，又让学生理论联系实际，做到学以致用。

师：同学们很善于联想！关于露水的形成，我们下节课就要学到，希望同学们课下做好准备。

师：同学们，在自然界或生活中，的确有许多凝结现象，运用凝结的原理，我们人类可以做许多事情，如人工降雨等，生活中还有哪些事情运用了凝结的科学知识，请大家课后认真去观察，去思考。

评析：课虽完，而意未尽。让学生带着"搞科学"获得成功的喜悦，去留意关心周围的自然界和生活，这是新课标体现的精神之一。

（《凝结》一课选自人教版自然第九册第三课，本课教学实录获得全国论文评比二等奖）

《磁铁的磁性》教学片段与评析

师：同学们，你们喜欢魔术吗？

生：喜欢。

师：这节课，老师先来给同学们变个小魔术。这是两张同学们正在上科学课的照片，现在老师把两张照片合在一起（老师把照片往门上轻轻一按，两张照片便挂在门上了，咦，此时许多同学感到很惊奇），你知道其中的奥秘吗？

生：里面有吸铁石。

师：真是一语道破天机，真聪明！你能告诉老师吸铁石在哪里吗？可以到前面来找一找。

（一位学生到前面来，取下照片，找到吸铁石，并展示给其他同学。）

师：吸铁石又叫什么？

生：磁铁。

师：这节课我们就来研究磁铁。（师板书：磁铁）

评析：这个小魔术我是反复思考后才设计成的，开始只用了一张照片，觉得太简单，于是又加了一张照片，结果使小魔术具有了一定的思考性和挑战性，使学生"跳一跳能够摘到桃子"，就这样学生被磁铁深深吸引住了。

师：平时玩过磁铁吗？

生：玩过。

师：玩过哪些磁铁，玩的时候有什么发现？

生：我玩过圆形磁铁，我发现两块磁铁接近，有时吸住，有时不能吸住。

生：我也玩过，我把两块磁铁放到耳边，磁铁能隔着耳朵吸住。

……

师：玩是孩子的天性，在玩中还能学到知识，这是一种非常好的习惯。

评析：学生已有的知识和经验是科学教学的重要前提。教师让学生说说玩磁铁的经验和发现，可以激发学生的探究兴趣，并且可以让教师进一步了解学生已有的知识背景，有利于教师根据实际情况，灵活教学。

师：你见过什么形状的磁铁？

生：圆形的。

生：方形的。

生：不规则形状的。

……

师：今天，老师也带来了几种常见的磁铁，仔细观察，这是什么形状的？（出示条形磁铁）

生：是长方形的。

生：是长方体形的。

师：可以根据它的形状给它起个名字吗？

生：长方体形磁铁。

师：这种长方体形的磁铁，在科学上我们习惯上叫它条形磁铁。

师：这是什么形状？给它起个什么名字？（出示蹄形磁铁）

生："U"形磁铁。

师：很形象！在科学上我们还习惯上叫它蹄形磁铁，因为它很像马蹄的形状。

师：这是什么形状？

生：圆形。

师：里面还有一个圆孔。

师：我们习惯上叫它环形磁铁。

师：在生活中你见过什么地方用到了磁铁？

生：文具盒上有磁铁，话筒里也有。

生：录音机里、电视机里也有。

生：冰箱里有磁铁。

生：画画的写字板上也有。

……

师：你们平时很注意观察，（出示小发电机）知道这是什么吗？

生：不知道。

师：这是个小发电机，这上面也有磁铁，（教师取下磁铁，去接近另一半磁铁，只听"啪"的一声，学生感到很惊奇，注意力立即集中到了发电机上。教师摇动发电机，上面的小灯泡逐渐亮了起来，学生惊讶地叫了起来。教师取下磁铁，让它接近一堆大头针，大头针立即被吸起来，学生再一次惊讶地叫起来。）

师：希望同学们的好奇心经常变成一种行动。

评析：这个演示实验是本课教学的一个亮点，随着教师摇动发电机，小灯泡的亮起，进一步激发了学生的好奇心和求知欲，让学生体会到了科学的神奇魅力。教师的评价话语简洁、适中，有利于激发学生科学探究的热情。

师：磁铁在生活中的应用很广泛，它是我们人类的好朋友。磁铁的形状有较大的不同，它们有什么共同点？

生：都能吸东西。

师：吸什么东西？

生：吸铁。

师：磁铁只能吸铁吗？还能吸引别的物体吗？

生：能，磁铁可以吸铜。

生：磁铁还能吸钱。

生（一位女同学站起来反驳）：磁铁能吸纸币吗？我给你一毛钱你来试一试！

生：我说的钱指的是一块钱硬币。

评析：上面这个小辩论是本课的一个亮点，因为课堂上需要这样的思维碰撞！

师：有的说能，有的说不能，老师一时也无法判断，那该怎么办呢？

生：做实验。

师：对，事实胜于雄辩，课前同学们带来了许多材料，下面同学们就利用各种磁铁去试一试，好吗？

（学生分组实验，教师巡视指导）

师：说一说你们的实验结果？

生：我用磁铁去接近大头针、钉子、铅笔盒，它们都可以吸住，用磁铁去吸扣子、衣服、塑料尺，不能吸住。

生：我们的实验结果是，能被磁铁吸引的物体有铁管、铁钥匙、图钉、螺丝、小刀、一元钱硬币；不能被磁铁吸引的物体有蜡烛、木头、纸、橡皮、塑料尺、头发、毛衣。

师：被磁铁吸引的物体是由什么材料做成的？不能被吸引的物体是由什么材料做成的？

生：被磁铁吸引的物体都是由铁做成的，不能吸引的物体都不是由铁做成的。

师：磁铁吸引铁或者铁质物品，我们把磁铁的这种性质叫作磁铁的磁性。

师：在刚才的实验中，你还有什么有趣的发现？

生：磁铁隔着塑料可以吸东西。

生：磁铁不能吸引五毛钱硬币，但能吸引一元钱硬币。

师：关于磁铁，你还有什么问题吗？

生：磁铁为什么只能吸铁？

生：磁铁是谁发明的？

生：为什么不同的磁铁接近时，有时相互吸引，有时相互推开？

师：刚才同学们提的问题，在以后的教学中我们会陆续解决，现在老师有这样一个问题（出示条形磁铁），磁铁的各个部分吸铁能力一样吗？你认为哪端比较强？哪端比较弱？

生：我认为南端吸铁能力比较强。

生：我认为两端比较强。

生：我认为中间吸铁能力强。

师：出现了三种不同的意见，老师一时也难以判断到底谁的观点是正确的，那该怎么办呢？

生：做实验。

师：对，事实胜于雄辩。怎么做呢？得想一个办法，课前老师为同学们准备了许多材料，有大头针、回形针、铁粉、小钢珠，想一想，能不能利用这些材料设计方案，来验证你们的猜想？

（生独立思考，不一会儿，有同学举起了手。）

生（边说边演示）：我的方法是，把大头针分别向两端、中间放，看条形磁铁能吸引几个，数一数，看哪部分吸的数量多，吸的数量多的部分，吸铁能力强。

师：这个方案行吗？

生：可以。

师：其他同学，把你们的方案和大家交流一下。

生：我的方法是，先把许多回形针串在一起，然后把这些回形针分别放在磁铁的各个部分，看看哪部分能把回形针吸住，吸的多的部分吸铁能力强。

生：我的方案是，把条形磁铁直接放在大头针堆里，看哪部分吸引的数量多，哪部分吸引的数量多，哪部分磁力强。

师：这些同学的方法都不错，下面同学们可以按照这些方案去实验操作。当然这些方案只可以作为参考，重要的是要同学们发挥自己的想象力和创造力设计出更独特的方案，好，可以做了。

评析：让学生设计实验方案，但没有让学生小组讨论，我认为这个实验的设计难度并不是很大，学生独立思考就能完成，这样还可以节省很多时间，用于下面的实验操作。

（同学们分组实验，教师巡视指导）

师：实验结束，请同学们坐好。同学们研究科学的热情真是高涨啊！许多同学都被磁铁吸引住了。

（许多同学还在埋头实验，放不下手中的东西，老师幽默地说："同学们研究科学的热情真是高涨啊！许多同学都被磁铁吸引住了。"这时，许多同学心领神会，立刻放下手中的材料，坐好。）

评析：风趣幽默的教学语言充满了"磁性"和魅力，使学生在潜移默化中心领神会，同时也活跃了课堂气氛。

师：谁来汇报一下你们组的实验结果？

生：我的方法是，先把许多回形针串在一起，然后把这些回形针分别放在磁铁的各个部分，结果两端能把回形针吸住，中间部分不能吸住，中间和两端之间的地方也不能吸住回行针，我的结论是两端部分吸铁能力强。

师：说得好！谁来介绍一下你们小组的方案？

生：我们小组的方法是，把条形磁铁放在大头针堆里，发现磁铁两端吸引了许多大头针，磁铁的中间部分没有吸引住大头针，我的结论是两端吸铁能力最强，中间部分吸铁能力弱。

生：我们的方法是，把一个小钢珠放到磁铁的前面，用磁铁的各个部分分别去靠近珠子，发现只有两端能把小钢珠吸过来，这个实验证明了磁铁的两端磁性最强。

生：我的方法是，把三个大头针排好，让磁铁慢慢靠近大头针，结果，磁铁的两端把大头针吸引了过来，这个实验可以说明磁铁两端的吸铁能力比中间强。

师：这个方法怎么样？

生：很新颖。

师：的确很与众不同！

生（举手）：老师，我还有个不同的方法。

师：可以来试一试。

生：我的方法是，在条形磁铁的上面分别放上5个回形针，回形针之间的距离一样，放好后，把磁铁掉转过来，我发现中间部分的回形针掉在了地上，两边的回形针被吸住了，这个实验也说明了两边的磁性很强。

师：可能还有一些方法，课下我们再一起交流。刚才同学们充分发挥了自己的想象力和创造力，设计出了不同方案，这些不同方案说明了一个什么道理？

生：磁铁两端吸铁能力较强，中间比较弱。

师：在科学上，我们把磁铁磁性最强的部分，叫作磁铁的磁极。想一想，磁铁有几个磁极？

生：两个磁极。

师：刚才我们研究了条形磁铁有两个磁极，还有环形磁铁、蹄形磁铁没有研究，思考一下，蹄形磁铁的磁极在哪里？

生：我认为是中间。

生：我认为是两端。

师：说说理由？

生：蹄形磁铁只不过把条形磁铁弯过来，所以我认为条形磁铁也是两端磁性最强。

师：很有想象力，环形磁铁呢？

生：我认为是两边。

生：我认为是环形的外面。

生：我认为是环形的里面磁性较强

师：刚才同学们做出了大胆的猜想，希望同学们课下可以认真研究一下，相信你们会有很多发现！

评析：课堂结尾时，教师提出了"蹄形磁铁和环形磁铁的两极在哪里"的问题，在同学们做出大胆猜想后，突然戛然而止，使学生带着悬念离开教室，并且使科学探究活动顺利延伸到课外。

（2006年我参加了河北省科学年会，并交流了《体验科学魅力享受快乐学习》这篇教学论文。学习归来，我在学校上了这节研究课。唐山市教育局袁守信老师、开平区教育局李玉芝老师聆听了这节课，两位老师对这节课给予了很高的评价。）

《食盐在水里溶解了》教学实录与评析

师：同学们，你们喜欢听故事吗？

生：喜欢。

师：有一头驴子，有一回它驮着几袋子食盐过河，不小心跌倒在河里，当它站起来的时候觉得身上轻松了许多，于是后面的路程它走得很快。第二回，它驮着几袋沙子和面粉同样过这条河，由于有了前面的经验，驴子故技重演，故意跌倒在河里，可是这一次它就没有那么幸运了，而是再也没有站起来。听了这个故事，你有什么感想？

生：我想，食盐在水里化了，而沙子和面粉没有化。

生：盐和水接触后会溶解，而沙子、面粉和水接触后不会溶解，并且和水混合后重量会增加，所以驴子起不来了。

师：同学们说得对不对呢？这些物质放到水里到底会发生哪些变化呢？这节课我们就要深入地研究它。我们可以怎样研究呢？

生：可以做实验。

生：可以找几个杯子，把这些物质分别放在水里，观察它们是不是可以溶解。

师：做实验的时候应该注意什么呢？

生：实验时要仔细观察，认真思考。

生：要注意同学之间的分工合作。

生：桌子上有了水或者脏东西，要及时擦干净。

评析：让学生说说实验前应注意的事项，既启发了学生思考，又为下面学生分组实验打下了良好的基础，很好地体现了"以学生为主体"的教学理念。

师：说得好！下面我们来做实验。实验桌上放着食盐和沙子，取一匙食盐和沙子，分别放入两个盛水的杯中，不要搅拌，仔细观察看到的现象。

（学生实验、观察）

师：谁来说一说你的发现？

生：食盐沉到水里，沙子也沉到了水里。

生：食盐慢慢化了一点，而沙子没有化。

师：观察得很细致！现在分别用两根筷子去搅拌，仔细观察发生的现象。

（学生操作、观察，教师巡视指导）

师：现在，说一说你的发现？

生：搅拌后，食盐化了，而沙子没有化。

生：搅拌后，食盐没了，而沙子还在水里。

师：你说的"食盐没了"是什么意思？

生：食盐跑到水里去了，看不见了。

师：食盐跑到水里，它变成了一种什么样的东西？

生：很小的、肉眼看不到的东西。

师：说得好！食盐在水里变成了一种很小的、肉眼看不到的微粒，这种现象叫作溶解。

师：沙子在水里呢？

生：沙子在水里没有溶解。

师：（出示面粉）这是面粉，根据你的生活经验想一想，面粉在水里会发生什么变化？

生：面粉放到水里，水会变白。

生：面粉放到水里会像奶粉一样溶解的。

生：面粉放到水里不会溶解。

师：说说你的判断理由？

生：平时妈妈和面时，面粉可以和成面团，如果面粉溶解的话，面粉就和不成面了，而奶粉不能和面。

评析：没有大胆的猜想，就没有伟大的发现。教学中引导学生说一说猜想的理由，可以将学生的思维引向深入，同时有利于避免学生胡乱猜想的坏毛病。学生的猜想不一定正确，但却是学生思维的真实反映，有利于教师了解学生的真实情况，及时调整教学策略。

师：你能根据生活经验做出判断，真是难能可贵！猜想是科学研究的前奏，同学们已经走出了精彩的一步，下面继续按老师的要求去做。取一匙面粉放到水里，不要搅拌，观察发生的现象。

（学生实验、观察）

师：说说你观察到了什么现象？

生：开始时面粉漂在水面上，过一会儿掉下去了。

生：面粉在水面上是一大块，后来开始沉到水底，但是也能看见。

生：我开始放得很慢也很少，面粉会向水里扩散。

师：你们观察得真仔细，连细微的变化都观察到了，能做到这一点，很了不起！

师：下面我们就用筷子搅拌一下，仔细观察发生的变化。

（学生操作，教师巡视。学生实验时兴致勃勃。）

师：说说你的发现？

生：面粉在水里溶解了，和牛奶一样。

生：水变白了，但面粉在水里没有溶解，水底下可以看到面粉。

生：我觉得面粉有一部分溶解了，有一部分没有溶解。因为我看到水发白了，水底还有面粉的渣儿。

师：同学们都说出了自己的观点，很好。你们刚才是根据什么做出判断的呢？

生：观察的方法。

师：有一句话叫"眼见为实"，但有时根据看到的来判断未必就很准确，下面老师来介绍一种更好的方法来判断它们在水中的真实情况，这就是过滤实验。

教师介绍滤纸使用方法：将滤纸对折成半圆形，再对折一次，放到漏斗里，就成了过滤装置，将这个装置放在锥形瓶上（漏斗下端伸进瓶里），摆好三个实验装置，将三杯混合物分别过滤。

评析：在这里我对教材中的过滤装置进行了改装。这个过滤装置只用一个漏斗和锥形瓶就解决问题了，漏斗放在锥形瓶上，非常稳固，操作时简便易行，易于观察，取得了事半功倍的效果。而如果用教材中的铁架台和烧杯，搬来搬去，太不方便了，而且容易碰坏玻璃仪器。

（学生实验，教师参与指导）

师：说一说你们小组的发现？

生：倒入滤纸后，食盐水很快流了下来，沙子、面粉和水的混合液倒入滤纸后，水流得很慢。

师：知道这是为什么吗？

生：因为沙子、面粉堵住了。

生：面粉、沙子留在了滤纸上，而食盐没有。

师：由此，我们可以得出一个什么结论？

生：食盐在水里是溶解的，沙子和面粉在水里是不溶解的。

师：流下来的液体是什么样的？

生：流下来的水都很清。

生：面粉下面的水有点发白。

师：这说明什么？

生：面粉在水里有一点溶解了。

师：对！实际上世界上绝对不溶解的物质是没有的，我们所说的不溶解都是相对的，如沙子和面粉在水里，说不溶解都是相对的。

评析：实际上，面粉在水里是有一点溶解的，这一点，学生在实验时也看到了，为了彻底解除学生的疑虑，也为了学生的发展，教师在这里引入了"绝对不溶解"和"相对不溶解"的概念。科学是一种实实在在的东西，来不得半点虚假。教师恰如其分地讲解，正是为了培养学生实事求是的科学态度。

师：老师今天还带来了一种紫黑色的物质，叫作"高锰酸钾"，你们知道它放在水里会发生什么变化吗？

生：不知道。

师：想知道吗？

生：想。（同学们迫不及待的样子）

师：还是像刚才的实验一样，将很少量的高锰酸钾放入水里，先仔细观察，过一会儿再搅拌，然后静静地观察。

（学生实验，教师巡视指导。因为高锰酸钾溶解在水里的整个过程趣味性非常强，所以很快吸引了学生的注意力，学生的积极性空前高涨。）

师：说一说，搅拌前你看到了什么？

生：刚放进水里的高锰酸钾像一棵棵小树苗。

生：高锰酸钾放入水里后，迅速沉下去，就像烟花一样，真漂亮！

生：高锰酸钾放入水里，像天女散花。

生：我觉得像天上的流星，过一会儿，高锰酸钾在水里扩散了，有点像天上的云雾。

师：观察得很细致，描述得很形象。搅拌后呢？

生：搅拌时，水里的高锰酸钾像龙卷风一样旋转。

生：里面的红点变大了，中间颜色深一些，周围颜色较浅。

生：搅拌后，水迅速变红了。

生：高锰酸钾在水里溶解了。

师：整杯水都变红了，水里的各个部分颜色都一样吗？

生：一样。

师：这说明高锰酸钾跑到水的哪部分去了？

生：水的各个部分都有。

师：高锰酸钾溶解到水里，并且水里的各个部分都有，我们就说"高锰酸钾均匀分布在水里"。溶解在水里的物质都是均匀分布的，这是溶解的一个重要特征。

师：食盐溶解到水里，是均匀分布在水里吗？

生：不是。

师：说说你的理由？

生：食盐溶解在水里时，水里还有小渣。

师：抛开这些未溶解的食盐，你认为食盐在水里是均匀分布的吗？

生：不是。

师：有一锅水，向里面撒一勺盐，搅拌后盐会怎么样呢？

生：盐会溶解。

师：如果你随便舀几勺盐水，尝一尝，水是咸的吗？

生：是。

生：老师，我知道了，一锅水都变咸了。

生：盐溶解在水里是均匀分布到水里的。

评析：关于"食盐溶解到水里，是均匀分布在水里吗"这个问题，学生的回答是"不是"，这是教师始料未及的。面对学生的回答，教师没有回避，也没有直接告诉学生答案，而是因势利导，帮助学生拨开迷雾，进入到豁然开朗的境地。

放飞学生的心灵
——《研究土壤》教学与感悟

《研究土壤》教学片段（第一课时）

教学片段：

师生复习混合物的概念（略）

师：土壤是混合物吗？

生：不是。

生：是，因为土壤里有一些别的东西，如小石头、土。

生：我也认为是混合物，因为土壤里还有风吹过来的塑料袋。

评析：猜想是科学探究的前奏。在这个环节，几位同学只想到了土壤里的石头和塑料袋之类的物质，看来学生虽然接触过土壤，但对土壤的认识还是非常肤浅，因此要想真正认识土壤，还必须靠同学们亲自去观察、去实践。

师：在实验之前，我们应该做什么呢？

生：应该制订一个合适的研究计划。

师：那我们应该怎么研究呢？

生：可以先观察。

生：可以用放大镜观察。

生：可以用小筛子筛。

师：这样做的目的是什么？

生：可以把土壤里的东西筛出来，看看土壤里到底有什么。

师：说得好！

生：还可以用手摸，用手捻一捻。

生：可以把土壤放进水中，看看会出现什么现象，再分析土壤里有什么。

教学反思：

在以上教学中，学生的回答很好，但是学生交流的关于土壤的研究方法，没有一定的次序。所以，这时教师让学生把研究方法排列一下，是很必要的。

师：可以把这些探究方法排成一个合理的次序吗？

生：先观察，然后用手摸，再用筛子筛，最后把土壤放进水中。

师：这样安排更科学、更合理。下面我们开始研究土壤。

（学生观察、实验，一些未带土壤的同学到花坛采集土壤，然后观察，教师巡视指导。）

师：通过观察和实验，你发现土壤里有什么？

生：有小石头、泥土。

生：有沙子、草根、小木棍。

教学反思：

土壤是一种混合物，它里面有很多种物质。由于学生从花坛里采集的土壤较少或者并不十分典型，也由于有的同学带的是沙土，因此学生的发现很少，思维没有充分打开，学生的探究兴趣也不是很浓厚，所以，这节课的效率比较低。怎么办呢？于是我想，校园外是广阔的田野，如果带同学们到田野里亲自去观察一下，效果会怎么样呢？

《土壤》教学片段（第二课时）

师：土壤里有什么？

生：有沙子、草根、小木棍。

生：还有空气、水。

师：你怎么知道土壤里含有水？

生：天有时下雨，有时下雪。

师：天不下雨下雪时呢？

生：湿土颜色深。

生：可以用手摸，湿土摸起来很潮。

师：方法很独特！

师：你怎么知道土壤里有空气？

生：因为空气无处不在。

师：说得有道理！

生：老师，还可以用实验的方法去证明。比如，可以找一个杯子，里面放上水，把土壤放进水中，看看有没有气泡冒出。

师：方法很独特！你是怎么想到的？

生：老师，我平时玩过。

师：好！这节课老师想带你们到田野里去，你们喜欢吗？

生：喜欢！（此时同学们欢呼雀跃起来）

师：下面我们四个同学一组，每组带一个玻璃瓶或烧杯，里面加一半水，到田野里，我们认认真真地观察土壤。

布置好要求，同学们排着队，兴致勃勃地出发了。走在田间的小路上，迎着和煦的春风，沐浴着温暖的阳光，呼吸着新鲜的空气，望着无际的田野，同学们感到心旷神怡。来到田野里，我发给每组学生一个小铲，嘱咐孩子们不要踩踏旁边的麦地，注意安全，于是小组活动开始了。同学们像出笼的小鸟，迅速分散开来，他们有的挖土壤，有的忙着观察，有的忙着实验，还有的忙着做记录，顿时，田野变成一片忙碌的海洋。几位同学先取了一些土壤放入水里，然后凑到我跟前，惊奇地说："冒泡了，冒泡了，土壤里有空气。"有的忙着搅拌，过一会儿，说："水面上有一层白沫。"我问："这是什么？""应该是空气吧！"还有的凑到我跟前："土壤加水后，有一股牛奶味！""老师，是土腥味！"我赞许地点点头，因为那是同学们的独特体验。

来到另一个小组，我发现有的同学拿着小铲用力挖土壤，挖得很深，露出土壤的深层真面目。他不时用手摸一摸，感觉到了土壤的潮湿，然后又用手捡出许多东西：草根、树叶、纸片等。这时，一位同学惊叫起来："老师，土壤里有小虫子。"我有点疑惑，刚刚三月初，土壤里就有小虫子吗？只见同学们扒开土，的确发现有一只七星瓢虫在爬，还有一只黄色的小蜘蛛在土壤层上迅速地爬着，看来孩子们的活动惊扰了它们正常的生活啊！"老师，我发现了蚂蚁窝和蚯蚓窝！"这时，一位同学手里拿着两块土块来到我跟前，"土块上有两个洞，一个大，一个小，可能一个是蚂蚁的，一个是蚯蚓的。"呀，同学们的观察真仔细！

迎着和煦的春风，沐浴着温暖的阳光，同学们走在回来的路上，蹦蹦跳跳，幸福写在了孩子们的脸上。我想，同学们这节课一定是满载而归吧！

《土壤》教学片段（第三课时）

下课了，我刚走进实验室，发现同学们早已在实验室坐好了。这时，几位同学笑着对我说："老师，这节课咱们还去田野，好吗？"我说："去田野干什么呀？"

学生说:"去田野玩!我们可以研究空气!"我说:"以后有时间我一定带你们去!""老师,你真好!"同学们高兴地回答。看来,上节课,同学们"玩"得太开心了!我想,类似这样的活动真应该多一些啊!

上节课,我虽然带同学们到田野里,对土壤进行了认真的观察和研究,但各个小组同学的活动情况毕竟不同,收获也不一样,让同学们交流一下他们的收获,一定会别有一番滋味。于是我对同学们说:"上节课同学们观察得很认真,下面我们来交流一下你们的发现。"于是,同学们纷纷举起小手。

生:老师,土壤里有小石头、沙子、粪便、烧过的灰、草根、蚂蚁。

生:土壤里有蚂蚁、蜘蛛等小虫子。

生:土壤里还有水分、空气。

生:土壤里还有许多草叶、树叶、庄稼的叶子,还有许多庄稼的秸秆。

生:土壤是含有很多物质的混合物。

师:说得好!

生:我把一把土放进水里,水里冒出许多泡泡,这泡泡是空气,用力搅拌,水面上还漂着一层白沫,我猜想这白沫也可能是空气吧!

生:我把土壤放到水里,用力搅拌,过一会儿,土壤分了层,下面的是沙子,沙子上面是土,浮在水面上的是草末儿,还有黑色的东西,像是烧过的植物的灰。

生:我把土壤放到水里,用力搅拌,然后闻一闻,有股奶香味!

师:你的感受很独特!

生:土壤里还有细菌。

师:你看见了吗?

生:没有。

师:你是怎么推断的?

生:老师,我觉得土壤很脏,一定有很多细菌。

师:你的想象真丰富!这些细菌都是有害的吗?

生：土壤里还有许多有益的细菌，它们对于人类是有好处的。

师：能不能举个例子谈一谈？

生：我从书上看过，动物死后会被细菌腐蚀，最后化为土壤的养料。

师：说得真好！动物或植物的残体的确是土壤的养料，科学上叫它腐殖质。

师：其他同学有哪些收获？也可以谈一谈在活动中你遇到的有趣的事。

生：老师，我在挖土壤时，发现了七星瓢虫。

师：它是活的吗？

生：我觉得它是死的。因为我用手摸它，它一动也不动，后来，我就用手捻，发现它身体里冒出许多血水，看来它是活的。

（哈哈哈，同学们高兴地笑起来）

生：老师，他把小动物弄死了，您教育我们要珍爱生命。

师：为了研究科学，大胆尝试，是一件有益的事情。不过下次可要注意啊！

师：其他同学有什么发现吗？

生：我发现了两只蚂蚁在打架，后来，又来了一只蚂蚁，然后，它们就跑进洞里去了。

生：真有趣！（同学们聚精会神地听着）

生：老师，我捉到了一只黄蜘蛛，观察了一会儿，我就把它放了。

师：你做到了珍爱小动物，很好！

生：我也发现土壤里有一个长长的洞，但挖了半天什么也没看见。

生：老师，我也发现一个洞穴，里面还有一只蜜蜂。

师：看清楚了吗？

生：看清楚了，它是死的，可能是蚂蚁过冬时搬进窝里来的。

师：同学们的发现真多！谁还有发现？

生：老师，我觉得土壤是蚂蚁的危险地。

师：你为什么这样说？

生：因为我们踩过去，有的蚂蚁被踩死了，有的受到了惊吓。

师：你的观察很敏锐，想象很独特！老师奖励你们小组一个"优"。

（一下子，学生的学习热情被激发起来）

生：土壤是动物的家！

生：土壤是长植物的地方。

师：说得真好！

生：土壤是蚯蚓的厕所，因为它排出了许多粪便。

生：我认为土壤是蚂蚁的安全地。

师：为什么这样说？

生：因为蚂蚁这些小动物受到惊吓，就会快速逃到洞里！

师：你的观点很有创造性，并且富有哲理！真是太精彩了！

生：土壤里有许多小动物，动物是我们的朋友，我们要爱护它！

师：老师为你们每个小组加一个"优"。

师：同学们，今天你们的表现都很出色，老师祝贺你们！希望同学们多留心周围的大自然，有更多的发现！

反思与感悟：

大自然是一本丰富多彩的教科书，蕴含着极其丰富的科学奥秘。海阔凭鱼跃，天高任鸟飞，当孩子们投入大自然的怀抱时，他们与生俱来的好奇心和求知欲被彻底地激发了，他们贪婪地观察、探索，几乎达到了忘我的境界。这种境界不是老师逼迫出来的，而是学生心甘情愿创造出来的。在这种境界里，同学们获得的不仅仅是知识、能力，还有丰富的情感体验、心灵的放飞、思维的活跃……这一切的一切，都是世界上任何一本教材、任何一个老师所无法给予的。

当孩子们置身于大自然时，清新的空气，明媚的阳光，柔和的春风，平旷的土地，飞来飞去的小鸟，自由观察的孩子……构成了一幅美丽的画卷。在这幅画卷里，孩子们远离了平日的嘈杂和烦恼，以土壤为友，以昆虫为伴，获得了内心的宁静和自由，这使我想起了晋代诗人陶渊明的诗句："采菊东篱下，悠然见南山。"这是多么恬静优美的意境啊！教育的终极意义是让孩子快乐幸福地成长，如果平日里，教师能为孩子多创造这样的生活和意境，对于孩子来说，那是多么幸福和惬意的事啊！此时，我又想起了罗丹的一句话："美是到处都有的，对于我们的眼睛，不是缺少美，而是缺少发现。"

（发表于《小学教学设计·数学科学》2007第1期）

豪华落尽见真淳
——《声音是怎样产生的》教学实录与评析

师：上节课我们认识了声音的高低、强弱，这节课我们来学习声音是怎样产生的。

（板书：声音是怎样产生的）

教学评析：

过去上课时，时常在导入环节下功夫，时间一般也要五六分钟，本次上课因为自己也未想出更好的导入方法，于是索性来个开门见山，干净利落，省去了许多华而不实的东西。从教学时效性来看，这样做简洁明快、朴实无华，为后面的教学赢得了更多的时间。

师：根据你的知识、经验，猜想一下，声音是怎样产生的？

生：物体之间碰撞可以产生声音。

生：一个物体打击另一个物体可以产生声音。

生：两个物体相互摩擦，也可以产生声音。

生：一个物体敲打另一个物体可以产生声音。

生：物体爆炸也会产生声音。

（学生大笑）

师：想象挺丰富！这是物体内部发生了化学变化。同学们想了这么多原因，知道这么多原因背后是什么因素在起作用吗？

（学生思考）

（板书：碰撞、摩擦、敲打）

教学评析：

在以上教学中，学生对声音产生的原因进行了大胆猜测，如碰撞、摩擦、敲打、爆炸等，这些只是声音产生的表面现象，或者说是声音产生的表面原因，并不是声音产生的本质原因。但这时教师也没有及时否定，而是顺势提出问题"同学们想了这么多原因，知道这么多原因背后是什么因素在起作用吗"，从而将学生对声音的思考引向深入，这样做非常有利于培养学生思维的深刻性。假如老师这时没有顺势提出问题，学生做出猜想后就匆匆进入下一环节，这样做的结果是学生的思维浮于表面，教学只是流于形式，这样的教学时效性是低下的。

师：这么多原因背后的原因到底是什么呢？下面用实验的方法来验证。

师：每个同学实验桌上都有小鼓，现在没有人敲它，它能发出声音吗？

生：不能。

师：现在我们就轻轻敲打鼓面，观察鼓面会发生什么现象？

（学生操作，教师巡视指导）

生：我看见鼓面在弹动。

师：你是怎么看见的？

生：我看见上面的弹簧在跳动。

教学评析：

学生用了一个"弹动"来概括敲打鼓面所发生的现象，后面又用了一个"跳动"，非常形象。虽然学生没有给出"振动"一词，但是学生心里似乎明白自己要表达的意思，因此，教师并没有把"振动"一词强加给学生。假如这时教师按照原来的预设给出"振动"一词，学生并不会真正理解，教学的时效性也会大大降低。

师：你观察得很仔细！如果想让鼓面的弹动让大家看得更清楚，可以怎么办呢？

生：可以在鼓面上放一些小东西，如小豆子、小石头，然后敲打它。

师：有道理！下面就按照你们说的试一试！

（学生操作，教师巡视指导）

汇报交流：

生：我把小豆子放在鼓面上，敲打鼓面时，我看见小豆子上下跳动。

生：我也看见小石头在鼓面上不停地弹动。

师：描述得很准确！这说明了什么？

生：鼓面发声时在弹动。

（板书：鼓面发声弹动）

师：一把尺子，用力弯曲，它并不会发出声音，用什么办法可以让它发出声音呢？

生：老师，我知道了，可以把尺子放在桌子上，用力拨动，尺子就会发出声响。

师：做这个实验时，手一定要把尺子压紧，仔细观察尺子发出声音时，尺子会出现什么现象？

（学生操作，教师巡视指导）

汇报交流：

生：尺子发声时，尺子会上下弹动。

生：用力拨时，尺子跳得会更快，轻轻拨时，尺子上下跳得会很慢。

（板书：尺子发声弹动）

师（出示一个木板，上面钉有两个钉子）：这里有根橡皮筋，如何让它发出声音？

（学生尝试操作，教师巡视指导）

生：把橡皮筋挂在两个钉子上，用力弹，皮筋就会发出声音，我看见皮筋不停地上下抖动。

（板书：橡皮筋发声抖动）

师：用了一个"抖动"，很形象！你们再用桌面上的镲子试一试！

（学生实验后，汇报实验结果）

生：我看见镲子发声时，镲子也在弹动。

（板书：镲子发声弹动）

师：这里有个音叉，用力敲击它，它会发出声音。现在老师把音叉伸入水里，观察发生的现象。

生：水飞溅出来。

（老师找一位同学到前面来）

师：用手摸摸它，手有什么感觉？

生：手有发麻的感觉。

生：手有触电的感觉。

师：为什么会有这种现象？

生：音叉在弹动。

（板书：音叉发声弹动）

教学评析：

用比较多的材料来验证"声音产生的原因"，是本课比较明显的一个优点。因为验证"声音产生的原因",运用的是归纳法,所以选择较多的材料是"归纳法"的必然要求,而如果选择的材料较少,就不符合"归纳法"的要求,而且得出的结论也很难让学生信服。在本课教学中,在运用"归纳法"进行实验验证时,准备更多的有结构的实验材料,是提高教学有效性的根本保障。

师:我们通过实验发现,许多物体发声时都会弹动。由此我们推想,其他物体发出声音时,会发生什么现象?

生:其他物体发出声音时,也会弹动。

师:概括成一句话怎么说?

生:所有物体发出声音都会弹动。

师:一个物体在力的作用下,不断重复地做往返运动,这种你们刚才概括出的"弹动""抖动"等词语,在科学上,我们称为振动。说说看,声音是由什么产生的?

生:声音是由振动产生的。

教学评析:

在学生用多种材料进行实验的基础上,教师适时给出了"振动"这一科学概念,学生头脑中的模糊概念"弹动""抖动"顺利过渡到科学概念"振动",学生此时豁然开朗,可以说教师给出科学概念的时机恰到好处。

师:忙碌了一节课,现在同学们很累了,我们请一位同学为我们唱一支歌,好吗?

生:好!

(一位同学演唱)

师:唱得真优美!赶上宋祖英了!说一说,歌声是由什么产生的?

生：是由嘴唱出来的！

生：是由喉咙发出的。

师：喉咙发出的声音是由什么产生的？

生：我知道了，是由声带振动产生的。

师：恭喜你，答对了！

教学评析：

在教学的结尾，让学生唱一首歌，并让学生思考唱歌中所包含的科学道理，使学生在潜移默化中放松了紧张的神经，活跃了课堂气氛，同时让学生在轻松活泼中巩固深化了所学知识，是一举多得之举，教学的有效性不言而喻。

总评：

本节课是一节"家常课"，也是参加教育总校组织的省级课题（关于提高教学有效性的课题）的研究课。"教无定法，贵在得法"，一节课只要上得真实、扎实、自然，学生学有所得，那就是一节好课。本节课并没有刻意地去创设情境，也没有准备任何华丽的多媒体课件和其他花里胡哨的东西，而是一切从教学实际出发，只是为学生准备了充足、合适的实验材料。整个教学过程，删繁就简，突出重点，教学时间分配合理；教学过程真实自然，有动态生成，如学生对于"声音是怎样产生的"的描述："跳动""抖动""弹动"，这些在学生思考下生成的儿童化的语言，真实、自然、合理，在教师的引导下，通过多个实验归纳出"振动"的科学概念，可谓曲径通幽，水到渠成。总之，本节课抛弃了浮华、不切实际的东西，真实自然，不事雕琢，浑然天成，可谓豪华落尽见真淳。

因为真实而可爱，因为突破而精彩
——《纸的观察》教学片段与反思

下面是教学参考书提供的一个教学课例：

教学片段：

师：下面听的同学对前面的发言有没有不同意见？

生：牛皮纸的气味不一样，白纸是凹凸不平的。

生：两种纸厚薄都一样。

生：牛皮纸厚。（有不同意见）

师：其他同学，你们赞成哪种意见？

（不能说明厚薄问题）

师：到底哪种意见说法是正确的？你们是用什么方法观察出纸的厚薄的？

生：摸的。

师：有没有更准确的方法？

生：看，按在桌子上比较。

师：有更准确的方法，请同学们打开书第58页介绍用尺子量书的方法。

（学生动手操作）

教学评析：

教师提出"你们是用什么方法观察出纸的厚薄的"问题，学生提出"摸""按在桌子上比较"的方法，这两种方法显然不是准确的方法。当学生没有说出正确答案后，教师没有继续追问，也没有采取别的方法，而是直接让学生看书，按书上的方法测量。在这里，学生虽然轻易获得了正确的操作方法，但是这个方法不是学生通过独立思考、自主探究获得的，因而丧失了锻炼思维、培养能力的绝好机会。在这个教学片段中，体现的基本是"教师提供方法（按照书本提供的），学生操作"的传统教学模式，教学中并没有体现"充分尊重学生的主体地位，让学生成为学习的主人"这一新理念。

下面是我执教《纸》的教学片段：

师：每位同学桌上都有两张纸，仔细观察，它们有什么不同？

生：纸的颜色不同，软硬不同。

生：纸的光滑程度不同。

生：纸的薄厚不一样。

师：你是怎样知道两张纸的薄厚的？

生：用眼睛可以看出来。

生：用手可以摸出来。

师：怎样更准确地比较出两张纸的薄厚？

（学生思考）

师：我们可以比较科学教科书和数学教科书的纸的薄厚。下面请同学们独立思考，小组交流一下，看看哪一小组能想出更合适的方案。

（学生思考、交流，教师巡视指导）

（学生独立思考时，我参与到他们中间。我先来到一个小组，发现有的同学在认真思考，有的同学在拿着尺子试着测量，结果发现一张纸太薄，几乎无法测量和读数。在思考和尝试中，有人提出可以测量100页纸的厚度，但又发现科学书还不足100页，于是有人提出可以测量70页纸的厚度。在开始测量时，对测量方法，我给予了必要的指导。此后，我又走进了别的小组，对他们的活动也给予了必要的指导，活动大约持续了5分钟。）

教学评析：

在以上教学片段中，教师引导学生独立思考，尝试操作，小组交流，教师和学生分享彼此的想法、见解，获得了新的发展。凡是学生能独立思考、合作探究发现的，教师绝不包办代替，做到了自主探究与合作学习相结合。这样，学生参与度极高，最大限度拓展了学生的思维，真正体现了"以学生为主体"的理念。

师：谁来汇报一下你们的方法和结果？

生：我们小组测量的科学书和数学书的厚度都是70页，科学书的厚度是4毫米，数学书的厚度是5毫米。我们的结论是：数学书的纸比科学书的纸厚一些。

（其他小组的汇报略）

思考：

教学进行到这里，这一环节的目标已经达到了，这个方法比教科书中和我预想的方法要巧妙、快捷，我预想的（教科书中）基本方法是：先测量两本书（不同的页数）的厚度，然后再用纸的厚度数去除以纸的张数，当然这里并不要求准确的数字。

为了知道学生是不是能找到正确的计算方法，我提出了下面这个问题，没想到学生的回答大大出乎我的意料。

师：同学们的办法真巧妙！连老师也没想到。想一想，如何精确地计算出一张纸的厚度？

生：我认为计算方法是 70÷4 和 70÷5。

生：我认为正确的方法应该是 35÷4 和 35÷5。因为一张纸有两页。

（学生的计算方法大大出乎我的意料）

师：你们都同意这种计算方法吗？

生：同意！

（同学们异口同声地回答）

师：谁有不同意见？

（同学们思考，这时一位同学举起手来）

生：我认为正确的计算方法应该是 4÷35 和 5÷35。

（此时同学们哈哈大笑起来，"老师，4÷35 是除不尽的。"几位同学不约而同地说出了自己的想法。）

师：你确定自己的方法吗？

生：确定！

师：给大家介绍一下你是怎么想的？

生：我觉得这样列式更合乎道理，但我不能计算出得数。

师：大家同意他的计算方法吗？

生：不同意！4÷35 不够除，哪有小数除以大数的？

师：能不能计算出 35÷4 的大概结果？

生：大约 8 毫米多。

师：一张纸有这样厚吗？

生（笑着）：一张纸太厚了，超过一本书了。

生：可是，4÷35 的方法，我们不能计算出结果啊？

师：结果也许并不是最重要的，正确的方法才是最重要的。关于计算方法，你们到了高年级自然就学会了。现在，请继续想一想，哪个才是正确的方法？

（学生此时恍然大悟）

生：4÷35 的方法。

教学反思：

（1）自主探究是新课程标准所倡导的新的学习方式之一。从理论上讲，自主探究，就意味着学生要经历独立思考、小组交流、实验操作的过程，意味着学生可能面临失败与挫折，也可能花费了时间而结果并不如人意，但这才是我们最希望看到的课堂。在上面这个教学片段中，学生经历了"开始的直觉错误"——"思考中迷茫"——"拨云见日后的喜悦"的过程，从中我们看到的是，在老师的引导下，学生摆脱了"思维定式"的桎梏，获得了最后的成功。对比案例一教师的做法，假如教师不让学生独立思考，直接告诉他们正确的计算方法，我们又怎能知道学生真实的想法和思维轨迹呢？如果不能看到学生真实的想法和思维轨迹，我们又怎能对症下药，对学生采取恰当的教学方法呢？如果不能采取恰当的教学方法，我们又怎能培养学生的自主探究能力和创新能力呢？

（2）面对"70 页纸的厚度是 4 毫米，求一张纸的厚度"这一并不复杂的问题，大多数同学选择了 35÷4 的做法，学生的理由是：4÷35 不能除尽。在老师的引导下，个别同学选择了"4÷35"的正确方法，理由是：这样列式更合乎道理。这时我们看到的是学生真实的想法。虽然许多想法是错误的，但错误往往是正确的先导，当他们冲破"思维定式"的迷雾时，收获的是"茅塞顿开"的喜悦，他们的认识将更加深刻。毫无疑问，这种深刻的认识和体验，会让他们终身受益。学生因为真实而可爱，因为突破而精彩。

（3）在上面的教学中，当学生主动探究时，教师也并不是无所作为，更不是旁观者，而是学生探究的引导者、参与者和合作伙伴。例如，学生测量教科书的厚度时，教师给予了必要的引导；在学生陷入"思维定式"的泥潭时，教师适当地点拨，正确地引导，终于使学生冲破重重迷雾，走向成功的彼岸。

（4）在上面的教学中，学生通过自主探究，获得的不仅仅是一个正确的答案，更重要的是，同学们探究科学的情感、态度和价值观得到了培养。在这个过程中，学生明白了许多道理：研究科学，结果也许不是最重要的，重要的是过程要合乎道理；研究科学，盲从和不假思索是最大的敌人；研究科学，在任何时候，在面对真假是非的关键时刻，谁能独立地思考与判断，谁能坚持自己的思想和洞见，谁就是真正的胜利者。

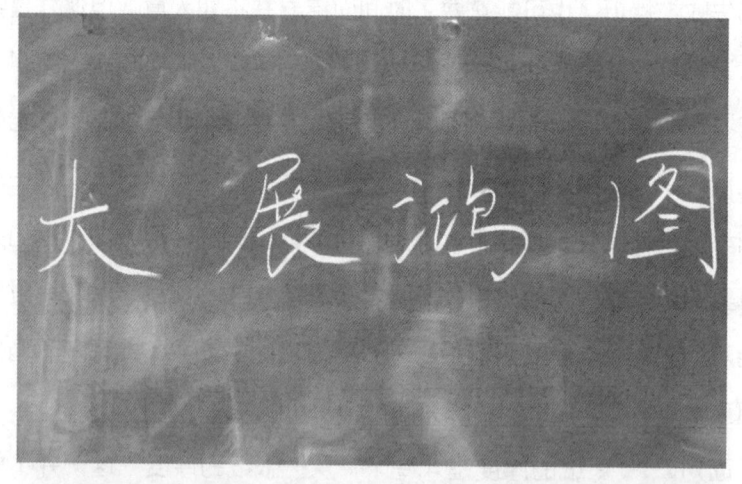

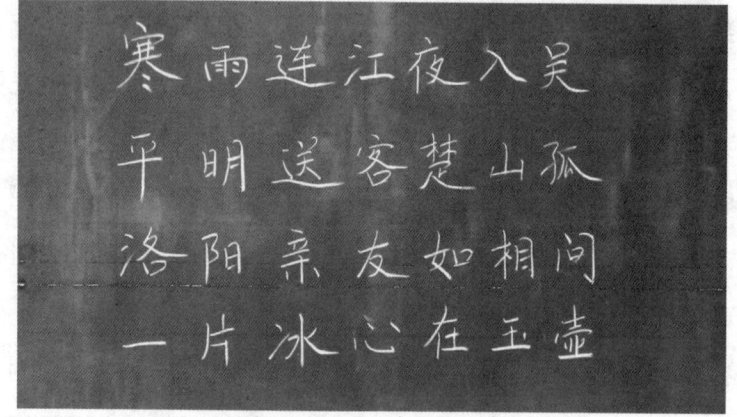

作者闲暇时间喜欢在黑板上写粉笔字

魅力科学——教学论文

科学不仅是美丽的,而且是旷世奇美,美不胜收。

——沈致远

科学的探讨与研究,其本身就含有至美,其本身给人的愉快就是报酬,所以我在我的工作里面寻得了快乐。

——居里夫人

体验科学魅力，享受快乐学习
——科学教学激趣法

俗话说：兴趣是最好的老师。伴随着新课程改革的稳步推进，在科学教学中激发学生的学习兴趣，让学生在课堂上体验科学魅力，享受快乐学习，成为科学课堂追求的目标。为了实现这一目标，笔者在教学实践中进行了一些探索。

1. 游戏激趣法

游戏是儿童的天堂。学生的有意注意时间较短，因此在课堂中，组织游戏是一种行之有效的方法。在游戏中渗透知识，可以达到学以致用的目的。例如《变色游戏》一课中，我为学生设置了这样一个游戏：出示一封信件，请一位学生为全班同学朗读。该学生提出疑问：这是一张白纸，没有任何信的内容。此时教师用碘酒在纸上进行涂抹，让纸上的文字得以显示。这一游戏激起了学生的浓厚兴趣，同时质疑：这是怎么一回事呢？当学生了解到米饭里含有淀粉，以及淀粉遇到碘酒变成蓝紫色的知识，恍然大悟，立即感受到科学的神奇和魅力，并且认识到科学就在我们身边。又如《光的传播》一课，当学生认识了光是沿直线传播的这一性质后，教师打开投影仪，让光照在银幕上，教师演示手影游戏，然后组织学生做手影游戏。当学生看到只用一双手就能迅速完成的"鹅""狗""鹰""兔"

等小动物的造型，兴趣极为高涨，同时脑子里打了个问号，为什么会出现这种现象？这样做，既达到了寓教于乐，又进一步激发了学生的好奇心和探究欲望。在教学结尾处，安排这一环节，虽然只是一个小片段，但却给学生留下了难忘的印象。

2. 魔术激趣法

舞台上的魔术虽然让人百思不得其解，但又让人乐此不疲。科学课上，教师通过魔术表演（指趣味性极强、又富于思考性的演示实验），会取得同样的效果。如《瘪乒乓球鼓起来》一课中的教学片段：

……

生：空气有热胀冷缩的性质。

师：刚才同学们既动手又动脑，一定很累了，老师想为你们表演个小魔术，让你们轻松一下，你们喜欢吗？

生：喜欢。（师表演小魔术）

师：这是一个平底烧瓶，里面放有一些水，把插有玻璃管的胶塞塞紧瓶口，玻璃管下端插入水中，下面我用烧杯往烧瓶上倒热水，仔细观察发生的现象。

（啊！是美丽的喷泉。此时同学们惊奇地叫起来）

生：老师，我知道这是为什么？（此时没等老师提出问题，同学们便纷纷举手）

生：这是水受热体积胀大的缘故。

师：老师把水浇在了烧瓶上面。

生：这是因为空气受热体积增大，空气不能跑出去，就把水挤出来了。

师：你真聪明，做到了学以致用。

（教师表演第二个小魔术）

师：把插有玻璃管的胶塞塞紧瓶口（玻璃管插入烧瓶的部分为尖嘴），把烧瓶放在热水中，过一会儿，把烧瓶倒过来，让玻璃管浸入水中，仔细观察发生什么现象？

生（齐声）：又是一个小喷泉。

（此时学生更是精神饱满）

师：你怎样解释这种现象？

生：这是因为空气受热，体积膨胀，空气跑出一部分，把玻璃管浸入水中，烧瓶里的空气受冷，体积缩小，水就进入烧瓶形成了喷泉。

师：说得好！

在上面的教学中，教师根据学生的心理，安排了两个小魔术，当美丽的喷泉出现时，学生惊呼起来，并且纷纷举起了手。两个小魔术激发了学生的学习兴趣和探究欲望，启发了学生的创造思维，真正达到了寓教于乐和学以致用，真是一举多得。

3.谜语激趣法

谜语是中华民族的艺术瑰宝。猜谜语更是学生喜爱的方式，它能吸引学生的注意力，启迪学生的思维，使浅显平淡、枯燥无味的教学内容转为妙趣横生的学习活动。下面是我教学《光的传播》的导入片段。

师：同学们，你们喜欢猜谜语吗？

生：喜欢。

（同学们一听到要猜谜语，兴趣立即高涨，注意力迅速集中）

师：请同学们注意听，有位老公公，面孔红彤彤，他来天就亮，他走黑洞洞。（猜一自然现象）

生：是月亮。

生：应该是太阳。

师：有位小姑娘，夜晚来乘凉，提着小灯笼，灯笼闪闪亮。（猜一小动物）

生：是萤火虫。

师：同学们反应真快，猜得很正确。再听下一个：大起来，满山坡，小起来，像枣核，能走千山万岭，不能跨过小河。（猜一自然现象）

生：是光。

生：是水。

生：是火。

师：对，是火。这个谜语有一定的难度，但这个难关还是被同学们克服了，希望你们在下面的学习中，继续攻克难关。

师：谁来说一说，三个物体有什么相同点？

生：它们都能发光。

师：对，我们把发光的物体叫作光源。

在本课导入中，根据教学实际，把与教学有关的内容编成谜语让学生踊跃竞猜，学生兴趣极为浓厚，思维异常活跃，为教师揭示光源的概念和整个教学活动打下坚实的基础。

4. 课件激趣法

通过多媒体课件，创设与教学内容相吻合的教学情境，使学生身临其境，既可以激发学生的学习兴趣，拓展学生的思维，又可以使学生受到美的享受。如在教《水与生命》一课时，教师出示多媒体课件，伴随着美妙的音乐——《蓝色多瑙河》，一边出示与水有关的一幅幅图片，一边出示一首小诗："因为有你，小草变得嫩绿；因为有你，花儿笑得灿烂；因为有你，鱼儿游得欢快……因为有你，生命才如此生动。"清新的小诗、美丽的画面、动人的音乐，深深吸引了学生。老师问："猜一猜，这首诗描写的是什么？""是水！"当谜底揭开后，同学们又兴致勃勃地投入水的研究中去了。

5. 实验激趣法

实验是科学探究的基础，是科学课的灵魂。充分利用小实验这个法宝，可以让学生感到妙趣横生、回味无穷。比如《小镜子》一课，教师提问："利用两片小镜子能看见多少个小熊的像？"有的同学毫不犹豫地回答："两个！"有的想了想回答："是四个。""老师，是六个！下课时我做过了。"一位同学胸有成竹地回答。此时，还没等老师布置任务，每个同学都拿出两个小镜子，用铅笔代替小熊，或者只用两个小镜子，开始做起来，教室里顿时成了忙碌的海洋，"8个！""10个！""12个！""16个！""18个！"……同学们的汇报声此起彼伏，经过严密地实验和推理，同学们终于发现，问题的答案应该是：无数个。这个答案太不可思议了！通过实验使学生懂得，如果光凭猜想，无论如何，也不能得到正确答案。如果做了，但不细致不深入，也不能找到问题的答案。因此，科学需要实验，同样需要严谨细致、一丝不苟的科学态度。通过这样的一堂课，学生感到印象深、趣味浓、余味长。

6. 教具激趣法

恰当地使用教具，除了能向学生直观形象地传授知识外，在课堂情趣创设方面也有奇妙的效果。一次上课，我拿了一副象棋走进教室，同学们疑惑不解地望着我。他们在猜，老师不会是教我们下象棋吧？那又是干什么呢？这时，我拿起棋盘，让它竖起来，把棋子一个个贴在上面，棋子竟然掉不下来，这时同学们恍然大悟，原来，老师是要教我们磁铁的应用呢！就这样，学生被磁铁深深地吸引住了。

7. 故事激趣法

故事是学生喜闻乐见的形式。教学中，利用故事不但可以激发学生的学习兴趣，而且可以激发学生的想象，鼓舞学生的学习斗志，使学生在故事中，受到深刻的启迪和教育。比如《变化的世界》一课，当学生认识了自然界的各种变化现象，得出了"世界是变化的"结论后，在教学的结尾处，我为同学们讲述了爱因斯坦小时候的故事：手工课上，同学们都交上了自己的小制作，爱因斯坦最后交上来自己做的小凳子，老师看了看，生气地说："世界上再没有比这更糟糕的小凳子！"爱因斯坦说："有的。"随后，爱因斯坦走到自己的座位上，又拿出了两个小凳子，走到老师跟前说："这是我刚才做的小凳子，给你的是第三个小凳子，虽然不是很好，但比前两个好多了。"讲完后,我提问:"听了这个故事,你有什么感想?"有的说:"爱因斯坦有自信心!"有的说:"老师不应该随便下结论。"有的说:"爱因斯坦做的小凳子一个比一个好。"有的说:"爱因斯坦的小凳子不是最糟糕的。"有的说:"爱因斯坦认为他做的小凳子是变化的。"我说:"说得好!世界上万事万物都是变化的,多年之后,世界上最糟糕的小凳子变成了世界上最伟大的小凳子,这个小凳子不是别的,就是爱因斯坦著名的相对论,爱因斯坦也因此成了世界上最伟大的科学家。今天的你们,虽然只是一颗颗嫩芽,但明天的你们将是建设祖国的参天大树!"话音刚落,教室里响起了热烈的掌声。"谢谢老师的鼓励!"同学们激动地回答。虽然下课了,但学生仍然意犹未尽。也许一个小故事,将会对学生一生发展产生深远的影响。

8. 其他方法

除了以上几种常用的一般方法外,激发学生的学习兴趣还依赖于教师富于魅力的语言、宽松和谐的氛围、适时的表扬和鼓励、恰当的幽默风趣等。只要我们每堂课都能创设一些引人入胜的教学情境,充分挖掘科学课的趣味因素,就一定可以让学生体验科学的神奇魅力,充分享受快乐学习,从而使我们的科学教学更加成功。

(本文发表于《教育实践与研究》2006年第3期、《教学仪器与实验》2006年第1期)

🎓 教学资源就在我们身边

科学新课程标准指出，为了使小学生的科学学习具有广阔的智力背景，科学教育不能局限于传统意义上的教材，必须开发和利用多种多样的课程资源。既然新课程倡导教师是课程资源的开发者和利用者，这就要求我们教师要有一双善于发现的眼睛，善于开发和利用课程资源，拓展学生的科学学习时空，多方面提高学生的科学素养。

1. 错误资源的利用

学生由于知识水平、学习经验、思维能力等诸多方面的限制，在科学学习中难免会出现一些偏差或错误。课堂就是出错的地方，是探索过程中必须付出的代价，但错误往往是正确的先导，错误可以激发学生的心理矛盾和问题意识，更好地促进学生的认知和发展。可以说，错误往往会掀起课堂教学的波澜，使课堂出现思维激荡的场景，这正是我们时下的课堂所缺少的但又是极其重要的。例如《食物链》一课，当同学们认识了食物链的概念后，我让同学们说出自然界中存在的食物链，学生的思维异常活跃。

生：大鱼吃小鱼，小鱼吃虾米，虾米吃水草。

生：螳螂捕蝉，黄雀在后。

生：猫吃老鼠，老鼠吃粮食。

……

"同学们的知识很丰富，说得很准确！"我极力表扬着，这时，班里基础较差又不爱发言的一位同学也举起手来，我示意他站起来，他回答说："……企鹅吃鱼，北极熊吃企鹅。"

我一听，觉得很富于想象，于是我高兴地表扬说："你说的食物链很新颖，希望你以后也能积极回答老师提出的问题！"可是，话音刚落，班里思维敏捷的董宾同学站起来反驳说："老师，我觉得他说的不正确，因为企鹅生活在南极，而北极熊生活在北极，两者根本不在一起，北极熊怎么能吃到企鹅呢？"呀，反驳得真是有理有据。"董宾反应很快，反驳得非常有力量！"我继续表扬着。可是也有的同学说："北极熊可以生活在南极。""北极熊只生活在北极，我从书上看到过。"董宾继续反驳说。也有的说："可以把北极熊放到南极去。"董宾依然坚持着自己的观点："那不可以，北极熊即使到了南极，它能适应那里的环境吗？南方的橘子树种到北方能活吗？"几句话，使同学们看到了董宾敏捷的思维以及他敢于坚持真理和实事求是的科学态度。课后，我又查阅了有关资料，发现董宾说得完全正确。在上面的教学中，虽然"企鹅吃鱼，北极熊吃企鹅"这个食物链包含"错误成分"，但是正是这个带有"错误"的食物链，才引出了后面的争论，才引出了后面同学的"远见卓识"和独特性见解，这些独特性见解在一定程度上甚至超越了学生和老师。

在以上案例中，正是"错误"点燃了学生智慧的火花，学生在思考交流中，个性得到了张扬，思维受到了启迪。错误不仅没有成为缺憾，反而成了宝贵的教学资源，课堂因为错误而精彩。

2. 不利因素的利用

新课标指出，课程资源无处不在，无时不有。课堂上的偶发事件，一些对于课堂教学不利的因素，只要善加利用，因势利导，都可以成为很好的教育资源，课堂上也会出现那突如其来的精彩！

《动与静》一课中，判断一个物体是运动的还是静止的，选择参照物是至关重要的，所以如何选择参照物来判断某一物体的动与静是本课的重点和难点。在本课的教学中，当学生初步认识了动与静的关系后，我就地取材，提出这样一个问题："如果选择不同的参照物，你认为坐在教室中的你是运动的还是静止的？"学生思考后，做出如下回答：

生：以桌子为参照物，我是静止的。

生：以同桌为参照物，我是静止的。

生：以在教室走动的老师为参照物，我是运动的。

生：以凳子为参照物，当我站起来时，我是运动的。

生：以地面为参照物，我是静止的。

学生的回答很精彩，但思维很狭窄，似乎只局限在教室这个小圈子里，这时，教室里飞进来一只小蜜蜂，"嗡嗡嗡"，这个小家伙立即吸引了许多同学的目光。这时，我灵机一动，提问："蜜蜂可以作为参照物吗？""老师，我知道，如果以飞来飞去的蜜蜂为参照物，我是运动的。""你反应很快，想一想，还可以以什么为参照物？"我继续启发着，这时，远处操场上传来热闹的踢球声，几位同学不约而同向外望去，于是我说："有的同学的目光已经投向远处了，我们的思维也应该跟上呀！"这时，许多同学立即明白过来，纷纷回答：

生：以跑动的同学为参照物，我是运动的。

生：以静止不动的同学为参照物，我是静止的。

生：以空中飞起的足球为参照物，我是运动的。

……

此后，学生的思维天上地下，海阔天空，创新思维的火花不断闪现，课堂里一片生机勃勃的景象！

蜜蜂闯入教室，操场上热闹的声音在一定程度上打扰了学生正常的听课秩序，给我们的教学造成了不利的影响。但是教师并没有慌乱，而是因势利导，化不利为有利，化腐朽为神奇，这突如其来的干扰，自然而然地变成了难得的教学资源，课堂上也就出现了那突如其来的精彩！

3. 教师或学生的经历的利用

学生是科学学习的主体，也是重要的课程资源，学生来自不同的家庭，受到不同的教育，每个人有着不同的生活经历和生活经验，又形成了不同的兴趣和爱好，这些资源如果能充分地开发和利用，能很好地激发学生的科学学习兴趣，从而大大提高教学效果。

下面是《宝贵的生物资源》教学片段：

师：我国幅员辽阔，生物资源非常丰富，但是，由于人类的影响，许多资源正遭到破坏，观察书中插图，人类有哪些破坏生物资源的现象？

生：有的地方森林被砍伐，产生了泥石流，造成了水土流失。

生：许多野兽被人杀死，卖掉毛皮，以赚取不义之财。

生：大象被杀死，数量正在减少。

师：在我们周围，有哪些生物资源遭到了破坏？

生：村边小河里的水受到了污染，小鱼小虾都死了。

生：村头的大树被人砍去，树林遭到破坏。

（学生只谈了两点，就没人回答了）

看到学生说得很少，我想起了自己的一段经历：

师：老师有这样一段经历，很值得我们思考。有一天早晨我上班的时候，从麦地旁边的小路经过，发现一只死去的刺猬，旁边还有一摊血迹。我想，春天刺猬冬眠后刚刚出来活动，就被人杀死了。刺猬是人类的朋友，我们这里也很少见到了，我们应该保护它。

学生们听了我的讲述后，受到了启发，纷纷举手，畅谈起他们的生活经历：

生：老师，有一次，我看见董宾杀死了一条蛇，把皮扒了，取出了里面的肉，还捉到一只壁虎，真是太残忍了！

生：我们应该保护蛇。

生：董文轩经常从墙壁上把壁虎捅下来，用手玩，有时还把壁虎放在嘴边。

师：想和动物亲密接吻吗？

生：我是喜欢它。

师：玩过之后，应该怎么做？

生：放掉它。

生：老师，董宾经常捉蜘蛛，还抽他的丝。

生：我是把蜘蛛送给老师做标本了。

师：是这样，但不要随便杀死它。

生：老师，我们有一次到河边去捉青蛙，没有抓到，却抓到了几只蛤蟆，于是，我们把石头压在蛤蟆上面，结果它们全死了。

生：老师，河里有那种"气蛤蟆"，我们好奇，就用刀子把气囊割开，后来气蛤蟆全死了。

……

（下课铃响了，学生意犹未尽）

师：同学们很诚实地说出了自己的经历，很好。在这些经历中，我们应该吸取哪些教训呢？

生：我们应该保护小动物，不要随便杀死它们。

生：应该与动物和谐相处。

师：所有的动物都不该杀死吗？

生：像老鼠和苍蝇那样对人类有害，并能传播疾病的动物，我们应该坚决杀死它们。

师：说得很全面。课下请同学们写一份保护动物资源的建议书，好吗？

生：好！

在以上教学中，通过教师讲述自己的经历，使同学们产生了许多联想，同学们情不自禁地畅谈起了自己的生活经历。在畅谈中，同学们意识到了自己的幼稚、无知和好奇所造成的错误行为，有效地开展了"批评"和"自我批评"，而且受到了"珍爱生命，与动物和谐共处"的情感态度和价值观的深刻教育，这比教师空洞的说教效果要好得多。

4. 利用学生的话

科学课堂是丰富多彩、千变万化的，学生常常会说出一些让老师始料未及的、很有意思的话，如果教师能够及时抓住这些话，充分利用这些即时生成的教学资源，巧妙地进行启发、引导、点拨，就会使课堂出现引人入胜的闪光点，从而达到出人意料的教学效果。下面是《细菌和病毒》一课中，学生阅读了《科学在线》后的教学片段：

师：《科学在线》主要讲了什么？

生：科学家巴斯德发明了加热消毒法。

师：巴斯德在科学上的贡献远不止这些（教师介绍事迹略），他可真是人类的救星。

生（插嘴）：为什么不说是人类的克星？

（学生哈哈大笑起来）

我想了想，说："想一想，巴斯德是人类的什么克星？"

生：老师，我觉得他是人类疾病的克星。

师：概括得很准确。

生（插嘴）：老师，他是人类的寿星。

师：据我所知，巴斯德的寿命并不长，但他的医疗技术却挽救了无数人的生命，他虽然没有成为寿星，但他的技术却使许多人成了——

生：寿星。

生（插嘴）：老师，我觉得他是天上的行星。

师：把科学家比作行星合适吗？

生：我觉得巴斯德是天上的恒星，因为恒星是永远发光发热的，比如太阳。

师：巴斯德在科学上的伟大功绩就像天上的太阳，永远光照千秋。

在以上教学中，学生的插嘴——把科学家比喻为"克星""寿星""行星"，显然并不恰当，但学生的心里似乎很明白，只是意思没有表达清楚。在这个时候，教师因势利导，顺应了学生的意图，终于让学生的语言更准确，表达更清晰，从而让学生更清楚地认识了科学家的价值和伟大。也许在科学课上，引导学生实现语言表达上的准确，并不是科学教学追求的主要目标，但是，细节决定一切，在教学的细微环节，教师充分尊重了学生的主体地位，学生的话竟然成了很好的教学资源。

5. 自然资源的利用

科学课程标准指出，作为科学课程学习主体的小学生，在面对纷繁复杂的科学世界时，会产生无比激情和盎然兴趣。教师必须尊重学生的意愿，以开放的观念和心态，为他们营造一个宽松、和谐、融洽的学习环境，引领他们到校园、家庭、社会和大自然中去学科学、用科学。因此，大自然的花草树木、鸟兽虫鱼、自然景观等都可以充分利用起来，作为很好的教育资源。

比如，有一天下课时，四年级的张军同学来找我，说天上有个圈，不知道是什么。我来到外面，向天空望了望，只觉得太阳很刺眼，其他的什么也看不见。我问："在哪里啊？""老师，你看。"顺着张军同学手指的方向望去，果然发现天空有个彩色的圈，这个圈环绕在太阳的周围，就像佛光闪现，煞是好看。"是彩虹吧！"我自言自语地说。不是，彩虹是弧形的，我思考着，脑海里忽然闪现了"日晕"一词，在我的记忆里，好像听说过"日晕"这个词，但没有真正看见过。于是，我对张军说："可能是日晕吧！回去以后查阅一下资料，然后写篇观察日记，好吗？""好！"说完后，张军心满意足地走了。

第二天上午，张军同学兴冲冲地向我跑来，高兴地对我说："老师，昨天看到的真的是日晕,这是我写的观察日记。"我仔细地看了看,高兴地对他说:"你又有了新发现,真了不起!希望你继续努力!""谢谢老师的夸奖。"张军高兴地说。

科学课上,我向同学们宣读了张军同学的观察日记,读完后,班里立即响起了热烈的掌声。

还有一次,有两位同学来找我,说太阳里面有个小黑点,不知道是什么。于是我和同学们去观察太阳,果然看到了这种奇妙的自然现象,但当时我也不知道这是一种什么现象,于是我带领学生利用电脑查阅了有关资料,终于认识到这是一种叫作"金星凌日"的罕见天文现象,并且知道了其形成的原因。此时同学们都感到异常的兴奋和喜悦,像发现了新大陆似的。查完资料后,我还让同学们继续思考其中的科学道理,及时写出观察日记,同学们探索科学的热情更加高涨。

学生是非常热爱大自然的,当他们对自然现象产生疑问时,教师因势利导,引导学生收集资料、观察、记录、完成观察日记,使他们经历了一个较为完整的科学探究过程。在这个过程中,学生不仅揭开了大自然的神秘面纱,体验到了自然的神奇和美丽,更为重要的是,学生享受到了科学探究带给他们的巨大成功和无穷乐趣。

6. 差异资源的利用

自然界中有这样一种现象:当多种植物生长在一起时,其生命力会因为相互的竞争、积极的影响而更加旺盛。这种"共生效应"说明,物种的差异性促进了植物的生长。学生的差异是客观存在的,每个学生都是独一无二的个体,教师要充分尊重学生的差异,善于发现学生独特的潜能,因材施教,让学生取长补短,相互促进,达到和谐发展,这样,才会使我们的课堂丰富多彩,充满生机和活力。从这个意义上说,差异,也是一种很好的教学资源。比如《制作我们的小乐器》一课,我提前布置了任务:让学生利用身边的多种材料制作各种小乐器。上课时,许多同学带来了自己制作的小乐器,有小琴、笛子、排箫、架子鼓等。课堂上,我让同学们分别来展示自己制作的小乐器,同学们别提多高兴了!虽然同学们制作的小乐器还存在许多不足,但这毕竟是同学们自己的"杰作",是自己花费心血换来的。接着我又叫同学们评价刚才展示的小乐器,经过评选,平时成绩最差的田海建同学制作的架子鼓被评为"最佳",还有几位同学的小乐器被评为"优秀"。于是我就让田海建和其他几位同学组成了一个小乐队,他们利用自己的小乐器为同学们演奏,嗓音极佳的贾敬怡同学来演唱,孟迪同学来跳舞,结果同学们配合得默契极了。他们精彩的演奏和优美的歌声把课堂气氛推上了高潮,台下不时爆发出热烈的掌声,要知道,这次可是平时学习成绩好的同学成为"观众"了呀!此时,全体同学共同享受到了"音乐会"带给他们的快乐,可以说,是同学们的独特和差异,奏响了"音乐会"优美和谐的乐音。

教学实践告诉我们:没有差生,只有差异。教师要善于发现学生的差异,尊重学生的差异,发展学生的差异。针对差异因材施教,充分发挥同学们的独特性和差异性,这样才能让不同智能的学生都能体验到成功的快乐和喜悦,并且增长他们的自信心和成就感。

陶行知说过:"处处是创造之地,天天是创造之时,人人是创造之人。"课程资源无处不在,无时不有,只要我们教师有一双善于发现的眼睛和勤于思考的大脑,我们就会不断发现身边各种各样的教育资源,使它更好地为我们的科学教学服务。

(本文发表于《教学仪器与实验》2007年第7期、《湖北教育:科学课》2018年第4期)

一切尽在回味中
——谈谈科学课的结课

俗话说:"编篓编筐,重在收口,描龙画凤,贵在点睛。"一节科学课如果有精彩的引入、完美的过程,但结尾却草草收场,极有可能功亏一篑。要知道,完善精彩的课堂结尾,犹如"画龙点睛",可以使课堂教学再起波澜,从而使课堂教学画上一个完美的句号。精彩的课堂结尾,可以梳理知识,启迪思维,给人力量,会让学生意犹未尽,回味无穷,给人以美感和艺术上的享受。

1. 回顾表述法

这是常用的结课方法。科学课结束后,可以让学生回顾一下本节课的学习过程,思考一下本节课的学习收获。这里的学习收获不仅包括重要的知识、概念,还包括学习过程中所获得的情感、态度和价值观。

让学生进行知识、方法的回顾和表述,可以充分发挥学生的主体作用,使学生在最后较短的时间内,实现对知识要点的概括,加深对知识的理解。

例如,教师可以提问"请同学们回顾一下,今天你学到了什么?"或者"通过这节课的学习,你有哪些收获?"鼓励学生大胆发言、相互交流体会。需要注意的是,教师要鼓励学生说出本节课学习过程中的深刻体验或独特体会,尤其鼓励学生的个性发言，这样才不会使学生的表述交流成为泛泛而谈，流于形式。

2. 魔术结课法

舞台上的魔术虽然让人百思不得其解，但又让人乐此不疲。科学课上，教师通过魔术表演（指趣味性极强又富于思考性的演示实验）结课，不仅可以使科学教学再次掀起波澜，同时可以使学生在轻松活泼的学习中，体验到科学的神奇魅力。例如，《瘪乒乓球鼓起来》一课的结尾我是这样处理的：

生：空气有热胀冷缩的性质。

师：刚才同学们既动手，又动脑，一定很累了，老师想为你们表演个小魔术，让你们轻松一下，你们喜欢吗？

生：喜欢。（师表演小魔术）

师：这是一个平底烧瓶，里面放有一些水，把插有玻璃管的胶塞塞紧瓶口，玻璃管下端插入水中，下面我用烧杯往烧瓶上倒热水，仔细观察发生的现象。

（"啊！是美丽的喷泉。"学生惊奇地叫起来。）

生：老师，我知道这是为什么？（此时没等老师提出问题，同学们便纷纷举手）这是因为水受热体积胀大的缘故。

师：老师把水浇在了烧瓶上面。

生：这是因为空气受热体积增大，空气不能跑出去，就把水挤出来了。

师：你真聪明，做到了学以致用。

（教师表演第二个小魔术）把插有玻璃管的胶塞塞紧瓶口（玻璃管插入烧瓶的部分为尖嘴），把烧瓶放在热水中，过一会儿，把烧瓶倒过来，让玻璃管浸入水中，仔细观察会发生什么现象？

生（齐声）：又是一个小喷泉。

（此时学生更是情绪高涨）

师：你怎样解释这种现象？

生：这是因为空气受热，体积膨胀，空气跑出一部分，把玻璃管浸入水中，烧瓶里的空气受冷，体积缩小，水就进入烧瓶，形成了喷泉。

师：说得好！今天同学们圆满地完成了学习任务，老师祝贺你们！

在上面的教学中，教师根据学生的心理，安排了两个小魔术，当美丽的喷泉出现时，学生惊呼起来，并且纷纷举起了手。两个小魔术激发了学生的学习兴趣和探究欲望，启发了学生的创造性思维，真正达到了寓教于乐和学以致用，真是一举多得。

3. 故事结课法

故事是学生喜闻乐见的形式。教学中，利用故事结课不但可以激发学生的学习兴趣，而且可以激发学生的想象，鼓舞学生的学习斗志，使学生在故事中受到深刻的启迪和教育。

《变化的世界》一课，当学生认识了自然界的各种变化现象，得出了"世界是变化的"结论后，在教学的结尾处，我为同学们讲述了爱因斯坦小时候的故事：

> 手工课上，同学们都交上了自己的小制作，爱因斯坦最后一个交上自己做的小凳子，老师看了看，生气地说："世界上再没有比这更糟糕的小凳子！"
>
> 爱因斯坦说："有的。"随后，爱因斯坦走到自己的座位上，又拿出了两个小凳子，走到老师跟前说："这是我刚才做的小凳子，给你的是第三个小凳子，虽然不是很好，但比前两个好多了。"

讲完后，我提问："听了这个故事，你有什么感想？"

有的说："爱因斯坦有自信心！"

有的说："老师不应该随便下结论。"

有的说："爱因斯坦做的小凳子一个比一个好。"

有的说："爱因斯坦的小凳子不是最糟糕的。"

有的说："爱因斯坦认为他做的小凳子是变化的。"

我说:"说得好!世界上万事万物都是变化的,多年之后,世界上最糟糕的小凳子变成了世界上最伟大的小凳子,这个小凳子不是别的,就是相对论,爱因斯坦也因此成了世界上最伟大的科学家。今天的你们,虽然只是一棵嫩芽,但明天的你们将是建设祖国的参天大树!"话音刚落,教室里响起了热烈的掌声。

"谢谢老师的鼓励!"同学们激动地回答。虽然只是一个小故事,但也许会对学生一生发展产生深远的影响。

4. 名言结课法

名人名言含义隽永,寓意深刻,恰当地使用名言结课,常常会收到画龙点睛、深化认识、启发想象的教学效果。

例如,《撬棍的学问》一课的结尾我是这样处理的:

教师通过幻灯片出示阿基米德的名言:给我一根足够长的棍子,我将撬动地球。旁边还配有阿基米德的画像,他手里拿着一根棍子正在撬地球。

我提问:"阿基米德能撬动地球吗?"

同学们思考后纷纷举手,有的说:"阿基米德不能撬动地球,因为他上哪里找那么长的棍子呢?"

有的说:"阿基米德想撬动地球,他到哪里去找这个支点呢?"

有的反驳说:"也许可以实现,他可以把支点放在火星上。"

……

同学们的思维异常活跃,课堂上掀起了不小的波澜。

最后我总结:"阿基米德的理想在理论上是成立的,但在现实生活中却无法实现。阿基米德说出这句意味深长的话,反映了他自信豪迈的气魄,希望同学们课后继续思考其中的道理。下面就让我们共同朗读这句伟大的名言。"

在师生共同朗读声中,教学结束了,但同学们依然意犹未尽。

5. 质疑问难法

提出问题比解决问题更重要。在教学结尾处，鼓励学生质疑问难、提出问题，可以使教师及时了解学生的学习情况，同时可以拓展学生思维，培养学生的问题意识，有利于教学的生成。

比如《氧气》一课，在教学的结尾处，我向学生提出问题："通过一节课的学习，同学们还有问题吗？"

思考了一会儿，一位同学站起来问："老师，我知道物质燃烧是需要氧气的，那太阳是一个燃烧的火球，太阳燃烧需要氧气吗？"

我一想，觉得这个问题有一定难度，也有一定价值，于是我把这个问题抛给了学生，同学们经过思考后，纷纷举手发言。

有的说："太阳是一个燃烧的火球，既然有燃烧现象，当然需要氧气。"

有的说："太空里没有空气，太阳燃烧不需要氧气。"

有的说："如果太阳燃烧需要氧气的话，那得需要多少氧气啊！"

……

最后我说："关于太阳燃烧是否需要氧气，老师也不是十分清楚，课下请同学们查阅一下有关的资料，相信你们自己能够找到正确的答案。"这样，同学们带着大大的问号走出了教室。

6. 悬念延伸法

结课时教师根据教材和教学需要，在学生掌握新知识的基础上，当教学结束时巧设悬念，提出后面要学习的问题，能激起学生探究新问题、学习新知识的强烈欲望，为下一节课的学习埋下伏笔。

例如，在《磁铁的磁性》一课教学中，引导学生认识条形磁铁的磁极后，结合本课教学实际，我是这样结课的：

师：刚才我们研究了条形磁铁有两个磁极，还有环形磁铁、蹄形磁铁没有研究，思考一下，蹄形磁铁的磁极在哪里？

生：我认为是中间。

生：我认为是两端。

师：说说理由？

生：蹄形磁铁只不过把条形磁铁弯过来，所以我认为条形磁铁也是两端磁性最强。

师：你很有想象力，环形磁铁的磁极呢？

生：我认为是两边。

生：我认为是环形的外面。

生：我认为是环形的里面磁性较强。

师：刚才同学们做出大胆的猜想，希望同学们课下可以认真研究一下，相信你们会有伟大的发现！

课堂结尾时，教师提出了"蹄形磁铁和环形磁铁的两极在哪里"的问题，在同学们做出大胆猜想后，突然戛然而止，使学生带着悬念离开教室，并且使科学探究活动顺利延伸到课外。

7. 拓展联想法

经过一节课的学习，学生注意力比较分散，思维比较迟钝，这时，教师可以结合教学内容，提出一些思考性、开放性、拓展性的趣味性题目，使学生集中注意力，再次点燃起学生思维和想象的火花。

例如，在学完地球引力的内容后，让学生想象"假若地球没有吸引力，世界会发生怎样的变化？"学完食物链和食物网后，让学生思考"一片森林里，一种植物或一种动物全部死亡，会出现什么现象？"学完磁铁的磁性后，让学生思考探究"一个条形磁铁有两个磁极，如果磁铁摔成几块，每一块磁铁有几个磁极？"等。这样的拓展性题目，既可以巩固所学知识，又可以培养学生的想象能力，还可以培养学生探索科学问题的兴趣。

8. 情感激励法

列宁说："没有人的情感，就从来没有也不可能有人对真理的追求。"课堂教学要晓之以理，动之以情。教师在一节课结尾处，将内容深化、升华，将学生的情感引向高潮，可以使他们产生强烈的思想共鸣。

例如《人造地球卫星》一课，当学生通过汇报资料、模拟实验对人造卫星有了初步认识后，教师开始播放"神舟五号"升空的录像，在学生欣赏时，我满怀激情地说："同学们，地球是人类的摇篮，但人类不会永远生活在摇篮里。从苏联发射第一颗人造卫星到美国宇航员阿姆斯特朗成功登上月球，从中国发射第一颗人造卫星到杨利伟成功遨游太空，这些震撼世界的大事在未来几百年依然会回荡在人们的耳边。古人说'不飞则已，一飞冲天'，同学们，努力学习科学吧！相信在不远的将来，你们也会让五星红旗遨游太空，祖国也会因为你们而骄傲！"

壮观的视频录像，教师激情四射的语言，不但升华了本课的教学内容，而且深深感染和鼓舞了学生，起到了不可替代的激励和教育作用。

科学课的结课不是画蛇添足，而是画龙点睛、锦上添花。结课虽然是一节课的结尾，但不是教学的结束，而是新知识、新思维的开始。结尾无定法，妙在巧用中。结课没有一个固定的模式，我们应该从教学的实际需要出发，巧妙地设计课堂结尾，才能使整个教学过程浑然一体，富有后劲，真正做到善始善终。

（本文发表于《湖北教育：科学课》2015年第5期）

🎓 发挥主体作用,培养创新能力

"创新是一个民族的灵魂,是一个国家兴旺发达的强大动力。"一个民族没有创新精神,就会永远落后。时代在呼唤教育,教育必须培养学生的创新精神。新的课程标准明确提出:以全面提高学生的科学素养为宗旨,以培养学生的创新精神和实践能力为重点。为了培养学生的创新能力,我在科学教学中做了许多积极的尝试,主要有以下几个方面。

1. 引导质疑问难,培养发散思维

爱因斯坦说:"提出一个问题比解决一个问题更重要。""只要我们没有提出正确的问题,那么我们就永远也不能期待问题的正确答案。"问题是打开智慧大门的钥匙。科学的发现始于问题,而善于发现问题、提出问题、思考问题是一个人富于创新精神的具体表现。因此,教师要设法为学生创设问题的情境,提供创造的机会,充分挖掘教材中所蕴含的创新因素,引导学生质疑问难,鼓励学生从多角度提出问题,这是对学生进行发散性思维训练的绝佳契机。

例如《沸腾》一课,在学生做给试管里的水加热的实验时,我引导学生仔细观察,根据实验现象提出问题。实验完毕后,同学们纷纷举手,提出了以下各种各样的问题。

（1）在给水加热的过程中，为什么先冒小泡泡，后冒大泡泡？

（2）在加热的过程中，为什么管口冒"白气"？

（3）水为什么会翻腾？

（4）水翻腾后，手为什么抖动？是什么力量在起作用？

（5）为什么管口有小水珠？

其中，第一个问题蕴含着水的压力原理，第二个问题蕴含着凝结的原理，第四个问题蕴含着反冲的原理，这些问题的提出，显示了学生思维的深刻性，同时为后面的学习打下了坚实的基础。

又如《彩虹》一课，同学们欣赏完美丽的彩虹后，疑问特别多：

（1）彩虹是在什么条件下出现的？

（2）为什么彩虹都是弧形的？

（3）彩虹由几种颜色组成？

（4）彩虹为什么不能长留人间？

（5）彩虹为什么可以"立"在空中？

（6）彩虹的形成与海市蜃楼的形成一样吗？

（7）李白诗中"日照香炉生紫烟"中的"紫烟"是彩虹吗？

从上述的提问中，我们不难发现创造性火花在学生的思维中闪烁！

2. 鼓励大胆猜想，激发创造思维

牛顿说："没有大胆的猜想，就没有伟大的发现。"猜想有利于激活头脑风暴，有利于培养学生的创造性思维。因此，在实验教学中，教师应充分挖掘教材中的猜想因素，巧妙设置悬念，使学生怀着强烈的好奇心和求知欲对提出的问题做出猜想和假设。

如《亲历科学》一课，教师把漏斗接在水龙头下面，左手轻托乒乓球，提问："打开水龙头，水流下来，放开左手，会出现什么现象？"同学们的回答是：乒乓球会掉下来。当教师打开水龙头，水流下来时，松开左手，奇迹出现了：乒乓球不但没有掉下来,反而旋转着挂在了漏斗处,这种和同学们的猜想极不相符的反常现象使他们陷入了欲罢不能的境地。为了探究其中的奥秘,在老师的引导下,他们继续猜想乒乓球没掉下来的原因。还有的说小球不下落是被水粘住了,有的说小球不下落是由于水的流动造成的,有的说小球不下落与某种力的作用有关。真是一石激起千层浪,学生探究的积极性空前高涨。

又如《空气占据空间》一课,在学生认识了水、粉笔等有形的物体占据空间后,教师提问:"空气这种看不见摸不着的物体,是不是也占据空间呢?"同学们充分思考后,做出如下猜想:(1)空气占据空间;(2)空气不占据空间;(3)空气占据一半的空间。我继续问:"你为什么会做出这样的猜想?"有的说:"空气看不见摸不着,又有流动性,因此空气不占据空间。"有的说:"空气占据一半的空间,另一半的空间被我们学生所占据。"有的说:"空气不占据空间,因为如果空气占据空间的话,人就不能进入教室了。"有的说:"空气虽然看不见摸不着,但空气可能是由无数微小颗粒构成,微粒虽小,但它也要占据空间。"还有的说:"气球吹进空气,能胀大,足球打进空气,也能胀大,这说明空气占据空间。"在这些猜想中,虽然有的猜想是错误的,但同学们通过积极思考,思维得到了激发和锻炼。在教学中,我并没有满足于学生做出的"空气占据空间""空气不占据空间""空气占据一半的空间"三种猜想,而是要求学生讲讲为什么会做出这样的猜想。这样做不仅有利于纠正学生胡乱猜想的坏毛病,而且有利于培养学生思维的深刻性和逻辑性,还有利于培养学生实事求是的科学态度,真可谓是一举多得。

3. 自行设计实验,培养创新能力

心理学认为,思维产生于动作,儿童的智慧出在指尖上。第斯多惠说:"科学知识是不应该传授给学生的,而应该引导学生去发现它们,独立地掌握他们。"由此可知,实验是培养学生创新精神和实践能力的主要途径。教师要着力引导学生利用提供的实验材料,自行设计实验,对所做的猜想或假设进行验证。在实验中,鼓励学生标新立异,对同一问题从多角度、多侧面设计方案。如在《凝结》一课,

为了验证"水蒸气是在遇冷还是在遇热的条件下形成的小水珠"这一问题，同学们经过分组实验，设计了如下方案：

（1）找一块湿布，上面同时摆放一个冷铁筒和热铁筒，过一会儿，冷铁筒外面有许多水珠，热铁筒外面没有小水珠，实验证明水蒸气遇冷形成小水珠。

（2）找两个相同的玻璃杯，里面倒入同样多的温度相同的热水，同时向两个杯口盖上热玻璃片和冷玻璃片，结果只有冷玻璃片有小水珠，这个实验也证明水蒸气遇冷形成小水珠。

又如《水的浮力》一课，围绕"如何让下沉的橡皮泥浮上来"这个问题，同学们利用手边的材料，大胆尝试，自主实验，设计出了种种方案，如捏成船形，放在泡沫板上，捏成空心球等。另外，还有一位同学别出心裁，提出向水中加盐的办法，实验效果也较为理想，显示了其思维的独创性。从上面的实验中，可以看出，这种种方案就是同学们创造性思维之花结出的累累硕果！

4. 组织讨论交流，培养创新思维

讨论是语言的交流，是思维的碰撞。在不受任何限制的情况下，讨论能激发人的热情，人人自由发言，互相影响，互相感染，形成的热潮可以突破固有观念的束缚，最大限度地发挥创造性思维。

如《彩虹》一课，教师提出问题：同学猜想一下，彩虹的形成与什么有关呢？开始同学们发言积极性不高，于是我让同学分组讨论，大胆谈出自己的想法。不一会儿，各小组的讨论激烈起来，有的说彩虹的形成与太阳有关，有的说彩虹的形成与雨有关，于是，有人反驳说，太阳天天有，为什么彩虹不常见呢？有的说雨常常有，为什么没有彩虹呢？又有人说彩虹的形成与雨和太阳有关，于是又有人反驳说，前几天，天空既没有太阳又没有下雨，为什么天空有彩虹呢？接着又有人反驳说，那天天空虽然看不见太阳，但阳光可以通过乌云反射过来，天空中虽没有下雨，但那天天气很冷，高空中可能有许多小水珠。经过一番讨论，大多数同学取得了一致意见：彩虹的形成与阳光、水珠有关。真是一场精彩纷呈的

辩论会，讨论开启了学生智慧的大门，提供了知识互补、相互完善的机会，讨论是同学们创造性思维之花的竞相开放！

5. 放飞想象翅膀，拓展创新空间

爱因斯坦说："想象力比知识更重要，因为知识是有限的，而想象力概括着世界上的一切，推动着进步，而且是知识进化的源泉。"科学课的教学如果只停留在结论的获得上是不够完美和深刻的，教师还要深挖教材以外的创造因素，放飞学生想象的翅膀，让他们自由地探索科学的奥秘。例如在《摩擦力》一课教学的最后环节，我给同学们提出了一个富于思考性的开放性问题：如果没有摩擦力，世界会怎么样？同学们思考后进行了大胆的设想，有的说："没有摩擦力，我们就不能写字，也不能用橡皮改正错误。"有的说："如果没有摩擦力，我们就无法走路，用手拿东西也非常困难。"有的说："没有摩擦力，塑料尺就不能和头发产生静电，它也就不能吸引轻小物体。"有的说："没有摩擦力，流星就不能在天空和大气中迸发出火花。"有的说："如果没有摩擦力，汽车、火车根本就无法停下来，交通事故就会频繁发生，整个世界就会乱作一团。"我随即表扬了这位同学的大胆想象，正想做一下小结来结束本课的教学。忽然又有人站起来反驳："如果没有摩擦力，汽车、火车根本就跑不起来，交通事故又怎么会发生呢？那样，整个世界就会处于瘫痪状态。"于是双方同学开始争论起来，谁也不服气。仔细想来，两位同学的想象、推理都是合乎道理的，但为什么正确的想象和推理会得出不同的结论呢？在老师的引导下，同学们又经过深入思考，终于认识到两个推导的前提是不一样的：前一个推导的前提是，物体（汽车、火车）在开始时是运动的，后一个推导的前提是，物体（汽车、火车）在开始时是静止的。此时，我和同学们共同享受到了成功的喜悦。我想，在学生们的这些大胆想象之中，无疑渗透着牛顿的惯性定律（一切物体在不受任何外力作用下，永远保持匀速直线运动状态或静止状态）的思想，也许我们的学生早出生几百年，也是像牛顿、哥白尼一样的大家呢！

6. 开展逆向思维，拓展思维空间

在自然界的许多事物和现象中，往往都具有正反两方面的意义。因此认识事物和解决问题的思维与方法也就不应该是单方向。事实证明，从事物的相反方向去思考和寻找方法，常常会达到出奇制胜的功效。例如《昆虫》一课教学中，同学们经过自主学习，得出了结论："凡是益虫我们应该坚决保护，凡是害虫我们应该坚决消灭。"但有的同学却独辟蹊径，提出了不同看法："如果把害虫全部消灭了，那么对于我们人类和它的宠儿——益虫有什么好处呢？到那时候，益虫会不会饿死呢？如果益虫不会饿死，它又会以什么为食物呢？"又有一位同学说："以苍蝇为例吧，苍蝇是公认的带菌者，但为什么苍蝇整天生活在肮脏之处而自己却不受细菌的侵害而得病呢？可见它有极强的抗病能力，一旦这种能力被人们所认识并利用，那么苍蝇会身价百倍。"学生的想法多么巧妙而富有创造性，他们的许多想法真是出乎老师的意料。又如，噪声能不能给人类带来好处？能不能利用噪声发电？垃圾弃置不用，能不能"变废为宝"？如果能，需要什么条件？这样的思维真是标新立异、独具匠心！

有人说，传统的教学使我们中国可以拥有上万甚至上亿台电脑，但却永远只能购买比尔·盖茨的软件。这句话让我们陷入了深深的思考，因此，加快培养具有创新精神和创造能力的高素质人才，已成为我们在未来竞争中赢得主动权、抢占制高点的关键。学习贵在创新，老师的责任就在于充分发挥学生主体作用，通过各种方法和途径来培养学生良好的思维个性和创新能力。如果我们真正脚踏实地去做了，那么我们的教育一定有一个更加光明的未来。

（本文发表于国家级刊物《现代基础教育研究》）

精彩的导入是成功的起点
——科学课导入法

俗话说：好的开头，是成功的一半。特级教师于漪说过："上课伊始，就要把学生牢牢吸引住，这好比歌手定调，第一个音定准了，就为后面的演唱奠定了良好的基础。"重视科学课的导入，对上好一节科学课起着举足轻重的作用。下面，笔者根据自己的教学实践，谈谈自己的看法。

1. 名言导入法

名人名言含义隽永，寓意深刻，恰当地使用，会收到意想不到的教学效果。如《变化的世界》一课的教学导入：

出示名言：人不能两次踏入同一条河流。

师：谁来说说这句名言的含义？

生：河水是不断流动的。

生：河水是不断运动变化的。

师：自然界还有哪些变化现象？

生：有风吹来了，冰雪融化。

生：月亮变圆，人在长高。

……

师：说得好，这节课我们来学习《变化的世界》一课。

（教师板书，揭示课题）

2. 谜语导入法

谜语是中华民族的艺术瑰宝。谜语以它的思考性、知识性、趣味性，受到了学生们的喜爱。当学生听到猜谜语时，马上会集中注意力，积极思考，踊跃发言。如《奇妙的护身术》一课，教师先请学生猜谜语："四肢短短，身体扁平，墙上爬行，专吃蚊蝇，尾巴易断，断了再生。"学生积极开动脑筋，争先恐后地说："是壁虎。"

师：壁虎受到敌人的攻击，为什么要常常断掉自己的尾巴？

生：因为壁虎要逃跑，这是它保护自己的方法。

师：好！今天我们就来学习《奇妙的护身术》。

3. 诗词导入法

诗词是一种精练、生动、优美的艺术形式，学生喜爱朗读、背诵。教师利用学生熟知的诗词导入新课，既可以增强学习的趣味性，又可以促进学生的科学学习。如《奇妙的护身术》一课的教学导入：

师：杨万里是宋代的大诗人，谁来背诵一下他的《宿新市徐公店》？

生：篱落疏疏一径深，树头花落未成阴。儿童急走追黄蝶，飞入菜花无处寻。

师：为什么黄蝶飞入菜花中，儿童就难以找到它的踪影了呢？

生：因为菜花长得很茂密。

生：因为黄蝶的花纹颜色与菜花的颜色非常接近，所以就不容易被发现。

师：说得好！和蝴蝶一样，许多动物的身体颜色都和周围的环境非常一致或相近，我们把动物的这种特征称为保护色，这正是我们今天要学习的《奇妙的护身术》。

在本课导入中，根据教学实际，把与科学有关的诗句让学生背诵、思考，学生兴趣极为浓厚，思维异常活跃，为下一步教师揭示保护色的概念和整个教学活动打下了坚实的基础。

4. 就地取材法

科学无处不在，科学就在我们身边。充分利用身边的物体或材料，随手拈来，进行演示或实验，常常会收到出奇制胜的效果。如《推和拉》一课，教师走进教室后，轻轻把门关上，然后故意又打开门，再重新关上门，师生问好后，教师提问："进教室时，老师做了什么动作？"一位同学回答："老师把门关上了。"这时有许多同学举手，认为他说的不准确，其中一位同学说出了教师关门开门的一连串动作。教师继续提问："在关门、开门的动作中，老师用了什么力？"学生回答："关门用的是推力，开门用的是拉力。"教师表扬了他，并且说："下面就让我们集中注意力，一起步入科学殿堂。"就这样，在下面的科学学习中，同学们都能全神贯注，学习热情十分高涨。又如《蒸发》一课，一上课，教师用湿布在黑板上写了一个大大的"水"字，请同学们仔细观察。一会儿，教师提问：你看到什么现象？学生回答："水慢慢减少，最后消失了。"教师问："水跑到哪里去了？"学生回答："水跑到空气中去了。"一个简单的小实验，顺利地导入了新课。像这样的导入，就地取材，简便易行，既能吸引学生的注意力，又能使学生学到知识，还能深刻地教育学生，真可谓是一举多得。

5. 实验导入法

实验是科学探究的基础。利用科学实验导入新课，可以更好地唤起学生的注意，引起学生的思考，从而产生强烈的求知欲望。比如《空气占据空间》一课的教学是这样导入的：

师：元旦快到了，同学们都要在教室里悬挂一些气球，教师这里有一个气球，谁能把它吹大？

（一位学生到前面来演示，很轻松地把气球吹大。）

师：老师这里有一个大饮料瓶，将气球放进瓶里，把气球口套在瓶口上，用力向气球里吹气，猜一猜，会出现什么现象？

生：气球也能吹大。（同学们异口同声地回答）

师：好！下面继续请这位同学演示。

（学生用力吹气球，吹了好几次，均未成功。咦，这是怎么回事呢？学生陷入了深深的思考。）

师：奇怪吧！通过今天的科学学习，我们将揭示其中的奥秘！

通过这样的实验，学生的前后认知产生了极大的矛盾冲突，正是这种矛盾冲突，使学生陷入了欲罢不能的境地，从而带着大大的问号进入下面的教学中。

6. 游戏导入法

游戏是儿童的乐园，利用游戏导入新课可以活跃课堂气氛，激活学生的思维，从而让我们的课堂妙趣横生。如《变色游戏》一课的导入：

师：同学们，美丽的自然隐藏着许多秘密，要探索更多的奥秘，下面我们先来做个小游戏。

师演示：先将一张白纸贴在小黑板上（白纸先用淀粉液写"变色游戏"四个字），再把小黑板挂在黑板正上方（无字），这就是我们今天的学习课题（给学生一个悬念），你们知道是什么课题吗？同学们回答：不知道。老师使用一个装碘酒的喷雾器对着白纸喷洒几下，白纸上会出现蓝色的字体：变色游戏。此时学生轻松回答出今天的学习课题：变色游戏。学生被这种神奇的现象所吸引，于是立刻精神抖擞，兴致勃勃地投入下面的学习之中了。

7. 出其不意法

兵法曰：攻其无备，出其不意。在科学课上运用出其不意法，就是要根据学生的心理，如"思维定式""人云亦云"（从众心理），反其道而行之，在教学中故意设置错误，让学生自由辨析，识别真伪，然后自我反省，从而牢固地掌握新知识。

使用此法，常常会收到出奇制胜的效果，如《电磁铁》一课的导入：

师演示：把一个长导线朝一个方向绕在铁钉上（导线未接电源），接近大头针，提问：想想看，会出现什么现象？

生：会吸引大头针。

生：大头针会吸起来。

生：我也同意这个说法。

……

生：这个装置不能把大头针吸起来，我认为导线两端应接在电池正负极上，它才能吸引大头针。

这时，老师按照前面所说的和最后一名同学所说的，分别去演示，实验结果证明了最后那位同学的说法。此时，许多同学惊呼"上当"，同时也认识到，不认真观察和思考，得不到正确答案；自己不动脑筋，人云亦云，同样不能得到正确答案。

在上述导入中，老师故意设个"圈套"，让同学们在"圈套"中认识科学现象，这既有利于培养学生思维的严密性，吸引学生的注意力，又有利于使学生养成实事求是的科学态度，同时也有利于纠正学生人云亦云的不良习惯，真可谓一箭多雕。

8. 故事导入法

故事是学生百听不厌的形式，把蕴含着科学道理的小故事讲给学生听，能有效地调动学生的学习积极性，使学生全身心地投入教学活动中去。下面是《颜色与吸热》的导入：

师：老师先来讲个故事：1903年，"高斯号"轮船为了探索人迹罕至的南极洲，驶进了南极，不巧正遇上大风雪，这艘船被冻结在茫茫的冰雪里，进退不得，船上的人非常着急，他们绞尽脑汁想出了许多办法来破冰。同学们想一想，如果是你在船上会怎么做呢？

生：用石头砸开。

生：用大刀砍。

生：用火烧。

生：用地雷把冰炸开。

……

老师接着讲：他们试了许多像你们所说的办法，但都失败了。最后他们把收集到的黑灰和煤屑铺在冰面上。从轮船边上铺起，一直铺到最后的一条冰的大裂缝上，约2000米长、10米宽，在阳光的照射下，撒有黑灰和煤屑的冰渐渐融化了，"高斯号"终于脱险了。这是为什么呢？通过这节课的学习，我们将破解其中的奥秘！这时，同学们脑子里带着巨大的悬念，兴趣盎然地进入了下面的教学中。

用生动曲折的故事导入新课，新颖别致，引人入胜，令人百听不厌！

（本文发表于《科学课》2006年第7期）

尝试把科学课上得有哲学味

存在的才是物质的

——物质的客观实在性

教学案例：

科学课上，我提问："在我们的周围有许多物体，随便说几种？"

周娜站起来说："有房子、树木、石头、高山。"

"可以随便列举，我们周围有什么就说什么。"我提示说。

"有桌子、椅子、书本。"可能是觉得问题太简单，也可能是另有考虑，贾艳丽同学说了几句就停止了。

"大胆地说，只要是能看到的东西，不管是什么都可以回答。"

"有墙、水管、窗户、石头、土、木头、树木、……"贾爱静无所顾虑，一口气说了很多。

"思维很流畅！希望其他同学也要大胆发言！可以往更远的地方想想！"

"有月亮、太阳、星星……"同学们又列举了很多。

"还有我们用肉眼看不到的，但实际上是存在的。"

"有细菌、病菌等我们看不到的微生物。"

"有金字塔、干尸、木乃伊。"

"老师，还有玉皇大帝、七仙女。"

"说得好！我们肉眼直接观察到的或者观察不到的，但实际上客观存在的东西，都是物质。因此，我们说世界是——"

"物质的！"同学们齐声说。

"那玉皇大帝、七仙女、鬼神是物质的吗？"有的同学提出疑问。

"不是，因为那些东西根本不存在！"

"老师，飞碟、UFO是物质的吗？"

"我想，飞碟、UFO如果是一种实际存在的东西，那它就是物质的。"

"外星人是物质的吗？"不知是谁冒出了一句。"

"我认为它是物质的，因为电视上说有人看见过它。"

"大家要开动脑筋，大胆表达自己的观点。"我鼓励说。

"老师，我也看过电视，电视上说，还没有哪个地球上的人真正看到过外星人！"

"说得有道理！外星人是否存在，现在还不能确定，因为人类现在还没有拿出相关的证据能证明外星人的存在，因此我们还不能认为外星人是物质的。"我最后解释说。

教学思考：

世界是物质的，是不依赖于人的意识而存在的客观实际，这是唯物主义思想的一个重要观点。教学中的"物质"和哲学中的物质既有联系，又有区别。比如学生列举的桌子、椅子、书本这些我们看得见的东西是物质，同时还有我们的肉眼看不到的物质，比如细菌、病毒等也是物质。

教学中，我并没有满足于学生理解普通的物质概念，而是还引领学生把思维的触角引向深处。比如学生想到的"玉皇大帝""七仙女""鬼神"……这些都是人们想象的产物,它并不是客观存在的,因此这些都不是物质的。

外星人是物质的吗?这个问题提得非常好,因为到现在为止,还没有任何科学证据表明外星人是存在的,所以我们不能认为外星人是物质的。在教学中,让学生自由辨析,大胆想象,不仅仅使学生理解了科学课中"物质"的概念,同时渗透了"世界的物质性"这一基本的唯物主义思想。

冰在什么情况下变成水?
——矛盾转化的条件性

教学案例:

三年级的科学课上,我提出问题:"冰在什么情况下变成水?"

同学们思考后纷纷举手:

"把冰放在太阳底下晒。"

"也可以用手捂,使它融化。"

"也可以把冰放在暖气片上,一会儿冰就会融化。"

"老师,也可以把冰放在热水里。"

可能是由于问题的难度不大,所以同学们思维异常敏捷,想出了许多好办法。我继续提问:"这些方法都很好。还有其他方法吗?"

"老师,我认为把冰放在冷水里,冰也可以融化。"孙伟同学提出了与众不同的方法。

"他说的方法正确吗?"

"正确!"同学们异口同声地说。

"老师,我觉得他说的不全对!"张媛同学提出了反对意见。

"说说你的想法?"

"比如在寒冷的冬天，把冰放在冷水里，如果气温在0℃以下，冰就不会化成水！"张媛同学说出自己的理由。

气温在0℃以下，不是冰要化成水，而可能是水要结成冰了，张媛同学的观点显示出她思维的深刻！

"她说的有道理吗？"我问另一位同学。

"有道理！"

"说说你思考的理由？"

"因为水在0℃以下会结冰的，所以在这个温度，冰不会再化成水了！"

"完全正确！老师非常欣赏你这种善于思考的科学态度！确实冰在温暖的环境里会变成水，冰在较冷的环境下也会变成水。但是，世界上任何事物的变化都是在一定条件进行的，当条件改变到0℃以下时，冰就不再变成水了！"我总结说。

教学思考：

冰在受热的条件下会熔化变成水，这是毫无疑义的。把冰放在冷水里会化成水，这也是正确的。但是如果周围的温度继续降低，降到0℃以下冰就不再化成水，而是水结成冰。世界上任何事物的变化都是相对的，当条件发生变化时，事物的变化也会跟着改变。

一棵玉米秸结十个玉米棒
——坚持一切从实际出发

教学案例：

三年级的科学课上，我让同学们用文字和图画将一棵熟悉的绿色植物一生的生长变化画下来，画完后，同学们开始展示并介绍自己画的作品。在魏新同学展示自己的玉米生长图画时，同学们发现，他画的快要成熟的玉米秧苗结出了四个玉米棒，成熟的玉米秸结出了十个玉米棒。于是我对同学们说："谁来评价一下他画的玉米生长过程？可以从优点和不足两方面去评价！"

"老师，我从缺点方面去说吧！玉米秸上结出十个玉米棒，这实在太多了！这实在不符合实际情况，一般成熟的玉米只结一两个玉米棒，而能结出三个玉米棒的都很少！"张媛同学说完，全班同学哈哈大笑起来。

此时魏新同学低下了头，为了防止他的自尊心受到伤害，我说："那我们来说说其中的优点吧！"

"优点是他画的玉米棒很好，和真实的一样。"一位同学评价说。

"你说得很正确！魏新画的的确很形象，但是科学要讲究实事求是，魏新画的这么多玉米并不是生活中的真实情况。当然，一棵玉米秸结十个玉米棒可能是他理想中的结果，虽然现在一棵玉米秸不能结这么多玉米，但随着科学技术发展，未来一棵玉米秸结十个玉米棒也是完全有可能的！"我解释说。

教学思考：

一切从实际出发是唯物主义哲学的一个最基本的观点和原则，也是我们做任何事情、看任何问题的基本原则和方法。在实际生活中，一个玉米秸上结 10 个玉米棒，这在现实生活中是没有的，所以我们要教育我们的孩子实事求是，一切从实际出发，而不能主观臆测，凭空想象。当然，在教学中，教师在否定学生的观点的同时，也站在发展的角度，教育学生要用发展的眼光来看待这个问题，不但维护了学生的自尊心，也使得整个科学教学获得了升华。

鸡蛋为什么不能孵出小鸡

——外因只能通过内因而起作用

教学案例：

科学课上，同学们认识了动物的卵，了解了小鸡的孵化过程，我提出了一个富于思考性的问题：有一个鸡蛋在温度、湿度等环境十分适宜的情况下，过了21天还是没有孵出小鸡，这是为什么？同学们思考后纷纷举手回答。

"老师，我觉得它是一个废蛋。"张苏天同学回答。

"什么是废蛋？"

"就是不能孵出小鸡的那种蛋。"

"为什么不能孵出小鸡？"

这样一问，张苏天同学不能回答了。

"再仔细想一想，谁能说出？"我继续激励着说。

"老师，这是一个煮熟了的鸡蛋。"田盼同学回答。

"煮熟的鸡蛋，确实不能孵出小鸡，但我的问题前提是，它是一个好蛋，并没有被煮熟。"

我刚刚说完，同学们哈哈大笑起来。

"老师，那是温度不够吗？"

"不是，温度是非常适宜的。"

"老师，是周围条件不适宜吗？"

"不是，周围条件也是很适宜的。"

那是为什么呢？同学们陷入了深深的思考。

"老师，我们明白了，这个下蛋的鸡没有和公鸡交配过。"田野同学站起来说。

"恭喜你，答对了！换句话说，这个鸡蛋是一个没有受过精的鸡蛋。"我解释说。

"哲学上讲，内因是变化的根据，外因是变化的条件，对于一个质量好的鸡蛋来说，如果没有适宜的温度等外界条件，鸡蛋是不能孵出小鸡的；但是，如果外界条件适宜，但它是一个没有受过精的鸡蛋，即鸡蛋本身出了问题，它同样不能孵出鸡蛋来。"我最后总结说。

教学思考：

"鸡蛋为什么不能孵出小鸡"这是一个非常有价值的科学问题，也是一个非常富于思考而且有意义的哲学问题。我们都知道，一个质量好的鸡蛋经过21天（左右），在外界温度、湿度都非常适合的条件下，是可以孵出小鸡的，这是鸡蛋的内因、外因共同作用的结果。一个好的鸡蛋，本身质量好，具有孵出小鸡的内部条件，即具备孵小鸡的内因，但是如果外界条件不适合，比如温度不够，鸡蛋也是不能孵出小鸡的。如果当温度等外界条件适宜的情况下，如果鸡蛋本身出了问题，比如鸡蛋未受精等，鸡蛋也是不能孵出小鸡的，因为鸡蛋不具备孵小鸡的内部条件。

世界上没有两片完全相同的树叶

——矛盾的特殊性

教学案例：

师：除了插图里的植物种类，我们还知道哪些常见的植物？

（学生列举。）

师：为了更好地研究这些植物，我们能不能用一定的标准给这些植物分类？

生：可以分为草和树。

师：你是根据什么标准分类的？

生：可以根据茎的软硬来分类，草的茎比较纤细、柔弱，而树的茎比较粗壮、坚硬。

师：你们还可以用哪些标准来分类？

生：根据生长环境的不同可以分为水生植物和陆生植物。

生：喜阴的和喜阳光的。

……

师：分类方法和独特！还有吗？

生：叶子现状不同，有圆形叶、心形叶、针状叶。

……

在我的引导和激励下，同学们想出了许许多多不同的分类标准，此时还有许多同学在举手，他们边举手边说："老师！我还有更新颖的分类标准！"看样子，让学生继续说下去，就是说一节课也说不完，这样的话，本课的教学任务就无法完成。如果不让学生说下去，学生的学习热情会就此打消，怎么办呢？我思考着，忽然我灵机一动，对学生说："如果我们继续说下去，我们可以说两天，也说不完，你们知道这是为什么吗？"

"植物多种多样！"

"每一种植物都是独一无二的个体！"

"同学们说得都很有道理！"我表扬说，随后我给同学们讲述了德国哲学家莱布尼茨的故事：有一位德国的哲学家，名叫莱布尼茨。据说，他曾给当时的国王讲哲学。莱布尼茨说："世界上没有两片完全相同的树叶。"国王不相信，就吩咐宫女们，到后花园去找"两片完全相同的树叶"。结果，不用说，宫女们折腾了半天，一个个空手而回。是啊，别看一片小小的树叶，如果细细研究起来，它所具有的属性，同样是无穷多的：长短、宽窄、厚薄、颜色、色彩的浓淡、边缘的锯齿形状、中间的脉络走向……其中的每一种属性，都可以再细分出许许多多种。要想找出两片完全相同的树叶，他们各自无穷多的属性完全吻合，显然是不可能的。因此，我们在给这些植物进行分类时，会找到无数个标准！世界上没有两片相同的树叶,世界上也就没有两棵完全的植物,也正因为如此,世界上才有如此多与众不同的个体,我们的世界才如此生动和美丽!我在讲解和分析的过程中,声情并茂,富于激情!

此时的实验室可以说是鸦雀无声,同学们听得似乎入迷了。

教学思考:

给一些植物进行分类,是本课的一个难度并不大的问题。在老师激励下,同学们也找到了许许多多的分类标准,此时学生思维活跃,学习热情高涨。此时,如果让学生继续说下去,教学任务无法完成;如果就此停止,学生的创造性思维的火焰就此熄灭。课堂上,教师充分利用教学机智,用一个"莱布尼茨"的故事,不但让问题迎刃而解,而且使一个简单的教学问题(植物分类)上升到了哲学的高度("世界上没有两片完全相同的树叶"是一个哲学命题),这样就使科学教学得到了升华。

塑料花可以代替水草吗
——内容决定形式

教学案例:

五年级的科学课上,同学们讨论完制作生态瓶的方案后,纷纷交流自己的制作方法。有的同学提出,可以在塑料桶里种上几棵水草,在水面上放些浮萍……正说着,有同学说:"到哪里去找水草呢?"有同学说:"可以到河边去捞。"有的同学说:"这样太危险了!"但有的同学说:"可以让家长或者老师带着去!"我点了点头。这时,忽然有位同学提出自己的方法:"我们可以找塑料花代替吗?"塑料花当然是不可以的,可是我并没有把自己的观点和意见和盘托出,而是反问同学们:"大家好好想一想,塑料花可以代替水草吗?"

同学们纷纷举手，有的同学说："塑料花并不能代替水草，因为塑料花虽然有花，有绿叶，但是它并没有生命力！"

"真是一语中的！"我表扬说。

"老师，塑料花虽然外形和植物一样，但是它不能吸收水分和养分，也不能制造氧气，它不具有植物的功能。"

"塑料花虽然也是花，但它不能进行光合作用！从实质上说它是塑料，并不是绿色植物！"

"说得非常深刻！"我极力表扬着。

但是也有同学提出了这样的建议："可以在生态瓶里放些水草，再放些塑料花，这样水草可以发挥植物的功效，塑料花可以让生态瓶更漂亮，不是可以取长补短吗？"

这个建议听起来似乎有些道理，但还是有同学提出了反对意见："塑料花放在水里，往往会分解出一些有毒的东西，这样不利于鱼和水草的生存！"

"说得非常有道理！"我说，"塑料花虽然也是花，但是它只具备花的形式，不具备花的内容，所以它没有任何生命力！因此，它不能在生态瓶里充当绿色植物！我想，我们做人或者做任何事情，都不能像塑料花那样，只具有漂亮的外表，而不具有任何实质性的东西！"

教学思考：

辩证唯物主义认为：世界上任何事物都是内容和形式的统一体，内容决定形式，形式对内容有反作用。在生态瓶中放些水草，有利于鱼的生存，因为水草属于绿色植物，它具有植物的本质特征，如光合作用等。而塑料花只具有漂亮的外表（植物的形式），它并不具有任何植物的本质功能（植物的内容），所以把它放在水里充当植物当然是不合适的。在教学中，围绕"塑料花可以代替水草吗"这一问题进行讨论，教师及时评价总结，使科学课有了新的味道。

如何看待益虫和害虫

——用全面的观点看问题

教学案例：

"昆虫"一课教学中，同学们经过学习，得出了结论："益虫就是对我们人类有益的，害虫就是对我们人类有害的，因此，凡是益虫我们应该坚决保护，凡是害虫我们应该坚决消灭。"

我问："难道益虫就是完美无缺的，而害虫就是一无是处的吗？"

于是有的同学开始独辟蹊径，提出自己的看法："益虫也不完全对我们人类有好处，比如蜜蜂是益虫，但是蜜蜂却在我们教室外面的墙上筑起了巢，蜜蜂在教室前面飞来飞去，有时候蜜蜂还会蜇人，这让我们非常害怕。"

有的说："如果把害虫全部消灭了，那么对于我们人类和益虫有什么好处呢？到那时候，益虫吃不到害虫，它会不会饿死呢？如果益虫不会饿死，它又会以什么为食物呢？"

又有一位同学说："以苍蝇为例吧，苍蝇是公认的带菌者，然而为什么苍蝇整天生活在肮脏之处而自己却不受细菌的侵害而得病呢？可见它有极强的抗病能力，一旦这种能力被人们所认识并利用，那么苍蝇会身价百倍。"

接着我又提出如下问题："蝴蝶是益虫还是害虫？"有的同学说："是益虫，理由是蝴蝶会传播花粉。"

我反问："蝴蝶在任何时候都是益虫吗？"

同学们经过思考认为："蝴蝶在生长过程中要经过毛毛虫阶段，而毛毛虫吃植物的叶子，因此这时它对人类又是有害的。"

通过对昆虫正反两方面的思考，同学们对昆虫有了更全面、深刻的认识。

教学思考：

世界上任何事物都具有两重性，对于昆虫的认识也是如此。如果只从"有益""有害"单方面去思考，得出的结论往往是狭隘的、片面的，教师有意识地引导学生对昆虫进行全方位、多角度的思考与分析，引导他们提出了许多富有创造性的观点，并且润物无声地渗透了"两点论"的哲学思想。

（本文发表于《科学课》2012年第4期）

随机应变　出奇制胜
——例谈科学课的灵活导入

科学课的导入方法很多，教师如果能结合教学实际情况，随机应变，独辟蹊径，使用新颖奇特的导入方法，就会收到出奇制胜的教学效果。

方法一：让学生来画画

(《小池塘 大世界》一课教学引入。)

师：说说自然界里存在哪些食物链？

生：鹰吃蛇，蛇吃老鼠，老鼠吃庄稼。

……

师：仔细观察书中的池塘剖片图，说说池塘里面有哪些生物？

生：有鱼、鸭子、大鱼、水蜗牛，还有水草、荷花……

在我课前的预设里，本想在学生回答的时候，自己同步在黑板上画出一幅池塘图，这样做也便于学生观察和理解本课的教学内容。但就在自己想在黑板上板画的时候，我突然意识到，自己画画水平有限，且画出一幅池塘图要花费大量的时间，结果一定会得不偿失。

怎么办呢？此时，我灵机一动，许多学生画画水平很高，每人画一幅图，组合起来不就是一幅池塘剖面图吗？于是我把这个问题交给学生，请几位同学来到黑板前画水中的生物，他们配合得非常密切，画得也特别认真。由于人多，不一会儿，他们分别画出了水草、小鱼、小虾、鸭子、水蛇、浮萍等许多生物，有的动植物甚至是书本里没有的。就这样，一幅栩栩如生的池塘画面呈现在同学们面前。看到大家的精彩表现，我激动地说："你们画得真是太出色了，老师也自愧不如啊！希望同学们在下面的学习中更上一层楼！"果然，在下面的学习中，同学们更加积极主动，课堂气氛十分活跃，教学效率很高。

教学思考：

在以上导入环节中，教师根据实际情况，果断抛弃了原来预设中教师板画的环节，而是让学生板画，这不仅弥补了教师画画水平有限的不足，还极大地激发了学生的学习热情，提高了教学效率，为后面的学习打下了坚实的基础，达到了出奇制胜的教学效果。

方法二：让学生来歌唱

一次我给六年级上科学课，上课铃声刚刚响完，突然传来了其他班级音乐课上学生演唱的歌曲《同一首歌》，许多同学开始侧耳倾听，为了改变这种注意力不集中的局面，我开始了如下导入：

（《动物与能量》的教学导入。）

师：听到了其他班同学优美的歌声，我也被深深吸引住了！不知道咱们班谁能唱《同一首歌》？

（同学们都用手指向了袁扬硕，她站起来为同学们演唱，优美的歌声吸引了本班同学，唱完后，同学们报以热烈的掌声。）

师：想一想，当同学们在唱歌时，包含着什么科学道理？

（问题提出后，同学们似有所悟，纷纷举手。）

生：人唱歌时，是声带产生了振动而发出了声音。

生：人在唱歌时需要消耗能量。

师：说得真好！人在唱歌时的确要消耗能量，思考一下，你还知道人或动物的哪些活动需要消耗能量？

（学生列举，如体育活动、读书写字、动物寻找食物、母鸡下蛋等。）

师：这节课，我们就来认识动物是如何获取能量的。

教学思考：

我在教室上课时，听到了其他班同学正在演唱《同一首歌》，当时我就想，班上一定有许多同学听到了，一看，果然好多同学走了神儿。如何改变这种不利的局面，变被动为主动呢？我想，唱歌也是一种消耗能量的一种活动，如果利用歌唱的方式来导入新课不是可以一举两得吗？事实证明，效果极佳，同学们的学习热情非常高涨，精神非常振奋。虽然同学们最初并没有理解老师的意图，但随着课堂活动的进行，同学们恍然大悟。这样新奇的导入方法，在不知不觉中就达到了出奇制胜的教学效果。

方法三：让学生骑自行车

那天是上《自行车上的简单机械》一课。应该说，这节课内容并不复杂，也并不难上，但是要想把本节课上得精彩，使教师和学生都满意却并不容易。如何导入呢？过去上本课时，我通常用下面的导入：

师：自行车是简单、方便、环保的交通工具，很多人都喜欢使用它。说一说，自行车上有哪些简单机械？"

这样导入，看上去是开门见山，直接切入了主题。但从教学效果上看，平平淡淡，非常一般。如何让这节看似普通的课上得不同寻常呢？我开始思考起来，提前搬一辆自行车吧，作用似乎不大，我不断思考着。

快上课时，看到同学们陆陆续续走进实验室，我计上心来：

师：（对进入实验室的同学）老师教给你们一项重要的任务，你们能完成吗？

（同学们异口同声地说："能！"）

师：给你一把车钥匙，谁能把我的自行车骑过来？

话刚说完，立刻有许多同学举起了手，接着又有许多同学把手放下了，可能是担心不能完成这个任务吧！我问王海山同学："你能完成这个任务吗？"王海山肯定地说："能！"

随后，我把钥匙交给了王海山同学，他拿着我的钥匙，飞快地跑了。不一会儿，王海山骑着我的自行车，来到了实验室门口。王海山问："老师，我可以骑进来吗？"我说："可以。"

王海山觉得有些不好意思，便把自行车推进了实验室。这时，全班同学都哈哈大笑起来。此时同学们都觉得把自行车弄到实验室不可思议，也许大家还没有理解老师的意图，于是我开始了本课教学。

师：王海山同学圆满地完成了老师交给的任务——推来了自行车，他的勇敢、自信和留心观察周围事物的科学态度值得我们每一位同学学习！

（此时，教室里想起了热烈的掌声，课堂气氛极其活跃。）

教学思考：

提前准备一辆自行车，直观形象，充当一份教具，意义仅此而已。但让学生推来自行车，就具有了一定的挑战性。比如学生需要考虑，教师骑的自行车是什么样的？我平时是否留心观察过？如果没有留心观察过，我用什么办法把自行车推过来？我有没有信心把老师的自行车骑过来？因此，让学生做这件事，既是对学生勇敢、自信等心理素质的考察，又是对学生机智灵活处理事务能力的锻炼，同时也为本课教学准备了一件重要的教具，真是一举多得！

方法四：让学生来计算

（《地球绕着太阳转》一课导入。）

师：人们梦想在太空旅行，欣赏宇宙的奇观。其实，我们自己就是太空旅行者，我们乘坐的"宇宙飞船"不是别的，就是地球。地球以大约每秒 30 公里的速度，携带着我们高速飞驰，这个速度比杨利伟乘坐的飞船速度还要快。

（同学们听了我的讲述，都感到很惊讶。）

师：毛主席有句诗叫做"坐地日行八万里，巡天遥看一星河"。这告诉我们，地球每天运行 8 万里，和每秒 30 公里的速度相比，想一想，两个不同的速度哪个快？

（学生开始思考，接着进行计算、汇报计算结果。）

生：毛主席说的地球速度是约 0.46 千米/秒。

生：地球 30 千米/秒的速度快。

师：你知道同一个地球为什么会有不同的速度吗？

学生继续思考，作出许多猜想，最后终于有同学反应过来：这里的速度一个应该是地球的自转的速度，一个应该是地球的公转的速度。老师给予确认后，大家豁然开朗。

教学思考：

本课的这个教学引入，耐人寻味，也取得了较好的教学效果。为什么呢？首先教师避开了常规的导入方法，以"我们自己就是太空旅行者，以大约每秒 30 公里的速度高速飞驰"和"坐地日行八万里"的视角导入，独辟蹊径，给同学们一种耳目一新的感觉，大大激发了学生的思维，吸引了学生的注意力。

同一个地球，两种速度，哪个大，哪个小？学生会觉得非常新鲜。同一个地球为什么会有两种速度？这个问题又将同学们陷入了欲罢不能的思考境地，当同学们终于思考出"地球不同的速度"，是由于地球自转和公转的结果，获得了一种"痛苦思考"后的幸福感和愉悦感。

（本文发表于《科学课》2009 年第 9 期）

将故事引入科学课堂

故事是学生百听不厌的形式,把蕴含着科学道理的小故事引入科学课堂,可以有效地激发学生的学习兴趣,吸引学生的注意力,引发学生思考,并且潜移默化地给学生以智慧和启迪。下面笔者根据自己的教学经验谈一谈这方面的体会。

1. 引出课题,激发兴趣

精彩的导入,是成功的起点。在教学的导入环节恰到好处地引入故事,会一扫科学课堂的沉闷氛围,激发起学生的好奇心和求知欲,为整个科学教学定下良好的基调。比如《它们放到水里会怎么样》一课,我是这样引入的:

师:同学们,你们喜欢听故事吗?

生:喜欢!

师:好!请同学们认真听:从前有一头驴子,一次它驮着几袋子盐过河,不小心跌倒在河里,当它站起来的时候,觉得身上轻松了许多,于是后面的路程它走得很快。还有一次,它驮着几袋沙子和面粉同样过这条河,由于有了前面的经验,驴子故技重演,故意跌倒在河里,可是这一次它就没有那么幸运了,而是再也没有站起来。听了这个故事,你有什么感想?

生:我想,食盐在水里化了,而沙子和面粉没有化。

生：盐和水接触后会溶解，而沙子、面粉和水接触后不会溶解，并且和水混合后重量会增加，所以驴子起不来了。

师：同学们说的对不对呢？这些物质放到水里到底会怎么样呢？这节课我们就用实验的方法深入地研究它。

在以上教学中，我将稍稍改编的寓言故事引入本课，不仅极大地激发了学生的学习兴趣，引发了学生对故事的思考，获得了智慧和启迪，而且顺利引出了课题，为本课的教学打下了坚实的基础。

2. 随机应变，升华教学

在教学中，根据教学实际，充分运用教学机智，穿插某个故事，不仅会进一步激发学生的好奇心，吸引学生的注意力，而且可以使本来比较平淡的科学教学上升到一个比较高的层次。下面是《小草和大树》一课的教学片段：

师：除了插图里的植物种类，我们还知道哪些常见的植物？

学生列举。

师：为了更好地研究这些植物，我们能不能用一定的标准给这些植物分类？

（学生思考后纷纷举手）

生：可以分为草和树。

师：你是根据什么标准分类的？

生：可以根据茎的软硬来分类，草的茎比较纤细、柔弱，而树的茎比较粗壮、坚硬。

师：你们还可以用哪些标准来分类？

生：根据生长环境的不同可以分为水生植物和陆生植物。

生：喜阴暗的和喜阳光的。

……

师：分类方法很独特！还有吗？

生：颜色也不同，有绿色的、黄色的、紫色的。

生：叶子形状不同，有圆形叶、心形叶、针状叶……

……

在我的引导和激励下，同学们想出了许许多多不同的分类标准，此时还有许多同学在举手，他们边举手边说："老师！我还有更新颖的分类标准！"看样子，让学生继续说下去，就是说一节课也说不完，这样的话，本课的教学任务就无法完成。如果不让学生说下去，学生的学习热情会就此打消，怎么办呢？我思考着，忽然我灵机一动，就对学生说："如果我们继续说下去，我们两天也说不完，你们知道这是为什么吗？"

"植物多种多样！"

"每一种植物都是独一无二的个体！"

"同学们说得都很有道理！"我表扬说，随后我给同学们讲述了德国哲学家莱布尼茨的故事：有一位德国的哲学家，名叫莱布尼茨。据说，他曾给当时的国王讲过哲学。莱布尼茨说："世界上没有两片完全相同的树叶。"国王不相信，就吩咐宫女们，到后花园去找"两片完全相同的树叶"。结果，不用说，宫女们折腾了半天，一个个空手而回。是啊，别看一片小小的树叶，如果细细研究起来，它所具有的属性同样是无穷多的：长短、宽窄、厚薄、颜色、色彩的浓淡、边缘的锯齿形状、中间的脉络走向……其中的每一种属性，都可以再细分出许许多多种。要想找出两片完全相同的树叶，它们各自无穷多的属性完全吻合，显然是不可能的。因此，我们在给这些植物进行分类时，会找到无数个标准！世界上没有两片完全相同的树叶，也就没有两棵完全相同的植物，也正因为如此，世界上才有如此多与众不同的个体，我们的世界才如此生动和美丽！我在讲解和分析的过程中声情并茂，富于激情。

此时的实验室可以说是鸦雀无声，同学们听得似乎入迷了。

在以上教学环节中，给一些植物进行分类，是本课的一个教学重点。在老师的激励下，同学们也找到了许许多多的分类标准，学生思维活跃，学习热情高涨。

此时，如果让学生继续说下去，教学任务无法完成；如果就此停止，学生的创造性思维的火焰就此熄灭。教师充分利用教学机智，用一个"莱布尼茨"的故事，让问题迎刃而解，这个故事不但吸引了学生的注意力，而且使一个简单的教学问题（植物分类）上升到了哲学的高度（"世界上没有两片完全相同的树叶"是一个哲学命题），这样就使科学教学得到了升华。

3. 挖掘内涵，情感激励

科学教学中，巧妙利用故事，充分挖掘故事的深刻内涵，不但可以激发学生的学习兴趣，激发学生的想象和思维，而且可以鼓舞学生的学习斗志，使学生在故事中受到深刻的情感激励。

比如《变化的世界》一课，当学生认识了自然界的各种变化现象，得出了"世界是变化的"结论后，在教学的结尾处，我为同学们讲述了科学家爱因斯坦小时候的故事：手工课上，同学们都交上了自己的小制作，爱因斯坦最后一个交上自己做的小凳子，老师看了看，生气地说："世界上再没有比这更糟糕的小凳子！"爱因斯坦说："有的。"随后，爱因斯坦走到自己的座位上，又拿出了两个小凳子，走到老师跟前说："这是我刚才做的小凳子，给你的是第三个小凳子，虽然不是很好，但比前两个好多了。"讲完后，我提问："听了这个故事，你有什么感想？"有的说："爱因斯坦有自信心！"有的说："老师不应该随便下结论。"有的说："爱因斯坦做的小凳子一个比一个好。"有的说："爱因斯坦的小凳子不是最糟糕的。"有的说："爱因斯坦认为他做的小凳子是变化的。"我最后总结说："说得好！世界上万事万物都是变化的，多年之后，世界上最糟糕的小凳子变成了世界上最伟大的小凳子，这个小凳子不是别的，就是爱因斯坦闻名世界的相对论，爱因斯坦也因此成为世界上最伟大的科学家。今天的你们，虽然只是一颗颗嫩芽，但明天的你们将是建设祖国的参天大树！""说得好！"有同学大声喊道。随后，教室里响起了热烈的掌声。"谢谢老师的鼓励！"同学们激动地回答，虽然下课了，但同学们仍然意犹未尽。虽然只是一个小故事，但也许会对学生一生的发展产生深远的影响。

4. 深入浅出，突破难点

科学教学中，许多教学内容光靠教师语言的讲解，可以说比较枯燥，学生理解起来也不容易，如果将故事巧妙引入其中，就可以使抽象的问题具体化，深奥的问题浅显化，从而突破教学难点，提高课堂教学效率。比如《细菌和病毒》一课，让学生认识细菌的繁殖特点是本课的一个教学难点：细菌在适宜的条件下，可以一分为二、二分为四、四分为八……成倍地增长，快速地繁殖。对于细菌的快速繁殖特点，如果单靠教师的枯燥讲解，学生可能并不能真正理解，怎么办呢？此时我灵机一动，为同学们讲述了这样一个有趣的故事：印度有个人发明了国际象棋，国王玩得非常高兴，他决定要奖赏这位发明者。问他有什么要求，发明者说，我需要的奖赏很简单，请在棋盘的第1个格子里放上1粒米，在第2个格子里放上2粒米，在第3个格子里放上4粒米，在第4个格子里放8粒米，以此类推，每个格子里放的米粒数都是前一个格子里的米粒的2倍，直到第64个格子。国王觉得这样的奖赏太容易了，就欣然同意了他的要求，于是叫人去拿米来，结果发现如果64个格放完的话，全印度的米都拿来也远远不够。听了这个故事，同学们终于明白，原来细菌的繁殖和放米的情况是一样的，细菌繁殖速度之快、数量之多，令人难以想象，但这样一个小故事，不仅使枯燥的问题趣味化，而且使抽象的问题具体化，成功突破了教学难点。

5. 阐释道理，润物无声

许多故事包含着深刻的道理，如果我们每位科学教师独具慧眼，深刻理解，并且根据教学实际，巧妙运用于科学教学中，可以使学生受到启发和教育，起到润物细无声的作用。比如一次科学课上，一位同学在向全班同学汇报交流时，语言非常啰唆，说了半天同学们也没听清楚，此时班里许多同学都很着急，甚至有同学开始埋怨起来。我想此时就让这位同学坐下，或者进行批评一定会伤害学生的自尊心，怎么办呢？这时，我没有批评，也没有灌输大道理，而是在这位同学交流完后，为同学们讲述了大作家雨果的故事：法国大作家雨果寄出了自己的巨著《悲惨世界》，却迟迟不见出版社的回音。于是，他给出版社写了一封信，信的内容非常简单，只有一个"？"。过了几天，他收到了出版社的一封回信，信的内容也非常简单，只有一个"！"。不久，《悲惨世界》问世了。接着我总结说："这便是世界上最精炼、最简洁的语言！但别人却能心领神会！如果我们在交流时，虽然说了很多话，但别人还是不明白，岂不是浪费了别人和自己的时间！"就这样一个简单的小故事，使学生明白了语言简洁的重要性，并且深受启发和教育。

（本文发表于《教育实践与研究》2011年第1期、《科学课》2016年第1期）

这是作者发表教学文章的各类刊物《湖北教育：科学课》《新课程研究》《教学仪器与实验》《教育实践与研究》等，这些刊物都是全国知名的，有的是全国中文核心期刊。

风雨彩虹——专业成长

> 我身患肺炎，发着三十八九度的高烧。但是在那段日子，无论如何，每天不忘写稿。一边头上绑着冰袋，一边写下一张张稿子。
>
> 有人说："既然那么辛苦，为什么还要写呢？"
>
> 我回答说："写一张就有一张，写两张就有两张，不写就什么都没有。再少也要前进，不挑战不行。"
>
> ——池田大作
>
> 人的思想是了不起的，只要专注于某一项事业，就一定会做出使自己感到吃惊的成绩。
>
> ——马克·吐温
>
> 既然选择了卓越，便意味着砥砺前行。
>
> ——作者

梅花香自苦寒来
　　——我的专业成长历程

"成功的花,人们只惊羡她现时的明艳!然而当初她的芽儿,浸透了奋斗的泪泉,洒遍了牺牲的血雨。"作家冰心的这首小诗可以说是我专业成长历程最精辟的诠释。

1. 态度决定一切

还记得2002年2月刚到唐山市塔头小学时,学校只有几排普通的平房,这就是学生的教室(1976年地震后建立的)。校园西侧还有好多间低矮的房屋,很破旧。操场也是坑坑洼洼的,很不平整。此时的学校连一间实验室都没有,只有一间大约15平方米的仪器室,仪器室里两侧是仪器橱,里面的实验器材装得满满的。于是中间的过道就很狭窄了——而这就是我的"办公室"。在塔头小学,我被学校领导安排依然干我的老本行——执教自然学科,这是我执教了两年但并不被大家认可、重视的学科。上实验课的时候,就把实验仪器、材料从仪器室搬到教室,上完课后再把实验仪器从教室搬回来。条件既简陋又艰苦,但自己还是勤勤恳恳、任劳任怨,认认真真研究每一个实验,踏踏实实上好每一节课。那时候,教育总校、学校的领导也去听课,听完后,他们就把课评析一下,指出教学中应注意的若干点，最后给出的意见是"听完后，感觉不太懂"。从这样的言谈话语中，我知道自己上的自然课肯定是说不上精彩的。但无论如何，自己还是有很强的自尊心和上进心，作为一名自然教师（后来自然更名为科学），上不好课是无论如何也说不过去的，就这样自己还是在默默地努力着。那时候自然课也没有什么评比活动，在很多人眼里，自然就是一门无足轻重的"副科"，教自然的我便是一棵无人知道的小草。既然无人重视，那自己是否可以放松对自己的要求呢？当然不是，自然是一门对学生进行科学启蒙教育的科目，"科学技术是第一生产力"嘛，做什么事情都要讲科学，由此可见，自然学科的重要性是无可争议的！关键是你自己怎样看待。为此，教学中我经常尝试使用一些新的教学方法，实验课上尝试着使用一些有结构的实验材料，力求激发学生学习的兴趣，提高自然课的学习效率。经过一段时间的努力，我发现学生逐渐喜欢上了自然课，一个叫贾自强的同学还给我编了一个歇后语，叫作"杨老师上课——有内涵"。能得到孩子们的赞誉，心里自然感到十分欣慰。他们喜欢围在我的周围问这问那，"从外面观察，鱼缸里的鱼为什么会变大？""下雨后，蚯蚓为什么会离家出走？"……许多问题竟让我应接不暇。刚到塔头小学时，我觉得学校的一些老师知识和阅历非常丰富，通过交流我发现自己在这些方面和他们相差甚远，为了缩短和这些老师的距离，同时也为了提高自己，我购买了许多书籍，包括科学、历史、文学、哲学等各个方面的，一有时间就拿出来阅读，经过一段时间的努力，我发现自己在和那些老师谈话交流时，也不乏真知灼见。在此期间，我一狠心，大约只用了两年时间（考了四回），便完成了自学考试汉语言文学本科的全部科目，并顺利取得学士学位。

　　2003年，学校终于建成了宽敞明亮的实验室，实验室、准备室、仪器室连成一排，面积有126平方米，各种崭新的仪器、教学设施一应俱全，"只有15平方米仪器室"的日子终于一去不复返了。从此，实验室成了我埋头工作的场所，也成了孩子们学习、探究的乐园。为了激励孩子们努力学习科学，我在实验室后面的黑板上张贴了"勤奋学习，振兴中华"八个醒目的大字。

山雨欲来风满楼，课改的大潮不期而至，自然学科更名为"科学"，科学学科也逐渐成了一个引人注目的学科。学校的各类教研活动如火如荼地开展起来，上研究课、研讨交流、上交各种材料……各类骨干教师们忙个不停。而那时的我也在忙碌着，不过我忙的不是什么"正经活动"，而是帮学校的后勤老师"打零杂"，什么刷油漆、栽花种草、维修锅炉、维修暖气管道之类的，还打扫过厕所，看着"骨干们"忙碌着，自己心里很不是滋味，真有"敢问路在何方"的感慨。那时候开平区的科学教研活动也是隔三岔五地举行，在教研活动中，我发现许多老师跃跃欲试，慷慨陈词，而自己却是徐庶进曹营——一言不发。这也许并不是自己心高气傲，而确实是缺少勇气和胆量。还记得开平区有一次举行教研活动，内容是《动与静》一课的教材分析，很多老师主动站起来发言交流，向大家解释"相对某个参照物，什么是运动，什么是静止"。在众人面前，谁不想一展自己的风采呢？那一次，终于在我的好朋友张伟老师（她是教育总校的教研员）的鼓励下，我在众人面前终于冲破了"一言不发"的束缚，亮出了自己的观点：物体A和物体B，无论这两个物体是运动的还是静止的，只要物体A和物体B之间的距离（位移）发生了改变，那么，物体A和物体B就全部是运动的。反之，只要物体A和物体B之间的距离（位移）没有发生改变，这两个物体就全部是静止的。我的发言结束后，大厅里顿时鸦雀无声。似乎没有老师给我的观点做出评价——既不敢肯定也不敢否定，但是毫无疑问，我的观点是正确的。但是这对于我来说并不是最重要的，重要的是，在大庭广众之下，我终于重拾了自信，大胆说出了自己的观点。

做教师多年，除了期末写点工作总结，自己也并没有要写点什么。伴随着课改的大潮，通过读书学习，也知道了美国心理学家波斯纳"经验+反思=成长"的理念，于是，自己也按照学校领导的要求，尝试着写起了教学反思。2004年，学校要评小学高级教师的职称，但因为没有发表的论文，于是我和许多教师都被挡在职称申报的大门之外。痛定思痛，开始了论文写作的摸索。很多时候，自己翻看身边的报刊杂志，发现许多反思、论文并没有多么高深莫测，有的文章里的事例自己也经历过，只不过没有认真归纳总结而已。于是，每次上完科学课后，我就会把教学中的亮点、精彩之处，一节课的收获或者教学中的疏漏之处记录下来，并进行分析总结。虽然自己也并不知道写教学反思到底会给自己的专业成长带来什么好处，但还是从"摸着石头过河"开始，一路深一脚浅一脚地坚持了下来。

2. 我的"一鸣惊人"

那大约是 2004 年 11 月，教育总校的领导让每位教师写一篇教学反思，接到任务后，当时我也没把这件事当回事，随便写了一篇教学反思，便草草交上去了。后来接到教育总校的通知说，要到区里进行教学反思的交流，这时候我才感到了事情的重要。我想，在全区老师面前交流的东西也不能太差了，如果那样的话，岂不有损自己的形象？我仔细看了看我写的这篇教学反思，发现这是一个非常典型的教学案例，而且这篇教学案例来自真实的科学教学，只不过由于时间比较匆忙，文章诸多词句尚待推敲。于是夜深人静的时候，自己开始静下心来，认真思考整个案例的布局和谋篇，然后对整篇文章的字句进行了反复地推敲和修改，直到自己满意为止。

2004 年 12 月，在开平小学会议室，全开平区的科学教师汇聚一堂，在这里进行教学反思的交流。轮到自己发言时，我镇定自若，侃侃而谈：今天我和大家交流的题目是《放飞想象的翅膀》，那是上《摩擦力》一课，我给同学们提出了一个富于思考的开放性问题：如果没有摩擦力，世界会怎么样？同学们经过充分思考、大胆想象后，纷纷发言……其中一个同学说："如果没有摩擦力，汽车、火车根本就无法停下来，交通事故就会频繁发生，整个世界就会乱作一团。"我随即表扬了这位同学的大胆想象，忽然有人站起来反驳："如果没有摩擦力，汽车、火车根本就跑不起来，交通事故又怎么会发生呢？那样整个世界就会处于瘫痪状态。"两位同学的想象和推理都是合乎道理的，但为什么正确的想象和推理会导致不同的结果呢？在老师的引导下，同学们经过思考，终于发现：两个推导的前提是不一样的。前一个推导的前提是，物体在开始时是运动的；后一个推导的前提是，物体在开始时是静止的。在同学们的这些大胆想象和推理之中，无疑渗透着牛顿的惯性定律的思想，或者说这样的观点稍稍升华，就变成了牛顿的惯性定律，这样的观点由四年级的小学生提出来，可以说显示出他们非凡的想象力和创造力。如果我们的学生早出生几百年，没准儿也是牛顿、哥白尼一样的大家呢……

整个教学案例典型而富于创造性，里面既有学生的创造性思维的交锋，又有教师的教学机智，是一篇非常好的符合新课程理念的素质教育的教学案例。交流结束后，会议室里响起了热烈的掌声！我的这篇教学反思随即被几位老师拿过去，争相传阅。教育局的李玉芝老师和教育总校的张伟老师也对这篇教学案例给予了高度评价，这就是我的一鸣惊人！

站在教师专业成长的角度说，自己在教学中大胆实践，善于发现，不断反思，是成功的秘诀！很多优秀教师的"一鸣惊人"是由于一节公开课的成功，而自己的"一鸣惊人"是由于一篇教学反思的成功，但是我想，这不正符合新课程改革中的"经验+反思=成长"这条专业成长的规律吗？也正是由于这次交流的"一鸣惊人"，使得大家领略了自己的"实力"，于是各类教学任务（包括各类教学比赛）纷纷落到自己头上，也使得自己有了更多展示的机会，当然自己肩上的担子更重了。可以说，这次教学反思的交流看似普通，却是自己专业成长的起点，也是我人生的新起点。

还记得那年北京的付晓杰老师来开平区做讲座，我作为一名非骨干教师有幸聆听，精彩的讲座深深吸引了我，也吸引了我们学校的许多老师，一时间付老师竟然成为许多老师谈论的对象和崇拜的偶像。于是自己也怀着仰慕之情，给付老师发去邮件，请他答疑解惑。令我欣喜的是，不久就收到了付老师的回信，在信的结尾付老师说：坚持下去，会有所收获的！后来，我把《放飞想象的翅膀》这篇文章又发给了付老师，希望得到一些指导，遗憾的是，这一次没有收到回音。后来我又把这篇文章进行了反复修改，寄给了全国有名的《教学仪器与实验》刊物编辑部，没等多久，我寄出去的这篇文章居然发表了！此后更是一发不可收拾。

3. 艰难困苦，玉汝于成

2005年的4月，可谓"日出江花红胜火，春来江水绿如蓝"。教育局的李玉芝老师和教育总校的张伟老师来学校听课，我上的《光的传播》一课，以其新颖独特的设计和行云流水般的气势再次受到了两位教研员的极大好评！在教学中围绕"光是否沿直线传播"这一问题，同学们大胆实验，勇于创新，竟然想出五六种验证方法，学生的创新智慧可见一斑！评完课后，我们学校似乎也变成了欢乐的海洋，许多老师都为我的成功而高兴！还记得卢玉玲老师遇到我，高兴地对我说："没想到塔头小学还藏着块宝呢！"后来，当我把这节课的教学实录与反思写出来后，还受到了当时我校李秋丽老师的称赞，没过多久，这篇文章也被《科学课》《新课程研究》两家有名的刊物发表了。

5月份，我代表学校参加了开平区科学优质课大赛，比赛前我做了充分准备，由于实验要用烧瓶、细玻璃管等诸多材料，我在用酒精喷灯弯折玻璃管时，竟戳伤了手指，鲜血直流，但我毫不在意。比赛时由于过于投入，我执教的《瘪乒乓球鼓起来了》超时，只获得了二等奖，但是那节课依然给老师们留下了深刻印象。比赛结束后，很多老师还是对这节课赞不绝口，比如这节课的新颖设计，对于教学生成的处理，教师对学生的评价，都处理得非常到位。很长一段时间过后，还有老师向我提起那节课，问我那个魔术是怎样变的。由于那节课的精彩表现，我在区里做了《瘪乒乓球鼓起来了》教学反思的交流。由于成绩显著，我被评为开平区科学实验教学标兵。2005年一年里，我在全国有名的刊物上发表教学论文5篇，虽然这一年论文不再作为职称评审的硬性条件，但是我还是凭着5篇高水平论文，评上了小学高级教师的职称，可谓实至名归。5篇高水平论文也令人刮目相看。2005年，是自己爆发的一年，也是不断超越自我、收获满满的一年。

2006年，我参加了河北省小学科学年会，回来后我上的一节汇报课《磁铁的性质》受到了唐山市教育局袁守信老师、开平教育局李玉芝老师的称赞。在评完课后，袁老师语重心长地对我说："就是讲一加一等于二也要与众不同，小学老师可以上出具有大学水平的课！"我深深地记住了这句话！

　　2007年是我人生中最值得骄傲和自豪的一年，但是前进的道路却充满了坎坷与艰辛。那一年，我被推荐代表开平区参加唐山市小学科学优质课大赛。我开始选定的课题是《撬棍的科学》，由于教材本身的原因，也由于试讲时的小小失误，这个参赛课题立即被否定了。此时自己在选择课题上又犯了难。后来李老师在我试讲的《空气占据空间》和《人造地球卫星》两课中，帮我选择了后者。由于本课难度很大，加之手头乃至参考书上可参考的资料也很少，于是只有靠自己的独立思考了，一次次设计，一次次修改，可谓绞尽脑汁。尽管很努力，但是在一次试讲中，由于自己和学生准备不足的原因，一节课我竟上了60分钟，而且教学效果很差。听课的教育总校的张伟老师、高玉莲老师、袁丽萍老师都有些垂头丧气、一筹莫展。当时一贯自信的我也在怀疑自己的能力，这难道是自己的"滑铁卢"之战吗？为了给自己鼓气，我对高玉莲老师说："如果上不好这节课，我以后就不再教科学了！"这样的话，反映了自己破釜沉舟、背水一战的决心。于是晚上我静下心来，回顾了整节课，对试讲中出现的问题进行了深刻反思，又重新进行了再设计，并力求有所创新和突破。功夫不负有心人，在第二天的试讲中，教学效果很好，和我一起听课的张伟老师、袁丽萍老师终于露出了满意的笑容。当然由于各种原因，本课的一些环节的处理还是难以让人满意，但在自己的不懈努力下，也都一一解决了。优质课大赛那天，带着各级领导的期盼，带着自信，我终于站到了唐山市优质课大赛的舞台上。全新的理念、出色的临场发挥、信息技术手段的巧妙运用和大气、富于激情的表现，受到了各级领导老师的好评。教育局的李玉芝老师激动地说："这课可以参加全国优质课大赛了！"好评如潮，好像一等奖的桂冠非我莫属了，但是命运总是在捉弄人，也许是天不遂人愿，比赛结果揭晓后，居然还是个"二等奖"。说句心里话，也不是自己"吃不到葡萄说葡萄酸"，如果评委老师从教材的难度、教学的创造性角度来考虑，我想应该不是那样一个结果！

也许是好事多磨，也许是天遂人愿，2007年8月，我执教的《人造地球卫星》一课被推荐参加全国信息技术与学科整合优质课大赛，结果竟出人意料地进入了决赛，听到这样的消息，真是让我喜出望外！因为那是唐山市开平区教育局第一次派老师参加全国大赛，除了开平区海选，最终还要经过全国大赛组委会做最后的选择，可谓层层选拔，入选决赛是相当不容易的。当时这节课是以说课形式进行的，这是一个全新的领域，虽然是历经重重险阻，但最后在全国大赛的舞台上，我最终以完美的发挥，无可争议地获得了评委们的一致好评，并获得了一等奖！站在领奖台上，我享受到了人生最幸福的时刻！幸福可谓来之不易，但正所谓：艰难困苦，玉汝于成。

4.飞瀑之下，必有深潭

几年来，无论参加优质课大赛还是上研究课，无论是撰写的教学文章还是发布的博文，无论是评课议课还是读书交流，我总能受到大家的好评和赞誉，这是自己多年来勤奋学习、不断反思、厚积薄发的结果。

牛顿说："无知识的热心犹如在黑暗中远征。"学习、学习、再学习，这是教师成长的重要途径。读书学习可以让我们增长知识，开阔视野。拥有广博的知识，站在课堂上，我们才能高屋建瓴，左右逢源。读书是我的一大爱好。顺境的时候我喜爱读书，逆境的时候我也没有放弃读书。从上学时期到后来参加工作，我去的最多的地方就是新华书店，遇到好书就购买下来，科学、文学、哲学、历史等各方面的书籍都有。2009—2012年，我在长春东北师范大学培训学习期间，除了忙碌的学习，我就和朋友多次去书店购买书籍。回到酒店，朋友看了我买的书居然爱不释手，连连称赞"买的书真好"。朋友的称赞，也反映了自己经常买书读书所练就的独到眼光。

2011年11月，塔头小学合并为康各庄小学，我不得不把读过的书籍、杂志及自己撰写的读书笔记、教学反思等各种资料拿回家中，我竟用自行车搬运了好几次，我校的郑老师风趣地说："孔夫子搬家！"（尽是书）这些自己读过的书籍，撰写的教学随笔、读书笔记正是自己勤奋耕耘的见证。

教学＋反思＝专业成长，教学反思是教师专业成长的核心要素。十多年来，每天上完课之后，我都尽可能把教学中的成功之处、疏漏之处，教学中的亮点，教学中的生成，一一记录下来，这时一节课刚上完，趁热打铁，脑子记忆最清楚。即使白天不能记录下来，晚上也要记录下来。业余时间和节假日也要忙于研究、写作。人的差异产生于业余时间。就这样日积月累，积少成多，形成了许多珍贵的原始素材。一些教学案例或者教学反思再经过加工整理，往往就是一篇很好的文章。十多年来，自己撰写的教学反思、随笔有100多万字，在《科学课》《教学仪器与实验》《新课程研究》等全国知名的刊物上发表论文30余篇。

2011年1月，全开平区中小学的名师、骨干教师汇聚在东北师范大学。在"三名工程"培训交流会上，我的交流发言再次一鸣惊人，赢得了许多领导、老师的赞誉，这也是自己多年来厚积薄发的结果。

没有厚积就没有薄发，没有深入就没有浅出。火箭之所以能够一飞冲天、横空出世，是因为它聚集了巨大的能量。我之所以后来能在教学、科研方面取得点滴成绩，也是自己不断积累、厚积薄发的结果。正所谓：飞瀑之下，必有深潭！

5. 创造性最重要

经常有老师问我：为什么你写的论文能发表？写论文如何才能发表？我说，一定要写出与众不同的东西，也就是文章要具有创造性。如果你撰写的文章和别人的一样或雷同，文章怎么能发表呢？

搞教研，写论文，不是要表达你已经知道的，也不是让你重复别人的结论，而是要对我们教学中的难题或者别人尚未发现的问题发表你富有创造性的观点，所以写作是一种艰苦的脑力劳动。这种艰苦的脑力劳动，如果没有顽强的毅力是无法坚持的，也是不会有所收获的。爱迪生说："天才是百分之一的灵感和百分之九十九的汗水。"这句话非常有道理，过去我认为灵感和汗水是并列关系，但是，艰苦的实践与探索使我认识到，汗水和灵感是因果关系，即百分之九十九的汗水产生百分之一的灵感。我自己写教学反思或者教学论文，有时候几百个字甚至一句话也要冥思苦想、绞尽脑汁，很多时候百思不得其解，这时候灵感常会不期而至，从而茅塞顿开、豁然开朗。

根据我的教学经验，要想写出与众不同的精品文章（包括教学案例、教育叙事等），最根本的一点就是你上的课要有创造性，创造性是一节好课的灵魂。课上得精彩，写的文章才能精彩；课上得富于创造性，写的文章才能富于创造性。因为我们撰写的文章就来自我们真实的教学实践。而杜撰虚构，胡编乱造，这样写出的文章没有任何价值。叶澜教授说，三年反思成名师。这句话颇有道理，但是写三年反思，要想有所建树，就必须改变自己的教学方式，使自己的教学实践富有创造性，与众不同，而不是故步自封、墨守成规。像我自己上课，无论是参加优质课大赛，还是平时上"家常课"，我常常是冥思苦想，我的大脑经常长时间处于思考状态。人不入迷难出奇，思考出智慧。多年来，由于苦心钻研，我上的很多"家常课"极富创意，不但学生兴趣浓厚，而且效率极高。这样，平时上的"家常课"就成了优质课，整理出来就是非常难得的佳作。

6. 纸上谈兵终觉浅，绝知此事要躬行

科学和其他学科的根本不同就在于它的"实证性"，即实践性，所谓实践出真知。在教育教学中，我遵循科学教育教学规律，不但引领同学们认真参加科学实践活动，而且亲自去动手参加各类科学实践活动（包括各类科学实验）。我不但引领学生在实验室去动手实验，而且还常常带领学生到室外、操场、田野里去观察、去实践。大自然是一本丰富多彩的教科书，蕴含着极其丰富的科学奥秘。海阔凭鱼跃，天高任鸟飞。当孩子们投入大自然的怀抱时，他们与生俱来的好奇心和求知欲被彻底地激发了，同学们获得的不仅仅是知识、能力，还有丰富的情感体验、心灵的放飞、思维的活跃。在实践活动中，教师和学生共同发展，相互促进，可谓教学相长，相得益彰。几年来，我撰写的《日晕与蜗牛的故事》《蜗牛吃纸吗》《看似平淡的超越》等许多文章由于内容的新颖独特，很快就被《科学课》等刊物发表了。所有这些富于创造性的精品文章，其实都是我和学生勤于实践、勇于探索的结果。

7. 敢于冒险

一位名人说过："生命是一个奥秘，它的价值在于探索。因而，生命的唯一养料就是冒险。"在我们的周围，有的老师公开课比赛不敢参加，教学论文不敢写，各种带有竞争性的活动不想参加。究其原因就是，惧怕失败，不敢冒险。在我的专业成长历程中，我就喜欢大胆尝试，敢于冒险。比如几年前，教育总校举行教师素质大赛，我选择了《奇妙的护身术》一课，就是比较冒险的表现。因为这节课不是一节实验课，而在科学课比赛中实验课更符合学科特点，也更容易被评委认可，从而取得好成绩。但自己选择这样一个课题，却包含着一个巨大的创新点，即这节课我将十多个谜语引入其中，趣味性极强，学生非常喜欢，教学效果也极佳。由于自己的冒险，那次比赛我只得了个三等奖，但是根据这节课的教学，我撰写的《把谜语引入课堂》一文却由于内容的新颖、独创，被发表在《科学课》2007年第1期杂志上。失之东隅，收之桑榆，不要在乎一时的成败得失。所以，一个人想获得成功，敢于冒险、大胆尝试、勇于挑战，才是我们获得进步的重要途径。

8. 关注弱势群体，为学生的成功喝彩

2007年，我组织学生参加科学课杂志社组织的科学小论文竞赛，有许多学生获得了一等奖。说起科学小论文竞赛，还有一段有趣的经历：有一次，我问高伟同学："你是学习委员吗？"高伟说："不是。"我又问："你是课代表吗？""不是。""在班里你是小组长吗？""老师，你别问了，我啥都不是。""那你得过什么奖励吗？""没有，什么都没有。"高伟红着脸不好意思地回答。学生的回答，让我感到很难过。说实话，几年的教育教学实践，使我深深认识到，在一个班集体里，有许多学生由于成绩差，内心深处掩藏着深深的自卑；也由于很少参加活动，

成功的经历很少或者根本没有。作为一名学生，如果在最美好的黄金时代，没有任何成功经验，得到的只是批评，那么这样的人生是否有些悲哀？作为他们的科学教师，我有什么办法可以助他们一臂之力呢？我想到了科学课杂志社举办的科学小论文竞赛。但是，学生写作基础有限，生活阅历也少，他们能完成吗？我想，万丈高楼平地起，我首先为同学们订阅了《怎样写科学小论文》这本书，然后利用课上或者课下时间阅读范文，耐心指导，并教育学生要留心观察周围自然界和实际生活。经过一段时间，学生有所感悟后，先让学生写出初稿，我再提出指导意见，然后让他们修改，不行，再重来。最后，我再将这些小论文进行审阅、修改，包括错别字，不通顺的句子，然后打印出来。由于当时学生家里很少有电脑，所以这么多文章都是我在家里帮他们打印出来的，终于赶在截稿前将文章全部寄出。整个过程，我和同学们奋斗了好几个月，当同学们经过漫长的等待，收到获奖证书时，同学们的高兴劲儿真是难以形容！我想，作为教师，不光要关心爱护那些成绩好的同学，同时更要关心爱护那些所谓成绩差的同学，教师的爱要均匀地撒向每一位同学！作为教师，我为同学们的成功大声喝彩！

9. 群言就是智慧

2006年，我被教育局任命为开平区片教研组长，负责开平区南片科学教研活动。从2006年到现在，教研活动持续开展，风雨无阻。还记得2007年寒冬腊月的一天，天气非常寒冷。我们科学教师在开平区于家店小学会议室进行科学教研活动，徐志国老师上了一节研究课，然后教师研讨，我们还请了彭纯怀老师进行全程录像。当时会议室没有暖气，室内温度很低，但是老师们研讨的热情不减，活动结束时我动情地说了句"天气虽然寒冷，但我仿佛看到开平区教育改革的春天在向我们招手"，这样一句话引得大家哈哈大笑。寒假过后，我才知道，那次教研活动后，许多老师都感冒了，我为老师们的敬业精神所感动。作为教研组长，我身先士卒，带头上研究课，撰写教学反思、读书笔记等。科学组内如果谁参加优质课大赛，我们也会充分发挥集体智慧的作用。俗话说，三个臭皮匠，合成一

作者和许多骨干教师在东北师范大学研修学习(图为作者和教育局李玉芝老师在哈尔滨索菲亚广场合影)

个诸葛亮。一个教师就算能力再强，也会有考虑不周之处，所以大家一起听课、评课，很多难题就会迎刃而解。在研讨过程中，组内成员都会有所提高，这是一个合作共赢的结果。比如2009年，徐志国老师参加唐山市优质课大赛，我们几位科学老师就一起听课、评课，大家你一言我一语，这节课的问题就可以解决了。后来徐志国老师获得一等奖，我们几位科学老师功不可没。几年来，我和徐志国、刘春梅、李静、王艳玲等多位老师都上过研究课，并受到好评，其中一个重要原因就是集体的智慧。多年来，我们南片科学教师充分发挥团队优势，教师专业化水平不断提高。

多年来凭着自己的爱心、耐心、勤奋和执着，在专业化发展上取得了一些成绩，先后获得唐山市先进工作者、区优秀教师、区名教师等荣誉称号，也赢得了领导和老师的热情赞誉。但这与时代的要求、与众多的优秀教师比较差距甚远，我还要不断向其他优秀教师学习。最后让我以诗人汪国真的话作为结束语：

我不去想是否能够成功，既然选择了远方，便只顾风雨兼程；

我不去想身后会不会袭来寒风冷雨，既然目标是地平线，留给世界的只能是背影！

（本文获唐山市开平区首届博客大赛"十佳"博文奖，我在开平区、本校和老师们做了专业成长历程的交流，受到了老师们的好评和赞誉。）

站在领奖台上

2007年10月26日下午，全国小学信息技术与课程整合优质课大赛颁奖大会在浙江省海宁市实验小学报告厅召开，作为一名科学教师，我有幸参加了本次大赛并亲历了大赛的始终。大会首先由钟少春教授对本次大赛进行了总结，然后主持人开始宣布获得一等奖教师的名单，真正紧张而又激动人心的时刻终于开始了，我真希望名单里有我的名字，我心里默默祈祷着，但两个开平区的教师名字宣布后，还是没有自己的名字，我内心很是焦急，难道自己的课不好吗？我觉得不错呀，而且在比赛结束之后，韩玉芹校长就给予了充分肯定——说"挺好"，难道评委老师没看中，我的心就像十五个吊桶打水——七上八下，不安极了……时间一秒一秒地过去，忽然主持人响亮的声音里出现了"河北省唐山市开平区塔头小学……"的名称，这时我心里悬着的石头终于落到了地上。此时，我非常激动，因为这是我第一次获得全国优质课大赛一等奖的殊荣啊！此时周围响起掌声来，坐在前排的韩校长回头看了我一眼，仿佛是在祝贺我，我身子稍微前倾，轻声地对她说："这得谢谢韩校长啊！"说心里话，为了准备这次大赛，除了自己的不懈努力外，也得到了韩校长等各位领导老师的指导、鼓励。

颁奖开始了，伴随着激昂的音乐，我们十位老师率先走上领奖台，各地教育部门领导纷纷把鲜红的获奖证书交到了各位教师手里，当我转过身接过荣誉证书时,我一看,为我颁奖的正是开平区教育局的高文平局长,真是太巧了!她面带笑容,高兴地对我说:"祝贺你啊!""谢谢高局长!"我激动地回答。回过身来,面对着台下的领导、老师,激动兴奋的心情难以形容。这时,台下再次响起了热烈的掌声。台下的记者和老师的照相机快门"咔咔"地响着,闪光灯闪烁着夺目的光芒。

站在领奖台上

我怀着无比激动的心情,回首走过的道路,不是一帆风顺,而是充满了艰辛与曲折。此时我想起了作家冰心的话:"成功的花,人们只惊羡她现时的明艳!然而当初她的芽儿,浸透了奋斗的泪泉,洒遍了牺牲的血雨。"本节课,是从今年上学期我上过的三节课中选出来的,经过一次次设计、修改、再设计,一次次试讲,不成功,重新再来,放弃了大量节假日休息时间……终于在唐山市优质课大赛中获得二等奖(说心里话,这样的结果让我很难过)。到后来参加全国优质课大赛的评比，层层选拔，最后进入决赛，可谓历经坎坷与曲折。从上学期到现在，就得到了教育总校的韩玉芹、张伟、袁丽萍等许多领导老师的大力支持和帮助，他们为此付出了大量的心血，真的很感谢他们！对于来之不易的荣誉，我应该好好珍惜，但不能看得过重。

站在全国优质课大赛的领奖台上，本次大赛已经结束，但它绝不是终点，而是一个新的起点——荣誉已经属于过去，未来还要靠自己不断拼搏进取！

尘埃落定思无涯
——参加全国信息技术整合课大赛随感

10月22日至26日，我有幸代表学校参加了浙江省海宁市第五届全国小学信息技术与课程整合优质课大赛，并且取得了一等奖的优异成绩。高兴之余，回顾一下本次比赛的过程，感慨颇多。

我从9月份报名参赛到10月份参加全国的比赛，前后接近一个月的时间。在这一个月里确实很忙、很累，并且压力很大——想赢怕输、患得患失的心理一直持续到站在领奖台上，其中的艰辛也确实只有经历过才能体会到，但在这一个月的不断摸索中我也收获颇多。在这期间，我从一个信息技术整合课的门外汉变成了一个尝试者、探索者。下面将我参加本次大赛的一些感受和体会与大家分享。

1. 课题选择至关重要

信息技术与课程整合作为一种改革传统课堂教学模式的一个尝试和探究，并不是所有学科的所有课题内容都适合。因此学科中课题的选择就显得尤为关键，甚至可以说无形中就决定了这堂课的成败。如果一节课不用信息技术就能顺利进行的话，那么运用信息技术反而有点画蛇添足的味道，体现不出整合的意义。

2. 课堂设计要凸现整合点

由于本次整合课比赛采用说课的形式，因此在说课中除了有教材分析、学生分析、教学目标，以及教学重点难点的确立等环节外，整合点的确立就显得至关重要。在本次比赛中，有些老师在说课时滔滔不绝，教学环节、教学理念面面俱到，但就是迟迟不见整合点的确立和课件的演示，这样的说课不仅浪费了大量的时间，而且是丢了西瓜捡芝麻，哪能给评委留下深刻印象呢？这样的说课，成绩也就可想而知了。

3. 信息技术运用恰到好处

设计好一节课，要解决好下列问题：（1）信息技术在一节课中的性质、作用是什么？（2）在一节课中哪些地方引入信息技术？常规教学手段支撑有什么困难？引入信息技术哪些优势？（3）在一节课中如何引入信息技术？整合点解决方法的确定。这些问题解决好了，就为整个整合课的设计打下了坚实的基础。

4. 未雨绸缪，精心准备

所谓"台上十分钟，台下十年功"，要取得超人的成绩，就得付出超人的代价。就本人的参赛课来说，这节课是上学期市级优质课的获奖课，应该说，教学设计早已定下了。但由于参加本次信息技术整合课比赛，有了新的比赛要求，因此我不得不按要求进行修改、设计，"十一"长假也没有休息。在此期间，韩玉芹校长、张伟老师、袁莉萍老师都为我准备优质课付出了很多心血，真的很感谢他们！比赛前几天，教育局组织了两次说课练习，我的说课效果并不算十分理想，在各位领导、老师的指导下，我又进行了一次次修改、再设计，直到日臻完美。坐在通往赛场的列车上，我和几位老师还在进行着练习，经过充分准备，我终于镇定自若地站到了全国优质课大赛的舞台上，并且取得了一等奖的佳绩。对这样的结果，从过程来看，似乎并不让人感到特别意外。

5.展现教学境界

创新是教学的灵魂，也是教学的最高境界。教学是一门科学，应该具有创造性。教师对教学的创造体现在他的说课之中，体现在他对教学准确而独到的见解，体现在对于信息技术使用的独具匠心的理解和运用技巧。比如我听了北京的郭志斌老师执教的《日本》一课，在教学的开始，教师让学生边听音乐边欣赏日本的一些传统文化，然后让学生思考这些内容反映的是哪个国家的，然后再利用课件分别出示日本的传统文化项目，让学生思考这些传统文化的独特魅力，由此教学层层展开，设计精巧；通过课件展示日本的地图，引导学生思考日本的地形特点和国土面积，让学生思考"日本是一个经济大国，又是个资源小国，如果你是领导者，你如何解决这个矛盾"。教师通过课件并非简单地让学生掌握日本的国土特点，而是通过富有价值的问题，将学生的思维引向深入，培养学生分析问题和解决问题的能力，这样的设计可谓独具匠心、别出心裁。

6.展示激情魅力

从说课艺术上说，说课主要靠口头语言来表达，因此，要想使你的课说得更具有说服力和吸引力，教师的抑扬顿挫、富于激情的语言，会让你的说课魅力十足。在本次优质课大赛的舞台上，当我满怀激情地在开篇说起"人造地球卫星是人类最伟大的发明之一，他的发明，揭开了人类向太空进军的序幕"这些语句时，我相信，台下评委老师的心会被这样雄健有力的语言深深打动。当然教师富有激情的语言要与说课内容相适应，否则的话，可能会出现适得其反的效果。

李老师的表扬

晚上，我们来东北师范大学参观学习的领导和老师被安排在一个宾馆吃饭。吃饭的时候，我们几位男老师和教育局的李军梅科长、四十九中的校长、育才中学的校长，还有一位中学物理教师被安排在一桌。酒席上，李军梅科长首先向我敬酒并表扬说："杨老师很有才华，文采很好，见解深刻……"对于这样的赞美之词，自己实在是没有想到，这让我有些受宠若惊，连忙说："李老师，太过奖了！"

接着，四十九中和育才中学的校长也和我聊了很多。

其实，我和李老师并不是很熟悉，只是见面的时候说句话。这次得到李老师的表扬，大概是因为上次（去年寒假学习时）在名师交流会上的发言。现在回想起来，那还是在去年的寒假，在东北师范大学学习的第一天，吃完晚饭后，老师们进行学习后的研讨。研讨结束后，张伟老师便把这个发言的任务（第二天要把前一天学习的体会进行交流）给了我。因为当时并没有任何准备，所以自己压力也很大，担心失败。我想，如果这次交流万一失败了，在众人面前实在是一件丢面子的事。回到宾馆的房间，我趴在床铺上就开始思考，起初只写了几个字，就这样停停写写，写写停停。我在撰写心得体会的时候，两位职校的老师在忙着玩电脑，看足球比赛，虽然我也是个铁杆球迷，但此时此刻全然不顾这些了！后来似乎来了灵感，于是一挥而就。再后来，我听说许多女老师写发言稿时写到凌晨两点多，我认为那是平时缺乏锻炼的缘故。

第二天早上，开平区的各级领导、名师、骨干教师在东北师范大学的报告厅汇聚一堂。交流开始了，张伟老师示意我第一个冲到前面去，但是由于老师们非常积极主动，大家都想展示自己的风采，所以几位女老师都抢在了前头。她们交流结束后，才终于轮到自己上场交流了。我的发言并没有枯燥的理论说教，而是结合自己的教学案例，进行深入浅出、鞭辟入里的阐释。发言中，引经据典，旁征博引，具有很强的感染力。发言结束后，大家热烈地鼓起掌来。回到座位后，韩校长、张伟老师首先向我竖起了大拇指。交流结束休息时，六十中小学部的几位女老师（几位老师我并不认识）跑过来，也纷纷向我表示祝贺："你的发言太精彩了！"

晚上，我们几十位教师聚集在一起交流，大家都为我的精彩发言赞不绝口，旁边的一位老师激动地说："今天让我感受最深的有两位，一位是李广教授，另一位就是杨老师。"（李广教授指的是那天给我们做报告的东北师范大学的教授）听到老师们的赞誉，内心美滋滋的，真有种受宠若惊的感觉。

第二天，我去食堂打饭，几位老师见到我，仍不忘夸赞几句，其中还有唐山市税东中学的陈晓东老师。陈老师是唐山市税东中学非常优秀的语文老师，在教育科研方面很有建树。他和我聊了很多，还帮我盛饭，真有种"英雄相惜"的感觉。陈老师问我："你是哪个学校的？"我说："康各庄小学。"陈老师又问："你为什么不调到税钢小学？"（陈老师知道税钢小学离我家很近）我说："我可能不太适合那里。"陈老师说："你在哪里都是一位好老师！"一句话让我很受感动。在以后的日子里，很多素不相识的领导、老师见到我，仍不吝赞美之词。啊，我的内心也充满了无比的自豪感和幸福感！我想，老师们的赞誉是对我教学工作（包括教育科研）的肯定，这是我的荣幸，更是我不断前进的动力。

我的发言之所以能够一鸣惊人，这主要是自己多年来勤奋学习、勤于反思、不断积累、厚积薄发的结果。机会总是留给有准备的人。要知道自己在越河镇塔头小学（后归并为康各庄小学）这所农村小学埋头苦干了十年，这十年虽历经雪雨风霜，坎坷崎岖，但却矢志不移，砥砺前行，正所谓"十年磨一剑"！

感悟：

在人生的大舞台上，在关键时刻，人们关注的并非你的资历、职务、职位，而是你真正的实力——只有这个东西才能使人折服。机会，只会留给有准备的人，留给有实力的人。在人生的惊险时刻，机遇与挑战并存。那次发言的机会是我的好朋友张伟老师给我的，其实这个任务看似简单，实则蕴藏着风险，压力也十分巨大。在机会面前，有两种可能，一种是腾空而起，一鸣惊人；另一种是坠入崖谷，成为笑料。幸运的是，前者选择了我。火山爆发之所以壮丽强劲，是因为它聚集了大量的能量。成功是一种幸福，更是一种鞭策和动力！

在东师大培训会上的发言

各位领导、老师：上午好！

昨天，听了黄宝国老师的讲座，可以说获益匪浅，真有"听君一席话，胜读十年书"的感觉。下面将我感受最深的几点和大家一起分享。

黄宝国老师说"教师要善于积累"，这话我非常赞同。所谓"天才在于勤奋，聪明在于积累"，说的就是这个道理。一位记者曾采访一位优秀教师，问她成功的秘诀是什么？这位优秀教师什么也没说，而是拿出她平时写的各种读书笔记、教学随笔之类的本子。记者一看大吃一惊，原来这些本子摞起来，竟比教师本人还高。这位记者终于恍然大悟，没有坚持不懈地读书学习，没有平时教学随笔的积累，怎么能成就今天的优秀教师呢？就拿我自己来说吧，我在教育类刊物上发表论文25篇，也是厚积薄发的结果。没有厚积，就没有薄发；没有深入，就没有浅出。火山爆发之所以强劲壮丽，火箭之所以能够一飞冲天，是因为它们聚集了大量的能量。所以，一个教师若能每天进步一点点，持之以恒，锲而不舍，就一定能积小胜为大胜，变平庸为神奇，最终走向成功的彼岸。

黄老师说"教师要善于发现教学中的矛盾问题"，这话说得也非常有道理。罗丹说过："美是到处都有的，对于我们的眼睛不是缺少美，而是缺少发现。"教学中我们要善于发现什么呢？就是要发现教学中的矛盾之处，这个矛盾就是教学中存在的问题。比如《摩擦力》一课，我给同学们提出了一个开放性的问题：如果没有摩擦力，世界会怎么样？同学们思考后做出了大胆的设想。一位同学说："如果没有摩擦力，汽车、火车根本就无法停下来，交通事故就会频繁发生，整个世界就会乱作一团。"另一位同学反驳说："如果没有摩擦力，汽车、火车根本就跑不起来，交通事故又怎么会发生呢？那样整个世界就会处于瘫痪状态。"这是两个相互矛盾的问题，也是同学们争论的焦点所在。对于学生争论的问题，我没有回避，而是引导同学们在各自的推导前提下找原因，同学们终于发现，原来，两个问题推导的前提是不一样的，前一个推导的前提是：物体（汽车、火车）在开始时是运动的；后一个推导的前提是：物体（汽车、火车）在开始时是静止的。

我想，在同学们的这些大胆想象和推理之中，无疑渗透着牛顿惯性定律的思想，我为同学们非凡的想象力和创造力大声喝彩！没准儿早出生几百年，我的孩子们也是牛顿、哥白尼一样的大家呢！在上面的教学中，正是教师发现了教学中存在的矛盾——争论的问题，并且直视矛盾问题，因势利导，巧妙解决了问题，才使得整个科学教学更加精彩，更富有生命活力！

中国有个哲学命题叫作"知易行难"，意思是说，认识一件事很容易，但实践起来却很难。我们很多人都知道爱因斯坦质量与能量 $E=mc^2$ 的公式，但是原子弹的发明其实是千百万人艰苦努力的结果；我们每个人都知道交通规则，但横穿马路、闯红灯的却大有人在；先进的教学理念我们都知道，但是一到课堂上我们还是"穿新鞋，走老路"，总是重复着昨天的故事，这是为什么呢？知之非艰，行之惟艰。教学理念再好，也要靠我们每位教师在教育教学中不断去实践，去探索。由此可见，教师专业成长之路依然是路漫漫其修远兮，吾将上下而求索。

"滚滚长江东逝水，浪花淘尽英雄。"我们处在一个名师辈出的时代，从逝去的斯霞、霍懋征到活跃在教学一线的黄宝国、窦桂梅，他们都在平凡的岗位上做出了不平凡的贡献。有的老师说："名师虽好，但高不可攀。"我说我们要做最好的自己，所以，我们每个人切不可妄自菲薄。古语说："士别三日，当刮目相看。"

今天的我们，虽然只是一只只丑小鸭，但明天的我们将是一飞冲天的白天鹅！

好，我的发言结束，谢谢大家！

评析：

本文就是在东北师范大学培训会上交流时的发言，交流前只想能完成交流任务，不要被人嘲笑就好。没想到的是，我的发言一鸣惊人，受到大家的普遍赞誉。所以，这样一段发言，不仅是一次凝练深刻的现场交流，而且是一篇很有气势的演讲词。全文围绕培训老师的一些观点，结合自己的教学案例进行了深刻的论述。论述条分缕析，深入浅出，具有很强的感染力。全文见解独特，比如"知易行难""知之非艰，行之惟艰"，这些都深刻阐释了教师专业成长中遇到的普遍问题。结尾一段生动形象、雄健有力，给人以启发和自信。

作者和许多骨干教师在东北师范大学第二附属小学参观学习

🎓 教师即研究者

近年来，伴随着新课程改革的深入，"教师即研究者"的理念被一些专家学者提了出来，并且日渐成为许多教师努力追求的目标。

"教师即研究者"，这句话言简意赅，但内涵却十分丰富。它直接告诉我们，教师应该承担教学研究的任务，成为一名教学研究者。有的老师会说："我的工作是教书育人，我上好课就行了，没有必要去做教学研究的工作了。"可以这样说吗？我认为是不可以的。

的确，教师的基本工作是教书育人，但是，作为一名教师，只做常规教学工作，却不参加教学研究是不行的。新时代呼唤教师不应该只是一名"教书匠"，而应该是与时俱进的研究型教师或者科研型教师。教师参加教学研究，既是教师专业发展的需要，也是时代赋予我们每一位教师的光荣使命。全国特级教师毛荣富老师说过："把工作当作学问来做。"多年来，毛荣富老师一直扮演着两个角色：一个是语文教师，另一个是语文教学研究者。两者紧密关联，又相互促进。一个高中教师，教学任务十分繁重，还能把工作当作学问来做，确实难能可贵，应该为我们许多中小学教师奉为楷模。所以，作为教师，不能抱残守缺、故步自封，而应该与时俱进，对自身发展有更高的要求。

一说起研究，许多教师就会想起"课题研究""著书立说"等高大上的东西。

现在，许多学校都有课题立项，教育科学研究红红火火。我本人也参加过一些省市级的课题研究，比如"如何提高教学的有效性""运用信息技术手段提高学生自主学习能力"这样一些课题。一切都是摸着石头过河。不断地上课、评课，撰写反思、报告等，效果不错，这期间还有论文发表。当然，我也看到许多教师在做课题研究时常常感到无所适从、力不从心，似乎课题研究成了负担。

学校有立项课题不是坏事，但是，这些课题研究都适合教师吗？这些课题贴近教学实际吗？我曾看过有的课题的题目，真是晦涩难懂，思考了半天，未理解其中的含义。如果课题的内涵大家都搞不清楚，做这样的课题研究有什么意义呢？这样的课题真的做下去，无异于盲人骑瞎马。一位教育局的教研员曾直言，许多学校的"立项课题"最后都成了"死课题"，究其原因，就是这些课题根本不适合教师研究。所以搞课题研究一定要从教师实际出发，实事求是。适合的就搞下去，不适合的就坚决停止，绝不能为了研究而研究，否则的话只会浪费教师时间，徒劳无益。个别教师为了论文评比、评职称，不是去思考、研究自己的课堂，而是东拼西凑或者网上下载，修修改改，便以为大功告成，其实这种做法都违背了"教师搞研究"的初衷。

著名教育学者朱永新认为："中小学教师搞教育科研，就是应该从记录教育现象、记录自己的思考、记录自己的感受开始，把一串串'珍珠'串起来，那就是一根非常美丽的项链。"其实，教师本人就是教育教学的亲历者、实践者、探索者，他们天天和学生打交道，所以教师最了解教育教学中的实际问题，他们进行教学研究，具有得天独厚的优势。所以，对于教育教学中的现象、问题，分析其中的成败得失，最后加以归纳、总结，撰写出来，这其实就是一种很好的研究工作。

就拿我自己来说吧，上完一节课，我都会静下心来，回顾一下这节课，把教学中的亮点、学生的精彩发言、教学中的生成、教学中的疏漏……都一一记录下来。这样每学期都能记录两三个备课本，大约三四万字，一年就是七八万字，天长日久就积累了很多。我记录的文章形式有教学案例、教育叙事、教育日记等。

也写教学论文，只不过一篇高质量的论文需要更长时间的实践、思考、探索，而且写起来难度更大。当然，如果平时积累的素材多了，并且富有创造性，那写教学论文也是水到渠成的事。其实不光是上课，我们平时组织的各类活动，和学生的谈话交流、后进生转化、作业辅导等，所有和教育有关的事，都可以成为研究的对象。教育无小事，事事皆育人；教育无小事，事事可研究。

有的老师说：我平时工作特别忙，备课、上课、作业批改、后进生辅导……这么多日常琐事，已经搞得我焦头烂额，搞研究会不会影响正常的工作？其实，教师搞研究和教育工作并不矛盾，研究搞好了，不仅不会影响教学，反而会促进教学，使我们的工作事半功倍。比如如何激发学生学习兴趣？在科学课上，我进行了大胆地探索，尝试运用多种教学方法，如魔术法、实验法、故事法、谜语法、游戏法等，实践证明，这些方法效果很好。科学课上，孩子们喜欢思考，乐于探究，学习热情非常高涨，教学效率不断提高。最后经过归纳总结，写出了教学论文《体验科学魅力，享受快乐学习》，后来这篇论文被《科学课》《教学实践与研究》等有名的刊物发表。我们通过教学实践，总结出许多规律性的东西，用这些规律性的东西，再去指导我们的教学实践，并且不断地实践验证，归纳总结，如此循环往复，形成良性循环。一边搞教学，一边搞研究；既探索前行，又开拓创新。于是，学生喜欢，同行佩服，又收获科研成果，这难道不是人生的幸福吗？

前些日子，唐山市开平区教育局举行科学优质课大赛，聆听了好多节课，也引发了我很多的思考。其中有的课平淡无奇，教师语言啰唆，评价语单一；有的课教学秩序混乱，学生不知所措；有的课把简单的问题复杂化，使得听课学生和老师云里雾里，诸如此类，问题还有很多。教师参加优质课比赛，应该是经历多次试讲和打磨了，但问题还这么多，那试想平时这些教师上课又会如何呢？教师出现诸多问题的原因是什么？根本原因就是教师平时没有反思和研究，于是问题总是问题，困惑总是困惑。没有深入的思考和研究，上十年课也不过是一节课的重复。

当然也有的课就与众不同，从教学的引入，就非常吸引人；教具制作新颖别致，很有创意；教学环环相扣，层层推进；教师提出的问题，难度适中，有利于启发学生思考和联想；教学效率很高，整个教学浑然一体，充满了创造性。后来一问授课教师才知道，为准备这节课他花费了一个月的时间。正是因为平时不断地思考和研究，才打造了这样一节高效率、有品质的课堂。所以，没有反思和研究，就没有教师专业的发展，没有教师专业的发展，就没有学生更好的发展。

还有一些教师会问：教师平时工作已很繁重，哪有时间搞教学研究？鲁迅先生说过，时间就像海绵里的水，只要愿意挤总是有的。达尔文说过，我从来不认为半小时是微不足道的一小段时间，完成工作的方法是珍惜每一分钟。多年前，我在实验室亲自张贴了这些名人名言，我也经常用这些名人名言去勉励我的孩子。孩子很聪明，还把最后一句改为：完成工作的方法是珍惜每一秒钟。这样一改，可谓更加精辟完美。课堂上我不光是这么教的，也是这么去做的。当我们真正去做研究的话，我相信你一定会有所收获，你一定会理解这些名人名言的真正含义，你一定会理解这些伟人名人成功的原因。诗人汪国真说："既然选择了远方，便只顾风雨兼程。"既然选择了卓越，便意味着砥砺前行。教学研究，教学反思，说起来只是简单的几个字，但实践起来却是无数的心血和汗水。创造和收获总是辛苦勤劳的产儿，怠惰无为只会浪费年华生命。于是，常人拥有的休闲娱乐经常要让位于读书写作，业余时间和节假日也往往要忙于思考研究。除此之外，还要耐得住寂寞，经得起挫折，还要在孤独中寻觅跋涉。但是，有失去就会有所得——当你上完一节课，突然收到学生饱含喜爱、崇拜之情的小纸片或小卡片时，你会感到教师职业的美好；当你在大庭广众之下一鸣惊人、脱颖而出，被无数人赞美的时候，你会感到莫大的幸福和快乐；当你在远方的城市看到自己发表的研究成果的时候，你会感到自身的价值，内心的成就感和自豪感是旁人无法体验到的。也许在现实生活中你正经历着诸多的不如意，且又无力改变，但是在教学研究的世界里，你可以充分地驰骋思想、展现才华、释放生命、追求梦想。所以，我们要相信，所有的努力和付出，终将不会辜负。

教师即研究者，不仅是教师专业发展的要求，也是时代赋予我们每位教师的光荣使命。"不忘初心，方得始终"，教师成为研究者，作为一种理念、一个响亮的口号，既然被提了出来，就希望它不只是一种理念、一个口号，而是需要我们每位老师扎根于课堂，亲自去实践、去探索、去研究，相信我们终将会有所收获。

教师要写论文吗

还记得多年前，我和许多老师要评高级教师（相当于现在的一级教师），但由于没有发表的论文，我和许多老师都被挡在了职称评审的门外，痛定思痛，便开始了论文写作的摸索。也是赶上了课改的大潮，学校也开始倡导老师们撰写教学反思，于是拿起手中的笔，针对自己的课堂，开始写了起来。到了第二年，虽然职称评审对论文没有了硬性要求，但我还是在全国知名的教育类刊物上发表了5篇教学论文，荣幸地评上了高级教师，可谓实至名归。论文的发表，也受到了领导和同行的赞誉。在拿回评审材料时，学校的李老师深有感触地对我说："你要感谢这些杂志啊！"我点头称是。

十多年过去了，现在的职称评审条件对论文早已没有了硬性要求，相关教育部门也是强调克服"唯论文"的倾向。既然职称评审对论文已经没有了硬性要求，教师还要不要写论文呢？我认为，教师还是要写论文的，而且是非常必要的。

其实我们教师写论文，当然不仅仅是为了评职称，更重要的是自身专业发展的需要。叶澜教授说："一个老师写一辈子教案也不一定能成为一位名师，但是写三年反思就有可能成为名师。"美国学者波斯纳曾提出一个著名的教师成长公式：经验＋反思＝成长。教学反思是教师专业成长的核心要素。我们上完一节课，一定要静下心来思考一下，把教学中的亮点、学生的智慧火花、教学中的成功之处或疏漏之处都可以记录下来，形成原始积累的素材。可以写教学案例，可以写教学叙事，也可以写教育日记等。文无定法，贵在得法。很多素材再经过加工整理，可能就是难得的佳作。正是沿着这样一条平凡而又不平凡的道路，走出了许多成绩显赫的名师、教育专家。有的老师可能说：我不想成为名师，也当不了教育专家。我想说，不想当将军的士兵不是好士兵。教师不一定要成为名师、教育家，但是一定要有追求卓越的意识，一位追求卓越的教师一定不排斥写教学反思，不排斥写教学论文。

自新课程改革以来，我们常常看到这样一种现象，很多教坛新秀参加省市甚至全国的优质课大赛，获得了一等奖的桂冠。这些一等奖的桂冠可谓光彩照人，让人羡慕，也令人充满了期待。但是，多年之后，这些教坛新秀并未再现辉煌，而是如天上的流星，只是一闪而过便黯然失色。

为什么许多教坛新秀很快就失去了光芒？其根本原因就是因为这些新秀缺少研究，不善于写作。虽然优质课大赛上能获得一等奖，但只是这一两节课上得好，况且好多老师这一节课的获奖，尚有其他老师的帮助。由于平时教学平平，又不善于反思和研究，十多年的教学只是在原地踏步，自然就"泯然众人矣"。还有一些新秀课上的虽好（这里需要说明一点，这里说的好课，也只是普通的好课，并不是十分精彩的那种，因为不写教学反思，很难达到更高的境界），但平时害怕动笔、懒于动笔，一年之中只是被动地写点工作总结而已。我曾看过一位参加市级优质课大赛的教师所撰写的教学反思，语言啰唆、文理不通，教学的亮点是什么？有什么创新之处？并没有完全表述出来，真是让人大跌眼镜。由于不重视写，就不能总结归纳自己的教学经验和教育智慧，也就不会形成自己的研究成果。没有研究成果，我们如何向别人展示和证明自己？所以，即使拥有优质课大赛一等奖的桂冠，但由于不善于写作，好的教学经验付之东流，缺少影响力，所以曾经的桂冠不过是昙花一现。著名教育家李吉林曾说过："没有文章，思想就行不远。倘若你只能上课，成不了教育家，就是一百节课一千节课也不行，一定要有理论构建，要有著述，形成自己独特的东西。"我们写文章，当然不是一定要成为教育家，但是，如果教师不写文章，教师的专业成长就非常受限——最终导致教学的平庸，所以写作成了普通教师与卓越教师的分水岭。"欲穷千里目，更上一层楼。"可以说，如果一位教师想在专业化发展方面百尺竿头更进一步，就必须在教学写作上有所建树。

钱梦龙老师在参加完一次论文活动评比后曾说："老师的文章写不过学生。"事实上，我们的好多孩子都能用他们手中的笔，描写他们周围的生活，并且写得富于真情实感。而我们的老师面对丰富多彩的校园生活，如果写不出点东西，这让我们教师情何以堪？几年前，我经常让学生留心生活，多参加科学实践活动，写科学观察日记，写科学小论文。许多孩子的观察日记、小论文写的有模有样，当然我也给予了必要的指导，许多孩子的小论文获奖甚至还发表了。后来，他们的班主任老师见到孩子们写的文章，真实生动，富有探索精神，激动不已，对我的悉心指导也表示感谢。试想，如果老师不会写论文，怎么指导孩子写小论文？

大凡有成就的教师，绝不仅仅只是教书匠，而必然是写文章的高手。所以，他们热爱写作，笔耕不辍，他们在教书育人的同时，认真对自己的教学经验和教育智慧进行反思和总结。写作，在成就自己的同时，也可以让自己的教学成果产生广泛而持久的影响力。

比如享誉世界的教育家苏霍姆林斯基，持之以恒地探索与写作，写出了41本教育专著、600多篇教育论文、1200多篇童话故事，全世界不知道有多少教师和教育工作者研读了这些著作，并且从中汲取了教育智慧，改进了自己的教育实践。特级教师李镇西非常热爱写作，他写了几十本教育日记，在各类报刊、杂志上发表文章数百篇，出版了16本专著。还有于漪、魏书生、钱梦龙、李吉林等教育名家他们都撰写了无数的文章，出版了许多著作。这些著作不仅成就了这些教育名家，而且深深影响了千千万万的教育工作者。上海的毛荣富老师、辽宁的徐世贵老师，也是我特别喜欢和敬佩的两位老师。我书桌上经常放着两位老师的书，作为一名普通的科学教师,也经常阅读他们的文章,常常被里面的文字所吸引,深受启发和鼓舞。我写文章也常常引用他们的教育名言,获益匪浅。高尔基说:"书是人类进步的阶梯。"歌德说过:"读一本好书,就是和许多高尚的人谈话。"这其实说的就是文章的影响力。试问:如果没有这些名师名家撰写的文章,全国各地的教师如何汲取他们的教育智慧?如果没有这些文章,我们怎么了解和认识苏霍姆林斯基、魏书生?

有人说,你列举的都是名师、名家,这个不容易学,也不具有普遍意义。其实,那些名师、名家也是从普通的教师成长起来的,甚至有的名师起步还不如普通教师。只不过这些名师扎根于教学一线,笔耕不辍罢了。下面我介绍一下自己——一个普通的科学教师,来说说写文章的好处。我过去只是个"无名小卒",伴随着课改开始写教学文章,现在在《科学课》《教学仪器与实验》《新课程研究》《教学实践与研究》等全国有名的刊物上发表论文30余篇。由于坚持写教学文章,我不仅参加比赛的获奖课(教学实录、反思等)发表了,就连平时上的"家常课"也发表了。当"发表"成了一种常态,说明什么呢?说明教育教学的高水平,说明教学中的创新独到之处。想一想,如果我们平时上课,都处于高水平状态,都有创新独到之处,那么对孩子的影响将是巨大而深远的。写文章和课堂教学是相互影响、互相促进的。写教学文章,促进教师对课堂教学的深入思考,促进教师不断改进教学,促进教师不断创新教学,从而使自身教学能力和教育智慧不断提高。

写文章不仅可以提高自身综合素质,更重要的一点是可以让自己的研究成果广泛传播,让更多的人受益。有一次,我和许多教师去东北师范大学附属小学(长春)培训学习,在学校的阅览室摆放着《科学课》杂志,我随手翻阅了一下,正好看到了刊载的我的一篇论文,当时激动的心情难以表达。还有一次,我去迁安市听唐山市科学优质课大赛,当时一个外县的女教师执教的《人造地球卫星》一课,正是我以前参加全国优质课大赛获奖的课。其教学过程和我的课一模一样,很明显参赛教师是参照、模仿了我的课。因为我这节课的教学实录发表在了《科学课》(全国唯一的小学科学专业刊物)杂志上。台上别人上课，台下坐着原作者，这真是人生很奇妙的事情。我想，自己的课能给别人带来影响并从中受益，这本身是一件非常值得骄傲的事情。还有一次上网的时候，我在网上看到一位外省的教师收藏了我发表的一篇文章《面对突如其来的"失火"》，这是一篇教学案例，案例反映的是课堂中面对突发事件"失火"，孩子机智、从容处理的过程，有一定的教育意义。这位老师收藏时特注：这是一篇安全教育的文章。能在网上看到别人收藏自己的文章，内心同样感到骄傲和自豪。

唐山市教育局教研室的袁守信老师多次在各种场合表扬我，因为他经常在《科学课》杂志上看到我写的论文。袁老师还经常勉励我，希望我在教育科研方面更上一层楼。开平区的好多老师见到我，也常常不吝各种赞美之词，因为他们都读过我写的文章。试想，虽然自己参加过全国优质课大赛，并且取得了优异成绩，也获得过许多"优秀""先进"的荣誉称号，但是，如果没有富于真知灼见的高水平论文发表，这些荣誉称号又能证明什么呢？大家会由衷地赞美你吗？恐怕自己还是个普通教师。所以，教师热爱写作，勤于动笔，可以让更多的人认识你，并且从你的教学经验和教育智慧中受到启发和教益。对于我自己来说，由于发表文章而受到广泛赞誉，是我人生中最值得骄傲的事情。

网上经常充斥着这样一些言论：说一些教师不好好上课，却埋头写一些论文，用于评职称。以此来说明写论文并无益处，教师不应该写论文。教育实践告诉我们，如果一个教师课上不好，论文是绝对写不好的。因为论文写的就是我们的教育实践、我们真实的课堂，写文章就是教师对于教育实践的归纳总结。由此可见，教育实践是我们进行写作的活水源头，离开了教育实践，怎么会写出精品文章呢？鲁迅先生是伟大的文学家，文笔出众，不是一般人能比的。据说他想写一些反映长征的文章，但是由于他没有参加过长征，也没有采访过长征，不了解长征，所以这一愿望终未实现。这个事例说明什么？说明实践是创作的唯一源泉。对于伟大的人物也是一样，无论他写作能力有多强。因此，一个教师只有上好课，才能写出好文章；一个教师只有上富有创造性的课，才能写出有创造性的文章。归根结底，好文章不是"写"出来的，而是"做"出来的。所以，一个教师不好好上课或者上不好课，写论文就成了无源之水、无本之木，写出来的文章也没有任何价值。

而仅仅是为了评职称才写论文，这种做法也并不值得称道。科学家诺贝尔说过："生命，那是自然付给人类去雕琢的宝石。"而写作，正是雕琢生命的"宝器"。因此，写作应该成为教师生命历程的一部分，教师应该在写作中完善自我、升华自我。而任何带有功利性的写作不仅难以获得成功，而且体验不到其中的乐趣。

"李杜文章在，光焰万丈长"，我们不是诗人，但是，我们可以拿起手中的笔，去描绘我们丰富多彩的校园生活，续写教育生涯的宏伟篇章！

童心火花——教育日记

爱学生，就必须善于走进学生的情感世界，就必须把自己当作学生的朋友，去感受他们的喜怒哀乐。事实上，当学生对你说悄悄话的时候，你的教育就成功了。

教学之余，自己也经常写一些教育日记，这些教育日记其实也就是一些教学案例或教育叙事。这些教育日记，有的篇幅较长，有的短小精悍。这些教育日记，记录着自己教育教学实践的点点滴滴，记录着孩子们的童心童趣，记录着孩子们的智慧火花。

科学是人类进步的阶梯

这节课是四（1）班的第一节科学课。课堂上，我提了一个看似简单但富于思考性的问题："科学是什么？"同学们思考后纷纷回答，有的说："是发明创造。"有的说："是探索大自然的奥秘。"有的说："科学就是用实验来验证某种猜想。"同学们的思维异常活跃，我及时地表扬了他们，同时鼓励大家积极发言，大胆表达自己的观点。

这时，一个女同学站起来回答："我认为科学是人类进步的阶梯。"话音刚落，就听到下面有个同学小声嘀咕说："不对！书籍是人类进步的阶梯，这是高尔基说的。"

我想，同学们课外读了很多书，对高尔基的名言"书籍是人类进步的阶梯"非常熟悉，"科学是人类进步的阶梯"这句话从来没听说过，当然是错的了，同学们有这样的想法也是很正常的。但是，这位女同学的观点又是很有道理的。于是，我问旁边的一位同学："她说得对吗？"

"书籍是人类进步的阶梯，这句话是对的，科学是人类进步的阶梯，这句话不对！"我没做出评价，继续问第二个同学。

"老师，我也认为书籍是人类进步的阶梯，科学不是人类进步的阶梯。"

我提问了好几个同学，他们一致认为："书籍是人类进步的阶梯"这句话是正确的，而"科学是人类进步的阶梯"这句话是错误的。

"刚才这位女同学说科学也是人类进步的阶梯，好多同学都不同意这种观点，大家还有不同的意见吗？"

这时，一位女同学站起来说："老师，我认为，科学是人类进步的阶梯，这句话是对的。"

"为什么？"

"因为科学给我们人类带来了很大的便利。"

"能不能举一些例子，来说明你的观点？"

"比如电灯给我们带来了光明，手机方便了人们的生活，汽车、飞机的发明促进了社会的进步，所以，我认为科学是人类进步的阶梯。"

"说得真好！有理有据！"我表扬说。

最后，我总结说："书籍是人类进步的阶梯，因为读书可以使我们增长知识，开阔视野，可以使我们增长才干，所以高尔基的这句名言说得很好。科学，可以让我们探索更多的自然的奥秘。科学改变了我们的生活，比如汽车、飞机的发明，人造卫星、宇宙飞船的上天，也推动了社会的进步。邓小平说过一句话，科学技术是第一生产力。所以，科学是人类进步的阶梯，这句话也完全正确！"

"高尔基是一位伟大的作家，在世界上很有名。但是我们不要过于迷信他说的话，我们不能因为是名人说的话就认为是对的，普通人说的话就是错的，重要的是他说的话是否有道理。咱们班的这位女同学虽然只是个小学生，不是名人，但是她说的这句话比名人说的话还要精彩！"

话音刚落，教室里响起了热烈的掌声。

是坐车好还是不坐车好

这节课是六年级的科学课,课题是《环境问题和我们的行动》。在教学的开始,我提问:"空气是我们生命中每时每刻都需要的地球资源。说一说,清新的空气是什么样的?"思考后同学们纷纷举手。

"空气是没有颜色、没有气味的。"

"空气是无色透明的气体。"

"但是工业和城市的发展在为人类创造财富的同时,也把很多废气、废物排入大气中,从而形成大气污染。说一说,哪些污染源会排放废气?"

"工厂排放的浓烟。"

"物体燃烧产生的气体。"

"汽车、飞机排放的废气。"

……

"想得很周全!"我表扬说。

接着我提出以下问题:"近年来,我国积极推广无车日活动,以节约能源和保护环境,说说看,什么是无车日?"

"就是在这一天,大家都不开车,可以骑自行车或步行。"有同学解释说。

"说得很正确!"我说。

这时，我发现刘思雨同学在举手，便示意她站起来。

"你想说什么？"我问。

"老师，我觉得还是坐车好，坐车可以节省时间，也浪费不了多少资源。"刘思雨解释说。我知道刘思雨同学这番话是站在自己的角度来说的，因为刘思雨同学平时都是爸爸开车送来上学的，虽然刘思雨同学的家离学校并不算远。

话音刚落，立即有许多同学表示反对。

"同学们可以说说自己的观点。"

"我觉得坐车不好，虽然坐一次浪费不了多少汽油，但是时间长了，浪费的就多了。"

"我也认为要少坐车，步行或骑自行车不但可以锻炼身体，而且可以节省资源，不是一举两得吗？"

"我觉得坐车好，坐车速度快，可以提高做事效率。另外，如果外出旅行或出远门，骑自行车或者步行可就望尘莫及了！"

"骑车或步行的确比较慢，但是如果出远门，可以乘坐公交车或火车。我说的是上学、放学这样短的距离，坐车就太不应该了！"

"有的同学上学、放学也要坐车，平时也不注意锻炼身体，身体越来越胖，连走路都气喘吁吁……"

一句话，逗得大家哈哈大笑起来。

最后，我总结说："刚才同学们的辩论可谓仁者见仁，智者见智。汽车是人类伟大的发明之一，它作为当代最重要的交通工具，大大促进了社会的进步，方便了人们的生活。但是任何事物都是有其利就有其弊，汽车作为交通工具的弊端也是非常明显的，比如车祸、空气污染等，强调大家步行、骑自行车并不是让大家永远不坐车，因为那样做无异于因噎废食。必要的时候，车我们还是要坐的，只是汽车在可坐可不坐的时候，我们当然要选择环保经济的交通方式。我希望我们每位同学都要树立环保、低碳的理念，愿全体同学都积极行动起来，为创建绿色、低碳、环保的环境而努力！"

要为学生的健康着想

今天是开学的第一天。中午,闫惠同学来到我的办公室向我借钢笔,说要练习写钢笔字,于是我给她找了一支钢笔。和闫惠同学一起来的还有张艳阳同学,一见到她,我感到非常奇怪,因为她已经升初中了,应该在中学读书才对,于是我不解地问:"你今天怎么没上学呀?"张艳阳笑着说:"老师,我又到小学来上学了!"

"为什么呀?"我更加奇怪了。

"老师,我得病了,治了好长时间,耽误了许多课程,所以我又回到小学了。"

"什么病呀?"

"老师,我得了抑郁症,不过现在好了。"张艳阳坦率地对我说。

啊?得了抑郁症!我的内心不禁一颤,有些不相信自己的耳朵。因为在我的记忆里,张艳阳是一个健康、活泼又懂事的好学生,这样一位好学生怎么会得抑郁症呢?我于是又问:"得了这个病,那你平时有什么表现呢?"

"比较自卑,情绪低落,注意力无法集中。"

"那你现在完全好了吗?"

"老师,我现在全好了!"

"是不是升初中后学习压力太大了?"

"可能是有些吧！"

"凡事要想开点儿，学习上也不要过于疲劳，平时要多参加一些文体活动，对我们的健康很有利！希望你以后多注意身体！"

"谢谢老师！"说完，两位同学走了。

又过了一会儿，三年级的张雨晨同学和张佳颖同学来到了实验室做卫生，她们拿起笤帚就开始扫地。应该说，过了一个寒假，实验室的地面又落了一层尘土，为了防止尘土飞扬，我和往常一样叮嘱两位同学："慢点儿扫！要擦着地皮儿扫！千万不要起尘土！"

"知道了！"两位同学答应着，便开始扫起来。过了一会儿，我走进实验室一看，地面已经快扫干净了，但实验室里面已经是尘土飞扬，看到这个情景，我急忙喊："别扫了！快出来！"两位同学好像没听见似的，继续扫着，在我的再三催促下，两位同学才从实验室里走出来。看到两位同学"奋不顾身"的样子，我内心很受感动，但又为两位同学不顾身体健康而蛮干的行为感到不满，于是生气地说："你们都很爱劳动，但也要爱惜自己的身体！以后扫地一定不要再起尘土！"

随后我打开了实验室的门窗，等了一会儿，实验室里的尘土已不再飞扬，两位同学才再次进入了实验室。

在现代社会，德智体全面发展是素质教育的基本要求，拥有健康的身体是老师和家长的共同愿望。但是，受应试教育的影响，学生课业负担依然很重，学习压力很大，我们的学生的身心健康状况不容乐观。关心和热爱学生，就是要从身体和心理两方面去为学生着想，就是要从生活、学习中的点点滴滴为学生着想，这是我们每一位教师义不容辞的责任！

使用工具

今天有六年级的三节课，课题是《使用工具》。在这节课里需要用一个简单的教具——在一个木板上钉上几个不同的钉子。目的在于让学生利用手边的工具取下木板上的钉子，使学生懂得使用工具可以省力或者方便，并且培养学生的动手动脑能力。

以前我在上这节课时，做过这样一个教具，上课时简单修理一下，就可以上课用了。但是课前没有找到这个教具，我只好重新做了一个。由于手边没有木板，我跑到学校一角一个储藏废旧桌子的地方找了一块木板。然后又找到管后勤的马义老师，他给我打开了储藏室。在储藏室里我看到了各种各样的钉子，有十字螺丝钉、一字螺丝钉和普通螺丝钉等，这正是我要寻找的材料，顿时喜出望外。我又寻找了好长时间，找到了一些图钉。最后，我把这些不同的钉子用锤子、螺丝刀等不同工具分别固定在了木板上，这样，一个崭新的教具终于做好了。此时，内心的石头终于落了地，我终于可以安心去备课，上课也不用发愁了。

工欲善其事，必先利其器。生活中，很多很费力、很难做的事情，准备好工具，可以事半功倍，提高我们的效率。上好科学课，也要准备好工具，这个工具就是教具。准备好这个教具，同样可以发挥其重要作用，提高我们科学课的教学效率。

由孩子的模仿想到的

快上课的时候，我来到四（2）班教室。坐在前面的一个小女孩，正在看着自己的作业本。我走到女孩跟前，看到本子的一面是我用红笔写的批语"优"和日期，另一面是用蓝笔写着的两个"优"字，还有日期。看蓝色的字体，好像是她自己写的。看到这些，我对女孩说："给我看看。"

"不。"女孩不好意思地把本子藏了起来。

"没事的，我只是看看。"

女孩把作业本交给我，我看了看，指着上面蓝色的字体，问："这是你写的吗？"

"是的。"

"你写这个干吗呀？"

"老师，我想模仿一下你的字体。"女孩有点不好意思。

此时，我恍然大悟。

我又端详了一下我写的字体，再对比一下女孩的字体，发现女孩模仿得还真有些像。我写的批语类似于行书，女孩模仿的字体也类似于行书。还好，我写的字体比较工整、规范，如果我写的批语"龙飞凤舞"，字迹潦草，岂不是要误人子弟？

少年儿童具有明显的向师性，他们对教师具有先天的依赖、崇拜心理，他们对于老师的一言一行、一举一动都有模仿的趋向。作为教师，我们要珍视孩子的向师性，一点一滴，一言一行，都要严格要求自己，以身作则，率先垂范。只有这样，我们才能以自己良好的言行，为孩子树立榜样，而不是误导孩子。

要关注学生中的弱势群体

三年级的科学课上，同学们正在做观察种子的实验。由于实验是分组进行，前面的同学开始转过身和后面的同学一起观察起来。由于有的同学没有带来植物的种子，于是他们纷纷离开自己的座位到别的小组那里去观察，也有的同学到别的同学那里去借种子。在巡视过程中，我发现刘佳怡同学也没有带来种子，她来到高天同学那里和高天一起认真地观察起来。此时我心里一阵高兴，因为毕竟两位同学成绩都很差，许多同学都瞧不起他们两个，因此，在分组合作过程中，也没有哪个同学愿意和他们两个一组，但是没有想到今天两位同学走到了一起，真可谓是"同命相怜"了！不管怎样，作为老师，我还是暗自为两位同学的密切合作而高兴。又过了一会儿，我走到高天同学那里时，发现刘佳怡已经离开座位，独自站在离座位较远的一角，眼睛里默默地流着泪。此时，我想，一定又是哪位同学欺负她了。于是我问："刘佳怡，你为什么不和高天一起观察了？"

"老师，刘彤她不让我观察了！"刘佳怡非常委屈地说。

"她不让你观察你就不观察了？"我反问道。

刘佳怡闭口不答，还是默默无语地流着泪。

"刘彤，你为什么不让刘佳怡观察了？"我严厉地责问刘彤。

"老师，我……"刘彤此时无言以对。

"刘彤，你有什么权力不让别的同学观察呢？如果别人不让你观察了，这可以吗？"我继续严厉地责问。

此时，刘彤低下了头，脸红红的。

在班集体里，总有一些同学歧视弱小的同学，这是一件非常让人痛心的事情！于是，我走到讲台前面，大声对同学们说："今天，我觉得高天同学做得非常好，为什么呢？咱们班好多同学都不愿意和刘佳怡同学合作，但只有高天同学以诚相待！很多同学瞧不起成绩差的学生，但只有他对待同学没有丝毫的偏见和歧视，反而是诚心诚意！在我们班集体里，确实有的同学成绩不理想，但这绝对不能成为我们歧视别人、欺负别人的理由！无论在任何时候，同学之间都要互相关心，互相爱护，互相尊重……"

我在讲述的时候，教室里一片安静。讲完后，张媛同学站起来大声说："老师，我们今天带来了很多的种子，就让刘佳怡到我们这一组来观察吧！"

"张媛同学表现也很好！她也愿意和刘佳怡同学一起来观察！"我表扬说。

这时又有几位同学举起手来，表示愿意让刘佳怡到他们那组去观察。

"刘佳怡，你愿意到张媛他们那一组去观察吗？"

"愿意。"刘佳怡同学终于露出了笑容。

随后，刘佳怡同学来到张媛同学一组，和他们一起认认真真地观察起来。

思考：

在班集体里，歧视、欺负弱小同学，是一种非常普遍的现象（在一定程度上说，欺软怕硬，也是我们人类自身的弱点）。那些弱小的同学由于成绩差，不被人重视，他们内心深处掩藏着深深的自卑，如果再受到别人的歧视或者欺负，那对于他们本来自卑的心理无疑是雪上加霜。作为教师，我们不但自身不要歧视那些弱小的同学，而且要教育我们的学生不要歧视、欺负那些弱小的同学；作为教师，我们不但要对那些弱小的同学给予更多的关爱和照顾,而且要教育我们的学生给予弱小的同学更多的关爱和照顾,只有这样,我们才能让那些弱小的同学在爱的阳光下,挺起胸膛,重塑自信,健康、快乐地成长!

🎓 是少数服从多数吗

科学课上，当我介绍完定滑轮的结构后，我问："根据你升国旗的经验，想一想，使用定滑轮有什么好处？"

思考了片刻，闫君同学站起来说："老师，我认为使用定滑轮可以省力！"

"说说你的理由？"我问。

"感觉是这样！"闫君说。

"其他同学，谁还有别的想法？"

"老师，我认为使用定滑轮比较方便。"经常有独特观点的刘圣楠同学回答。

"说说你思考的理由！"

"如果没有定滑轮，人要是站在旗杆上往上拉旗子，那样太不方便了！"

听完这个回答，田盼等几位女同学哈哈大笑起来，她说："这种想象真是太奇特了！"

"确实想象很奇特！但我觉得很有道理！同学们还有其他想法吗？"

"老师，我认为使用定滑轮既省力，又比较方便！"田盼站起来说。在她看来，把前两位同学的猜想合二为一，一定更加全面，不会出错了！

"好！现在班上出现了三种猜测结果：一、使用定滑轮省力；二、使用定滑轮方便；三、使用定滑轮既省力，又方便。现在统计一下，同意省力的举手！"

有四位同学举起手来。

"认为使用定滑轮方便的举手！"

数了数，有七位同学举起手来。

"认为使用定滑轮既省力又方便的，请举手！"

此时，班里大多数同学都举起手来。

"老师，我也不认为是方便了，我认为是既省力又方便！"同意第二种猜想的一位同学加入大多数同学的猜想队伍中。

"老师，我也认为既省力又方便！"

"老师，我也同意这个观点！"

……

好多同学放弃了原来的观点，开始同意"既省力又方便"这一观点了。最后，我发现，同意"使用定滑轮方便"的只有刘莎莎一位同学了。

"你还坚持自己的观点吗？"我问刘莎莎同学。

"坚持！"刘莎莎肯定地说。

"肯定我们的猜想对！"

"肯定是少数服从多数了！"学习一贯比较优秀的田盼胸有成竹地说。

"那也不一定，有时候真理掌握在少数人手里。"我笑着对田盼说。

"肯定是少数服从多数！没问题的！"田盼看起来非常自信。

"事实胜于雄辩！那我们就用事实来评判吧！"

说完，我打开实验盒，边讲解边演示起定滑轮的组装方法。

组装完毕后，我说："这里有安有挂钩的细线，还有钩码，你们就自行设计实验来证明你们的猜想吧！"

说完，同学们立即开始组装操作起来，不一会儿，我听到刘圣楠一组有同学喊："老师！我们这组实验成功了！"

我看了看他们的组装设计方法果然正确，实验装置上，固定着一个定滑轮，一根细线绕过定滑轮，细线的左端挂着一个钩码，细线的右边挂着一个钩码，左右两端的钩码保持平衡。我随即问："这个实验证明了什么？"

"实验说明，使用定滑轮可以省力！"

我没有对他们的结论进行评判，又来到了田盼同学一组，发现他们的设计也完全正确，我于是问："这个实验可以说明什么？"

"使用定滑轮可以省力！"田盼说。

来到讲台前，我问："这个实验可以证明使用定滑轮省力吗？"

这时，张苏天同学站起来说："这个实验不能证明使用定滑轮省力！"

"那说明什么？"

"使用定滑轮不省力也不费力！"

"说说你的理由。"

"因为左边重物是 0.5N，右边重物也是 0.5N，所以说使用定滑轮既不省力，也不费力！"

"那你认为使用定滑轮方便吗？"

"方便！因为就像升国旗一样，人往下拉，旗子向上走！"

"你分析得完全正确！这说明使用定滑轮并不省力，但人站在下面就可以让国旗升上去，改变了用力方向，因此比较方便！"我总结说。

"现在，我们再回过头来看，最初谁的猜想是正确的？"

"是刘莎莎！"

"是少数服从多数吗？"

"是多数服从少数！"此时，田盼等几位同学向刘莎莎同学投去了敬佩的目光。

"有时真理只掌握在少数人手里。我们学习科学，不要人云亦云，随波逐流，我们要善于独立思考，并且要勇于坚持自己的观点和主张！"我最后总结说。

真理有时只掌握在少数人手里,因为真理并不容易被人发现,并且敢于坚持的人也很少。因此,在是非曲直面前,谁能够坚持自己的观点和主张,谁就是最后的胜利者!

要好好锻炼自己的口才

这节是六（1）班的科学课。上课的时候，我提问："鸟的结构特征有哪些是与环境相适应的？"

略加思考后，陈堂明姝同学站起来回答说："鸟的翅膀。"

"鸟的翅膀怎么样啊？它的什么特征是和在空中飞行时相适应的？"我追问说。

"鸟的翅膀，不是，是羽毛很轻。"陈堂明姝显然还是没有组织好自己的语言。

"我们回答问题时语言要准确、完整，而且表达观点要有逻辑性，只有这样，你的表述才能让别人听清楚。"我解释说。

接着我又以期中考试的一个简答题为例，解释说："比如下面这个题目：为什么几吨重的汽车，司机轻轻转动方向盘，汽车就可以转动？有的同学的回答是：因为是轮轴。这样的回答就不完整。可以这样回答：因为汽车方向盘属于轮轴，而轮轴有省力的作用。这样的回答语言很简洁，而且很完整。我们回答问题也要做到语言准确，所以我们要好好锻炼自己的口才。"

"鸟的翅膀有羽毛，羽毛很轻，这有利于鸟儿在空中飞行；鸟的身体是流线型，有利于减小空气的阻力……"在我的引导下，陈堂明姝一下子说出了三点，而且语言也有了条理。

陈堂明姝是班里的好学生，可能一点就透，但班里相当一部分同学回答问题还是磕磕巴巴，还有的同学站起来一言不发，可能很多同学没有意识到口才对他们成长的重要性吧，于是我给同学们讲述了身边的故事：一位骨干教师，一次在培训学习后和大家交流自己的观点，磕磕巴巴，连用几个"嗯""啊"，最后还是没说清楚，后来这位骨干教师的表现竟成为大家茶余饭后的笑料。

接着我又给他们讲述了战国时期蔺相如的故事："……蔺相如在完璧归赵和渑池会上立了大功，职位在廉颇之上，廉颇很不服气，认为那不过是耍嘴皮子。其实会动嘴皮子也是一种才能，这正是我们所说的口才。三寸之舌强于百万之师，蔺相如正是依靠出类拔萃的口才，战胜了秦王的无礼，捍卫了赵国的尊严。在当代，国家领导人出国访问，也要靠良好的口才，所以，我们小学生更要从小好好锻炼自己的语言表达能力！"

在我讲述故事的过程中，同学们听得津津有味。在接下来的教学中，同学们在回答问题时注意了自己的语言表达，在语言的准确性、逻辑性等方面有了一定的进步。

思考：

这届六年级同学给我的印象是，课堂纪律较好，但课堂气氛沉闷，好多同学不敢回答问题，有些同学积极举手发言，但他们的语言表达也经常是啰唆、词不达意，本课教学中，几位同学的表现可见一斑。在教学中，教师有意识进行了引导，并传授了正确的语言表达方法，这是非常必要的。接着，教师还以身边的事例和蔺相如的经典故事来教育学生，使学生认识到口才的重要性，这对于学生的成长也将会产生深远的影响。

换座

这节是六年级的科学课,课上到一半的时候,忽然听到靠近南面窗户的同学大叫:"老师,马蜂!"

我朝着南面窗户的位置望了望,原来是刘嘉成同学正在惊呼,窗台上一只马蜂正在蠢蠢欲动。这时,班里很多同学都朝着他的方向望去,此时班里一阵骚动,还有个别同学已经站立起来。

面对班里突如其来的情况,我大声说:"不要急,你不碰马蜂,它也不会碰你的。"

我这样一说,班里安静了好多,同学们开始把目光集中在我这里。这时,我看了看刘嘉成,他还是显得局促不安,似乎很担心马蜂去蜇他。

教学继续往下进行,过了一会儿,我忽然听到班里有同学喊:"老师,他俩换座了。"当我再向南面望去的时候,发现刘嘉成和张鹤飞两个同学已经调换了座位。不过,我发现刘嘉成坐在后面的座位上,神情显得很平静,坐在前面的张鹤飞也很专注,好像除了换座外,别的事情什么也没发生。我在想,可能是张鹤飞不怕马蜂,而和怕马蜂的刘嘉成换了座位。

快下课的时候,我对同学们说:"课堂上随便换座,这是不允许的,但今天张鹤飞和刘嘉成课堂上互换了座位,情况比较特殊。张鹤飞同学换座,是为了消除刘嘉成同学的恐惧心理。同时也使班里保持了良好的课堂秩序，这种乐于助人的行为，不但不会受到批评，还会受到表扬。"

话音刚落，同学们热烈地鼓起掌来。

老师，我的水蜗牛死了

中午，刘思雨同学和刘胜男同学来到我的实验室。一进门，只见刘思雨同学瞪着一双大眼睛，直勾勾地看着我，慢慢地向我走近。看到刘思雨这个表情，我感到十分惊讶，忙问："你怎么啦？"

"老师，我养的水蜗牛死了。"刘思雨嘴角抽噎着，眼睛里已噙满了泪水。

"蜗牛是怎么死的？"我问。

"我也不知道是怎么死的，反正养了几天它就死了。"

"没关系！生老病死是每一个动物都会经历的事。我们在饲养过程中尽了最大的努力，就足够了！"我安慰她说。

"瓶里还有几只蜗牛？"

"就剩一只蜗牛了。"

"既然还有一只，那就好好养着它，别忘了写出观察日记。"

"老师，我记住了，我会好好饲养剩下的蜗牛的！"说完，刘胜男同学搀着抽噎着的刘思雨同学慢慢走出了实验室。

看，多可爱的孩子啊！一个小动物死了，她们也会难过得伤心流泪！在饲养小动物的过程中，孩子们内心深处与生俱来的"珍爱动物，珍爱生命"的美好情感被彻底激发了，这种美好情感足以让那些肆意残害动物，视生命如草芥的人们感到汗颜！这种美好情感也深深感染了作为科学教师的我！作为科学教师，我们常常教育孩子们要"珍爱生命，与动物和谐共处"，那些空洞的语言显得多么的苍白无力，我们身边的"故事"难道不是教育孩子的最好"例证"吗？

学生给我送来了青蛙

星期五中午,我正在准备室看书。忽然"咚咚咚"一阵跑步声,只见刘俊楠从外面快步跑了进来。只见他满头大汗,喘着粗气。看到我,他神秘地对我说:"老师你看!"说着,他把手里的易拉罐拿给我看,我仔细一瞧,原来是三只青蛙,里面还盛着水。

我问:"从哪捉来的?"

刘俊楠说:"从东塔大坑捉的,现在我想把它送给你,老师你要吗?"

我说:"那当然好了,就把它放在饲养槽里吧!"

说完,刘俊楠连青蛙带水一起倒进饲养槽里,青蛙一到水里,就迅速地游来游去,真是"如鱼得水"啊!此时,里面原有的小蝌蚪也迅速东躲西藏,唉,跑什么呢?你们原本就是"一家人"啊!

观察了一会儿,刘俊楠对我说:"老师,里面的水太少了,我给你打点水去吧!"说完,他拎起一只水桶就跑了,不一会儿,刘俊楠拎着一桶水回来了。他把水倒在饲养槽里,水面升高了,里面的青蛙、蝌蚪、小鱼游得更欢了。

又过了一会儿,准备室里陆续进来了好几位同学,他们聚拢在饲养槽周围,蹲下身子,认真观察着,他们观察到的,好多是书本上没有的。

说实话,自从两个月前张璐瑶同学送给我几十只蝌蚪后,饲养槽周围经常聚集着好多同学,由于觉得好奇和有趣,有的同学还从我这里要了些蝌蚪,此后他们精心饲养着,还认真写着观察日记呢!在饲养过程中,他们还有许多发现呢!当然,在饲养过程中,作为科学教师,我也学到许多科学知识,这种知识的获得,与自己看书、查资料获得的方式是不一样的,是自己亲身观察实践获得的,因此获得的知识更深刻,获得的情感体验更丰富。说实话,这要完全得益于我的学生——那些不怕劳累、不怕危险,冒着炎热亲自去捉小动物的学生!真的很感谢我的孩子们!

老师，水蜗牛是卵生的

前天，我去四年级教室上课时，发现好几位同学手里都拿着一个塑料瓶，我感到很奇怪，走到跟前一看，原来塑料瓶里盛着水，水里还有一两只水蜗牛。我好奇地问："这是在哪里捉来的？""是在东塔大坑逮来的。""你们可真勇敢！捉的时候可要注意安全，最好是有大人陪着。""老师放心吧！我们不会有事的！"几个同学胸有成竹地说。"饲养小动物是个很好的学习习惯，不过要认真观察，及时做好观察记录！"我继续嘱咐着。"是！"同学们满口答应着。

昨天上科学课前，同学们早早来到了实验室。张璐瑶同学手里拿着盛有水蜗牛的小瓶来到我跟前，笑嘻嘻地对我说："老师你看，这两只水蜗牛在配对呢，它们挨得多紧啊！"我听了，感到很可笑，但看到同学们那个认真的样子，便郑重其事地说："可能是吧，继续观察吧！"

今天早晨下操后，刘思雨同学找到我说："老师，我昨天看到水蜗牛产卵了，卵是白色的。以前我一直认为水蜗牛是直接生小蜗牛的，但通过实际观察，我才知道这是不对的，水蜗牛应该是卵生的……"

听了刘思雨同学绘声绘色的描述，我心里真为她感到高兴。于是我进一步鼓励她说："饲养水蜗牛是一种很好的实践活动，能够在探究中有所发现就更了不起了！希望你再接再厉，在以后的观察中有更多的发现！"

新课程标准指出，儿童天生的好奇心是科学学习的起点，他们对花鸟虫鱼、日月星空的好奇心，只要善加引导就能转化为强烈的求知欲望和学习行为。在同学们饲养水蜗牛的过程中，我不断地引导、鼓励、启发，他们终于有所发现。这种发现也许很小，但这却是他们走向成功的起点！

🎓 自制小船比赛

今天科学课的内容是用橡皮泥和纸分别造一艘小船,比一比谁制作的小船载重量最大。上课的时候,我把这个比赛的消息向大家一公布,同学们别提多高兴了!因为他们早已准备了充足的材料,就盼着比赛了!

接着,我向大家介绍了比赛规则和要求:第一场比赛,制作材料为橡皮泥,橡皮泥多少不限;第二场比赛,制作材料为纸,材料多少不限。小船的载重量用承载的一元硬币的数量来计算,谁的小船承载的硬币多,谁的小船载重量就越大。

随后,大家开始分组操作起来,用准备好的橡皮泥、白纸制作小船,不一会儿,小船做好了。于是,正式比赛开始了。

首先到前面展示的是贾文静和贾敬怡同学(小组代表),她们来到讲台前,贾文静先把橡皮泥船轻轻放在水槽里,小船浮在了水面上,然后她依次向小船里投放硬币,"一个,两个,三个,四个……"同学们一个一个地数着,当放到第九个硬币时,小船刚好下沉了。贾文静一组做的小船的载重量是:8个硬币。

接着到前面展示的是李晶一组、林海洋一组和贾敏一组,通过实验,她们制作的小船的载重量分别是:12个、7个、2个。比赛结果是李晶一组获得本场比赛的冠军,接着,李晶同学谈了制作小船的体会:把橡皮泥捏得尽量薄,把船造得尽可能大些,这样小船本身的体积会更大些,它的排水量也会很大,因此,船的载重量也增大了。

接着，我组织同学们进行第二场比赛——用纸制作小船，比赛方法和上面一样。大家在下面制作好纸船后，比赛便开始了。首先到前面演示的是董赢一组，小船放到水面后，开始往里面放硬币，一个、两个、三个、四个……一共加到第二十二个硬币，船才开始沉没，这个小船的载重量是21个。听到这个结果，下面的同学"哇"的一声惊叫起来，大家都认为这个"纪录"后面的同学可能很难打破了。接下来的比赛结果是：刘静一组小船载重量13个；李晶一组小船载重量16个、24个（两个小船）；张苏元一组小船的载重量是6个；贾文静一组载重量是7个、2个（两个小船）。

同样是纸做的小船，为什么载重量差距如此之大呢？通过分析大家一致认为：载重量大的小船，体积也比较大，形状如"⊔""U"，这样设计小船的排水量就大，载重量也相应增加了。而有的小组设计的小船外形很像船，但船身太小，排水量小。也有的小船"底盘"太小，刚刚放两个硬币，小船就翻了，载重量就别提了！

下课了，同学们仍然意犹未尽。今天的自制小船比赛，不但深化了课堂所学知识，激发了孩子们的竞争意识，而且点燃了孩子们科学探究的热情，可谓一举多得！

学生给我包书皮

上午第二节课下操后,我拿着教科书、备课本提前来到四年级教室。一进门,几位同学围拢过来,笑嘻嘻地冲我打招呼:"科学老师好!"我也微笑着说:"同学们好!"

来到讲桌前,我把科学书放在讲桌上,几位同学立刻跟着围拢在我的周围,不时向我问这问那,仿佛我和他们是多年未见面的老朋友似的。也难怪,整整一个寒假,我和同学们有一个月没见面。在平日教学里,我认认真真给大家上课,平时待他们也是和蔼可亲,再说我的实验室和四年级教室也只有一墙之隔,我和同学们也算是老邻居了,因此,无论从哪个角度说,我和同学们之间的感情都是很深厚的。

正想着,刘胜航同学把一个崭新的书皮放在我的科学书旁边,对我说:"老师,给你一个书皮,把书包好吧!"我问:"你们自己的书包好了吗?""包好了,还剩下这最后一张书皮!"刘胜航用手指着给我的这个书皮。说完,他回到了自己的座位上。

我一想,学生都把书皮包好了,而自己却从来也没有包过书皮,不禁感到有些惭愧,于是我伸手正要拿书皮,这时,旁边的张爽同学迅速把书皮抢了过去,取下书皮上的塑料卡子,打算把我的书给包上。可是,这个举动被刘胜航发现了,他快速走到张爽跟前，一把把书皮和我的书夺了过来，拿到他自己的座位上，两手快速地操作着，不一会儿，一本包着精美书皮的教科书呈现在我的面前。此时作为老师的我立即感到有一股暖流涌遍全身！多可爱的孩子啊！

上课时，我激动地对同学们说："非常感谢刘胜航同学，给我的科学书穿上了这样精美的衣服——书皮，我会永远珍藏这份珍贵的礼物！"此时，教室里十分安静，也许是学生被我这几句感谢的话语感动了！

可能在同学们看来，给老师的书包上书皮，是一件微不足道的小事，并不值得大肆表扬，但无论如何，这件事真的让我很感动，接着我语重心长地对大家说："书是我们的良师益友，希望同学们努力学习科学文化知识，将来用我们的智慧和才干来报效祖国！"

"投之以李，报之以桃"，你给学生一个微笑，学生或许会送给你一片明媚的春天。所以一张普通的书皮给予了我深刻的启发，我会永远珍藏它，并且让它成为我工作中不断前进的动力！

这是真的吗

上课前,我提前来到了六(2)班教室。这时,几位男同学凑过来对我说:"老师,我在科学书上看到这样一则资料,说美国科学家利用人工心脏来挽救病人。"

我问:"这是真的吗?"

"是真的。"

说着,几位同学找来了科学书,找到了相关资料。我一看,的确有这样一段资料,于是我高兴地对同学们说:"看来你们提前预习了,又学到了不少知识。"

这时,一位同学说:"为什么用人工心脏,把别人的心脏取下来,不也可以吗?"

我说:"用别人的心脏,需要牺牲别人的生命,代价很大的。到现在为止,器官移植限于肾脏、肝脏等重要器官,关于心脏的移植还没有听说过。"

"老师,利用克隆技术,克隆出许多新鲜的心脏,用来治疗病人的疾病,不是很好吗?"

"这的确是个好方法,但限于科学技术水平,成功的例子还没有,但克隆技术在医学上的应用前景还是光明的。"我解释说。

这时,孙正新同学手里拿着本书,高兴地对我说:"老师,这是我买的科学方面的课外书,以后查阅资料就很方便了。"我高兴地点点头。

上课时，我表扬了几位爱看书的同学，并号召同学们向他们学习。然后，我满怀激情地对同学们说："莎士比亚说过：'书是全人类的营养品。'歌德说过：'读一本好书就是和几个高尚的人谈话。'现在我们班一些同学已经养成了爱看书的好习惯，这很好，我们还要努力。现在我们国家正在召开'两会'，有的人大代表提议，中国公民的人均阅读量很少，号召公民多读书，读好书。"

最后，我又引用了张海迪的一句话："书，给了我知识，给了我力量；书，在我的眼前展现了一个五彩缤纷的世界。"

说完，教室里响起了热烈的掌声。我的发言引经据典，富于激情，同学们听得很认真。我想，这也是知识的力量！

科学作业

这节是六（2）班的科学课。一进教室，我就看到很多同学围在一起，在观看着什么。凑近一看，只见许多同学围在胡兆御同学周围，胡兆御同学正拿着小锤敲打着什么东西。原来，胡兆御同学课前做好了一个学具，一个长方形木板上整整齐齐钉着好多钉子，胡兆御同学正在给大家演示用工具拔取钉子。

上课的时候，我拿着胡兆御同学做的学具，对同学们说："这个小学具是上节课我给同学们留的科学作业，胡兆御同学认认真真完成了，这是非常值得表扬的。科学作业和数学语文作业不太一样，并不是让同学们做几道题目，而是实践性的，需要同学们动手动脑的，有一定的难度。在木板上钉钉子、拔钉子也是人们生活中经常要用到的，所以科学作业常常和人们的日常生活密切相关。因此，完成好这个作业也就显得更难能可贵，锻炼价值也更大。"

说完，我给胡兆御同学所在的小组加了100分，这个小组的同学大声欢呼起来，班里也响起了热烈的掌声。

🎓 云的联想

在四年级《云的观测》一课教学中,同学们初步认识了常见的几种天气状况,以及根据天空中的云量来识别晴天、多云、阴天,然后我提问:"关于云,你会产生哪些联想呢?"

同学们思考后纷纷举手。

"天空中的云是什么颜色的?"

"有白色的、灰色的、黑色的……"有的同学解释。

"云是气体吗?"

"云是气体!"

"云是气体吗?"我反问。

"云是水蒸气上升形成的,是气体。"有的同学解释。

"不是,云是水蒸气遇冷形成的小水珠,是液体。"有的同学反驳。

"天空中的云会掉下来吗?"

"不会掉下来!"

"会掉下来吧。"

从发言的情况,许多同学都认为天空中的云不会掉下来,因为他们经常观察到天空中的云,但是没看见云掉下来。对于同学们的误解,我给同学们进行了解释：大地上的水蒸发后飞散到高空中，由于高空中气温较低，水蒸气遇冷凝结成了小水珠，大量的小水珠聚集在一起，就是云。云越聚越多，当空气拖不住云的时候，落下来，就是雨。在冬天，就是雪。

听了我的解释，同学们恍然大悟。

接着，同学们还提出了许多问题，如雷电会劈到云吗？云会被太阳烧到吗？……许多问题由学生自己解释出，没能解释出的问题我让同学们课下去思考，去探究。

思考：

好的问题，可以达到一石激起千层浪的教学效果。关于云的联想，就是这样一个好的问题。虽然学生开始提出的问题比较简单，但是在老师的激励下，他们提出的问题，有了一定的难度和质量。对于这些问题，学生能提出来，就值得肯定和表扬，不一定要求孩子们给出正确的解释。对于一些问题，老师也不一定要给出科学的解释，因为爱因斯坦曾经说过："提出一个问题往往比解决一个问题更重要。因为解决问题也许仅是一个数学上或实验上的技能而已，而提出新的问题，却需要有创造性的想象力，而且标志着科学的真正进步。"很多时候，让孩子们带着问号离开教室，更有利于激发学生的主动性和创造性，从而使科学探究活动延伸到课外。

把军事问题引入科学课

这节课是六（3）班的科学课，课题是《放大镜》。教学中，我问："放大镜是人们常用的观察工具，想一想，放大镜在生产生活中有哪些用途？"

思考后，同学们纷纷举手。

"老年人看书看报要用到放大镜。"

"仪表修理要用到放大镜。"

"农业科技人员观察植物的花和种子，也要用到放大镜。"

"公安人员破案也要用到放大镜。"

"还有考古学家……"

同学们列举了很多。

"还有一种职业要经常用到放大镜，猜猜是什么？"

"是打仗时的军事指挥员吧。"

"是的，军事指挥员打仗时要观察地图，所以要经常用到放大镜。"这时，我突然想起了某个电影中的一个镜头。

"那是二次世界大战时期，德国法西斯入侵苏联，开始苏军节节败退。后来在苏联统帅斯大林的领导下，终于取得了卫国战争的胜利。这时苏联开始反攻德国，想一想，这时斯大林把放大镜对准了军事地图的哪个地方？"我问。

"洛杉矶？"有的同学回答。

同学们哈哈大笑。

"'二战'时期，苏军和美军是一伙儿的。"我解释说。

同学们又说了好几个答案，还是没有说出来。

这时，刘双龙举起了手说："老师，应该是德国的首都。"

"德国首都是哪里？"

同学们思考着，教室里很安静。

"是柏林吧！"一位同学大声说道。

"你的知识真丰富！对，就是德国的首都柏林！"我表扬说。

"耶！"几位同学高兴地欢呼起来。

有时候，把军事问题引入科学课中，也可以让教学妙趣横生啊！

是大雨纷"飞"吗

这节课是四年级的科学课，本课的课题是《我们关心天气》。在教学的开始，我让同学们根据天气预报图说出各种各样的天气现象。同学们思考后，列举了很多，比如晴天、阴天、多云、雨天、雾天等。接着我让同学们根据一定的标准给这些天气现象分类，同学们也想出了许多分类标准。

"根据天空中云的多少，可以分为晴天、多云、阴天。"

"根据雨量的多少，可以分为大雨、小雨、中雨。"

说到了雨天，同学们话匣子开始打开了："还有暴雨、大暴雨……"

"真是大雨纷飞！"不知是谁冒出了这样一句，声音还很洪亮。

我略加思考了一下，觉得"大雨纷飞"这个词有些不妥，而且人们平时也很少有这样说的，于是我问："是大雨纷飞吗？"我故意把"雨"字读得重了一些。

"应该是大雪纷飞！"有的同学说。

"为什么说大雪纷飞更合适呢？"

"因为雨比雪重！"

"在有风的情况下，雪会朝别的方向大幅度飘洒，用'飞'字形容更合适！而雨比较重，用纷飞来形容不太合适。"

"应该说瓢泼大雨或者倾盆大雨比较合适！"

"说得有道理！雪和雨相比，比较轻，所以雪下落的速度也比较慢，如果在有风的情况下，那漫天的雪花真是随风飞舞了，所以，说大雪纷飞更合适！"我最后总结说。

思考：

学生说的"大雨纷飞"是本课的一个生成，虽然这个生成涉及了一些语文知识，但教师并没有置之不理，而是充分利用这个生成因势利导，引导学生利用科学方面的知识来解释、辨析，从而使这个生成变成了意外的精彩！

"老师,我的第二页没有天气预报图!"

这节课是四(2)班的科学课,课题是《我们关心天气》。教学的导入环节完成后,我说:"现在,请同学们把书翻到第二页,仔细观察书上的天气预报图,说说你能找出哪几种天气现象?"

同学们迅速打开书,开始观察书上的天气预报图。

"老师,我的书的第二页怎么没有天气预报图呢?"王莹同学提出了疑问。

都是一样的科学书,怎么可能呢?我边想边来到王莹同学身旁,仔细看了看她的科学书。在她的科学书上,的确没有天气预报图,而是一个烧杯里盛放着紫色高锰酸钾溶液的插图。

咦,这是怎么回事呢?

我仔细看了看王莹的科学教科书,并且一页一页地翻看,终于在教科书最后一个章节找到了《我们关心天气》这一课。再仔细一看,内容虽然和现在的教科书版本差不多,但一些细节还是和新版本的有所不同。

此时,我终于明白了,原来王莹使用的科学书是旧版本的。

"你这本书是老版本的,你先用着,课后我再找一找,如果有新版本的书我尽快给你送来!"我解释说。

思考：

这几年科学教科书开始循环使用，即学生新学期使用上一届学生用过的教科书（当然，新学期上级也会下拨一些新书，但新书数量很少）。教科书循环使用的好处很多，比如国家可以节省大量资源，减少不必要的开支。但循环用书的内容不宜随意改变，如果循环用书内容改变的话，那么学生的循环用书也应该跟着改变——即学生一定要全部使用新版本教科书，否则的话，由于教学内容的改变，会给教师的教学和学生的学习带来不便！

小小雨伞寄深情

今天上午,天下起了小雨,雨中还夹杂着雪花。由于下雨地面已经很湿,因此这节课我决定到教室去上科学课。刚走到体育室前,我听到了一个清脆的声音:"老师,我接你来了!"声音很耳熟,仔细一看,原来是四年级的林海洋同学,手里正举着一把伞。

"谢谢你!你想得真周到!现在雨已经小了,你自己留着用吧!"

"那怎么行呢?"说着,她踮起小脚,用手高高举起了雨伞,罩在了我的头上,此时,我觉得林海洋同学瘦小的身躯显得异常高大。

我接过她手里的雨伞,又把伞罩在了她的头上。就这样我们同用一把伞,一起来到了教室。

走进教室里,里面的喧闹声立即停止了。

几位同学热情地向我打招呼:"老师好!老师好!"

我也热情地回应说:"同学们好!"

一位女同学关切地问我:"老师,你冷吗?"

我笑着说:"不冷!一点儿也不冷!同学们的热情感染了我,我感到了春天般的温暖!"

上课时,我把林海洋同学"雨中送伞"的故事讲给学生听,讲完后,我再一次对大家的热情表示感谢,此时,教室里响起了热烈的掌声。

  随后的课,我上得特别起劲儿,同学们也学得特别认真!我想,一把小伞寄托了孩子对老师的最纯真的爱,只有这种爱,才是世界上最宝贵的东西!

世界上有完全一样的人吗

《相貌各异的我们》一课，同学们通过观察、比较、调查，发现全班同学中每个人的相貌都有各自的特点，都是不一样的。最后，同学们通过推想得出结论：世界上没有两个完全一样的人。

为了说明这个问题，有的同学还举出了"双胞胎"的例子。他们说，上个班的双胞胎贾梦霜、贾梦雪，她们的相貌非常相似，和她们接触时间短的人，根本无法辨认她俩哪个是姐姐，哪个是妹妹，但是和她们朝夕相处的同学却能够看出她们的细微差别，比如她们的脸形不一样，一个脸上有黑痣，一个没有黑痣；一个头发较黑，一个头发较黄。除此之外，她们在说话声音、性格方面也有较大的差异。于是同学们得出结论：即使是双胞胎，她们之间也存在着许多差异，正是有了这种差异，我们才能区分她们。

课上到这里，已经临近结束了，我正要做一个小结来结束本课，忽然，坐在第一桌的孙明奇同学大声说："老师，我觉得有（相同的人），比如克隆……"说到这里，孙明奇没有继续说下去，可能是担心自己说错了，或者是快下课了，不想再耽误时间。我想了想，觉得孙明奇同学的话虽然不一定正确，但他一定是开动脑筋了，并且思考这个问题对同学们理解所学知识一定有很大的帮助，于是，我对同学们说："孙明奇同学提出的问题很有想象力，也很有价值。说起克隆，我知道，由于种种原因世界上还没有克隆人，那我们就谈谈克隆动物吧，你认为克隆动物就完全一样吗？"

经过充分思考后，有的同学说："克隆动物也会有所不同，比如它的生活环境不一样。"

有的同学说："克隆动物的形体也不一样。"

想到同学们说的有一定道理，但还没有说到一个"关键点"，我启发说："克隆动物理论上说，相貌应该是完全一样的，但就因为它们是克隆动物，它们一定会存在着不同之处，想想看，那是什么？"

于是又经过一番思考后，有的说："它们的生长速度不同。"

有的说："是生长的时间不同。"

最后，班里思维敏捷的张苏元同学站起来说："老师，因为克隆动物是从母亲的细胞发育而来的，所以它们的年龄肯定是不一样的，这也就决定了它们不可能是相同的动物！"

真是一语中的，我高兴地表扬说："恭喜你！说得很精彩！世界上的确不存在两个完全相同的动物，包括人，正因为世界上不存在两个完全一样的东西，我们生活的世界才如此精彩！"

学生突然冒出来的一个新想法，竟引来了同学们如此多的思考，这不仅加深了同学们对于所学知识的理解，也培养了同学们的思辨能力，真是精彩源于生成啊！

🎓 学生打碎烧杯之后

科学课上,同学们做完了溶解实验,开始忙着整理实验材料,有的洗刷杯子,有的擦桌子。突然,"啪!""哗啦!"一阵巨大的响声从不远处传来,吓得我有些心惊肉跳。我想,一定是哪个粗心的家伙把玻璃杯之类的东西打碎了,但愿不是烧杯,因为科学课上烧杯经常要使用。几年来,虽然自己反复强调使用玻璃仪器一定要注意、一定要小心,尽可能不要轻易打碎,但打碎仪器的事情还是时有发生。平时学生打碎了玻璃仪器,自己也只是轻描淡写地说一句"下次注意",一般情况下也没有让学生去赔偿,但是今天又有人打碎了,如果还是"轻描淡写",以后还不知有多少杯子要打碎呢!我一定要好好教训教训他!

我一边想着,一边走到了实验桌前,只见张浩同学已经停止整理器材,脸红红的,低着头。我低下头看了看水槽里,只见里面有七、八片碎玻璃,通过观察玻璃片,我判断出打碎的杯子就是烧杯,此时我气不打一处来,劈头盖脸地问:"你刚才干什么了?"

"老师,我刚才刷烧杯来着。"张浩不好意思地回答。

"刷杯子也应该小心一点!按照学校规定,损坏东西要赔偿!你下午带五元钱来!"这次我是真生气了!并且想以"赔钱"的方式教训一下大家,我想其他同学也会对我的处理方式心领神会。

"老师，我下午会把钱带来的。"张浩很诚恳地说。

下午快放学时，我正在办公室备课。忽然听到有人敲门，我开门一看，只见是张浩同学，我不解地问："有什么事吗？"

"老师，给你钱！"说着张浩把钱递了过来。

此时，我恍然大悟，赔钱的事我早已忘记了，但张浩同学还记着呢，而且态度也很诚恳。我又想了想上午发生的事，张浩做完实验，主动刷烧杯，说明孩子爱劳动，很勤快。虽然打碎了杯子，但也不是故意的，而且自己上午对待孩子的态度也有些过了。想到这里，我说："钱？不用赔了，你又不是故意打碎杯子的。"

"谢谢老师！"

"不用谢，以后实验时注意一下就是了！另外，老师平时强调得也不够……"

"老师，下次我一定会注意的！"说完，张浩同学收起钱，转身走了。

损坏东西要赔偿，可以说是实验室的一条规则。要学生赔偿，惩罚一下学生，也许可以达到教育的目的。但是当学生认识到自己的错误时，不让学生赔偿，同样可以达到教育的目的，因为这样的教育方式更人性化，所产生的教育效果更持久，更温暖人心！

小壁虎掉尾巴

下午第三节课,我走进仪器室,发现地板上有一只小壁虎,这只小壁虎比我以前看到过的形体小多了。我走近它,它也并不逃走。我想,现在时节是春天,天气刚刚开始变暖,这只小壁虎可能是刚刚出生不久吧!我用手去碰它的背部,它开始在地板上匍匐前进,但速度很慢。我想,壁虎受到敌人的攻击,会断掉尾巴,现在为什么没有断掉呢?我于是伸手用力去摸它的尾巴,果然我的手一按到壁虎的尾巴,壁虎的尾巴真的掉了下来,随后小壁虎迅速向前面逃去。

正在这时,田盼同学和刘威同学来到实验室,看见我便问:"老师,你在干什么呀?"

"我在观察壁虎,这是一只刚出生不久的小壁虎。"我指着前面的壁虎说。

"老师,那快捉到它!"田盼急匆匆地说。

"捉到它干什么呀?"我问。

"可以养着它!"

"也可以做成标本!"

"你们俩敢捉它吗?"

"我可不敢!"田盼边说边往后退。

我想了想,真的捉到它,养起来,观察壁虎的生活习性,也是件好事。于是我伸出手便去抓小壁虎,当我的手指抓到壁虎身体的两侧时,只听"叽"的一声,小壁虎惨叫一声,小嘴张得很大,仿佛要吞掉我的手,吓得我立即松开手,并缩了回来。

这时我问田盼:"还捉它吗?"

田盼想了想说:"那就别捉了,壁虎吃蚊子,是有益的小动物,还是让它回归自然吧!"我点了点头。

这时,我们发现壁虎已经跑到了仪器橱的下面,田盼深有感触地说:"那才是壁虎安全的家呀!"

壁虎已经安顿好了,我问田盼和刘威:"你们知道壁虎受到攻击后为什么会断掉尾巴吗?"

"这个不太清楚,但我知道壁虎断掉尾巴后会重新长出来!"

"说得对!这种现象叫作再生。"我补充说。

"关于壁虎受到攻击为什么会断掉尾巴,回去后要好好思考一下,有了答案别忘了告诉我!"我嘱咐说。

"老师,我们一定会的!"田盼高兴地回答。

放学后,田盼和刘威来到我的实验室,兴冲冲地说:"老师,我们知道壁虎为什么会断掉尾巴了!"

"为什么呀?"我问。

"老师,壁虎受到敌人的攻击,断掉尾巴,可以转移敌人的注意力,而它会乘机逃走,这是壁虎保护自己的一种好方法!"

听了两位同学的解释,我高兴地说:"你们说得很对!遇到问题只要积极开动脑筋,我们就会发现更多的科学奥秘!"

神秘的礼物

中午一点多钟，闫君、张璐瑶、刘梦露三位女同学来到我的实验室。一进门，张璐瑶神秘地对我说："老师，我今天又给你带礼物来了！"

我问："什么礼物啊？"

这时，张璐瑶从背后拿出一个塑料瓶，里面装着许多黑乎乎的东西。

"老师，是大蝌蚪，有的已经长出四条腿来。"张璐瑶边说边要往饲养槽里倒水。

我说："先别急，还是再找个大的容器盛它们吧！"

我找来一个圆柱形桶，里面放好水，张璐瑶把蝌蚪倒在了桶里面，几只大蝌蚪到了水里面，又开始游来游去了。

仔细一看，这六只蝌蚪有两只已经长出了四条腿，有两只长出了后腿，有两只还没有长出一只腿。虽然还没有一只成熟的青蛙，但通过观察这几只蝌蚪，学生也可以对青蛙的生长发育过程有个大概的了解。这些青蛙，即使课堂上用不上，但是，放在准备室里，也会吸引很多同学的眼球。

观察完之后，刘梦露问了我一个问题："老师，我在家里也养着十几只蝌蚪呢，一直养得好好的，但前几天有一只长着四条腿的蝌蚪死了，这是为什么呢？"

我想了想说："这确实是个问题，我以前在饲养蝌蚪时也遇到过类似的事情，想想看，你自己一定会找到答案的！"

"老师，还是你告诉我吧！我想不出来！"刘梦露迫不及待地说。

"开动脑筋，你一定会想出来的！"我鼓励说。

刘梦露又重新陷入了沉思，忽然她大声说："老师，我想出来了！是不是蝌蚪变成青蛙后就要到陆地上去生活呀！"

"嗯，你说得有道理！当蝌蚪长大变成青蛙后，它就不再用鳃呼吸，而是要用肺来呼吸了，因此，这时青蛙就不再适合在水里生活了。这时如果青蛙不能出来透气的话，常常会淹死。因此，我们在饲养青蛙时，应该在水里放一块露出水面的大石头，以方便青蛙在石头上呼吸。"

"哦，老师，现在我全明白了！"刘梦露喜出望外。

"在饲养小动物时，我们不但要勤观察，还要勤思考，这样我们才会有许多的新发现！"我最后补充说。

一个奇异的回答

《马铃薯在水中沉与浮》一课,我用红红的小西红柿代替马铃薯进行实验,教学效果会怎么样呢?在教学的导入环节,我边演示边提问:"把小西红柿放在水中,猜一猜,它是下沉还是上浮?"

同学们纷纷说:"是下沉。"

我把小西红柿放在水里,它果然下沉了,猜对了,同学们一阵高兴!

接着,我又把这个小西红柿放到另一杯水中(相同大小的杯子,同样多的水),我问:"想想看,它会怎么样?"

同学们思考后回答:"还是下沉!"

这时,我把西红柿放在水里时,西红柿浮在了水面上,同学们感到很奇怪。

然后,我又把这个西红柿放到第三杯水里,结果,西红柿悬浮在了水中。

此时,同学们立即被这种奇妙的现象吸引住了。

"三个杯子一样大,水一样多,为什么会出现不同的现象呢?"我提问。

"老师,我知道了,水里面有盐!"一个同学大声说。

"你怎么知道水里有盐呢?有办法证明自己的想法吗?"

"可以看颜色,这个杯子里的水有些发黄。"

"可以闻一闻气味!"

"老师，可以尝尝水的味道，如果有盐的话，它一定是咸的！"

"这个想法很有道理，不过对于不清楚的液体我们不要随便去尝它。"我解释说。

"如果认为水里有盐的话，如何证明呢？"我把这个富有挑战性的问题再次抛给了学生。

思考了一会儿，有位女同学站起来说："老师，我有一个办法，可以在手上切一个小口，让伤口流出血来，然后用水冲洗一下，看伤口是否有疼或麻的感觉，如果有的话，就说明使用的是盐水，而如果没有的话，就说明它是白水……"

同学们在静静地听着，我也在认真听着，此时，我觉得学生的想法太恐怖了，有心打断她的发言，可是这样做可能会伤害孩子的自尊，于是在学生发言结束后，我对同学们说："大家同意她的方法吗？"

"不同意！"许多同学提出反对意见。

"为什么？"

"这种做法会使我们的身体受到伤害，还要流血，太疼了！不可取！"同学们态度很坚定。

"这种做法确实要付出一点血的代价，但是这种做法没有一点点道理吗？"

"有一些道理的，因为盐水涂在伤口上确实有疼和麻的感觉。"

"分析得不错！这位同学的想法的确有些恐怖、离奇，对于小学生来说，确实不可取，但是这种想法还是有道理的，而且也很独特。从这一角度说，这位同学的想法也是值得肯定和鼓励的！"

反思：

学生的这个回答让老师和同学们都感到很意外，没想到，世界上还有这么奇怪的想法。但是，静下心来一想，对学生的奇谈怪论，我们也并不应该感到不可思议。因为，这就是我们的孩子！他们的想法是真实的。学生是活生生的人，他们的生活经验和原有知识不同,他们的思维方式不同,所以学生的回答也应该是迥然有异的。面对学生的奇谈怪论,只要他们说得有道理,我们就不能轻易否定,更不能讽刺、挖苦,而是应该弯下腰来,认真倾听学生的心声,精心呵护学生的独到见解。也许只有一点点合乎道理的观点或者创新思维的火花,我们也应该珍视、鼓励和支持,而不是让它熄灭!

不以分数论英雄

六年级的科学课上,赵宇昊同学不时地和旁边的同学交头接耳,注意力很不集中,我点名批评了他,他还满不服气,于是我告诉他下课的时候留下,不要回教室。

下课的时候,同学们大部分走出了实验室,赵宇昊留了下来,还有几位同学主动留下来在实验室做卫生、擦黑板。

我对赵宇昊说:"你上课都干什么了?"

"老师,我上课啥也没干。"他满不在乎地说。

"你上课认真听讲了吗?"我问。

"认真听了。"

"你再好好想想,上课的时候都干什么了?"

这时,班里的王瑞瑞同学对我说:"老师,我把黑板擦完了,我再把桌子上的器材整理一下吧!"

"谢谢你,不用了,你快回教室吧!"我说。

王瑞瑞不以为然,还在继续擦着实验桌。这时,赵宇昊指着王瑞瑞同学对我说:"老师,她学习很不好。"

这分明是"顾左右而言他",我想。

"她学习怎么不好了？"我问。

"老师，她上次数学考了 30 分。"

"你考多少？"

"我上次考了 100 分。"赵宇昊说这话的时候，露出得意的神情。

"可是，作为老师，我是不以分数评价一个学生的！"我直接亮出了自己的观点。

"一个学生热爱劳动，为班集体做好事，这就是好学生！学习成绩不好，还可以通过努力提高上去！可一个学生成绩好，却经常违反课堂纪律，瞧不起别的同学，这能算是一位好学生吗？"我晓之以理，言辞犀利。

"今天开队会的时候，你们班队会的主题是明德，我看你们在会上滔滔不绝，背诵了很多伟人名人的名言警句，大谈要弘扬高尚的品德、品行，说得那么漂亮，却连课堂纪律都不能遵守，这怎么是明德呢？我们队会上讲明德，就是要在平时的言谈举止中，处处规范自己的言行，严于律己。你成绩好，还是班里的小干部，更要严格要求自己，处处起模范带头作用……"我一口气说了很多。

最后，赵宇昊终于低下了头，红着脸对我说："老师，我错了，以后上课不随便说话了。"

思考：

在教学中，我们经常可以发现一些"好学生"，依靠自己学习成绩好，自认为高人一等，便骄傲自大，随便违反纪律，看不起成绩比自己差的"丑小鸭"。而还有一些孩子虽然学习成绩差一些，但是他们热爱劳动，关心集体，乐于助人，心地善良。作为教师，要善于分析"丑小鸭""白天鹅"的各自优势和不足，多几把评价的尺子，不单纯以分数论英雄，并且不断加强教育和引导，这样才能促使他们不断成长和进步。

丢失的小钢片

下午快上课的时候,我正在办公室看书,忽然听到有轻声敲门的声音,于是我说:"进来。"

这时,一个四年级的女孩推门进来,向前走了几步,向我鞠了一躬,然后轻声对我说:"老师,我对不起您。"说着说着,女孩泪水似乎要流出来。

听到女孩的话语,我感到有些莫名其妙,于是我走到她跟前,对她说:"怎么回事啊?"

"老师,我昨天对你撒谎了。昨天做实验的时候,小钢片折断了,实验结束的时候,您说还差一个小钢片没交上来,但是我怕挨批评就没有说……"小女孩哽咽着。

听完女孩的解释,我终于想起来了,原来昨天上科学课的时候,同学们用小钢片做了"振动快慢与声音高低变化的关系"的实验。实验结束后,我发现原来的12个小钢片变成了11个,于是我问哪个组的小钢片还没有交上来,问了好多遍,同学们都说交上来了。后来由于同学们要回教室上课,我就没有再多追问。但是,我还是感到很奇怪,那个小钢片到底跑哪里去了呢?是同学丢落在哪里,还是自己记错了呢……

"当时你认真做实验了吗?"我问。

"嗯。"女孩点了点头。

"没事的,可能是钢片质量有些问题,所以折断了也不怨你。"我安慰女孩说。

"昨天没有和老师说实话,今天就敢于和老师把事情说清楚,说明你是一个诚实而且勇敢的好孩子!而且从言谈举止看,你还是个懂礼貌的好孩子!一个小学生能做到诚实有礼貌,比什么都重要!"我最后表扬说。

是"屁"

这节课是四（2）班的科学课。课堂上，我引导学生认识了消化器官口腔、食道、胃、小肠、大肠的功能，了解了呼吸器官鼻腔、气管、支气管、肺的作用。然后，我列出了一个新陈代谢的公式：氧气＋葡萄糖——？接着我提问："血液中的氧气和葡萄糖结合会产生我们人体活动的能量，还会产生很多废物，猜猜看，会产生哪些废物？"思考后，同学们说了很多，后来终于有同学回答是"水"。

我表扬了这位同学，接着我继续提问："还会产生一种废物，猜猜是什么？"

同学们说了许多答案，但都不是正确的。

这时，我很想告诉孩子们正确的答案，这时，有同学问："老师，这种物质是固体还是液体？"

"是气体。"我说。

"是屁！"一个男同学大声说。

此时，同学们哄堂大笑。

"不是屁。"我笑着说。

同学们又大笑起来。

"老师，应该是二氧化碳！"有同学回答。

"非常正确！"我表扬说。

"耶！"有同学欢呼起来。

"我们人体在不停地呼吸，吸入人体的是氧气，呼出的是二氧化碳，二氧化碳就是人体排出的废物。"我解释说。

"有的同学说是屁……"有的同学说。

话未说完，同学们又哈哈大笑起来。

我停了停，说："人放的屁，其实是大肠内的食物残渣在细菌的作用下产生的气体，这些气体聚集多了，就会排出体外。"我最后解释说。

同学们终于明白过来。

老师的字写得真好

这节课是六（2）班的科学课，当我用粉笔一笔一画把课题"分类与回收利用"写在黑板上的时候，忽然听到下面有人轻轻地说："老师的字写得真好！"听到这句话我内心一阵高兴，没想到学生"明目张胆"地称赞起我写的粉笔字了！

于是我问："刚才是谁说的？"

此时，教室里没有同学吱声，于是我试着问："张海强，是你说的吗？"

"是他说的。"旁边的同学说。

我仔细看了看张海强，他显得有些局促不安。

"谢谢你的赞誉！我写的字还有许多不足，还要多努力。我上学的时候，从小学一年级到高中毕业，我写的字一直不错，经常受到老师的表扬，现在又受到了你们的夸奖，真的很开心。字是一个人的门面，把字写好，会带给人美感，也是对别人的尊重。考试的时候，字迹工整，也可以获得更多的印象分。所以，希望同学们都要把字写好！"我随意说出了一些自己的观点。

"我们一定要写好字，要像老师写得那么好。"有的同学说。

"只要肯下功夫，你们会超过老师的，青出于蓝而胜于蓝嘛！"我笑着说。

思考：

　　真没想到，自己写的课题板书也能得到学生的称赞。学生的赞美，无疑是对老师的最高奖赏！看来，学生都有一双善于发现的眼睛，而且能发现教师的细微之处。教师只有不断提高自身素质，才能在教育教学的细微环节中为孩子树立良好的榜样，这样，学生也会看在眼里，记在心上，从而潜移默化地受到影响。

汽车里面有电动机吗

这节课是六（1）班的科学课。这节课的主要内容是引导学生认识了小电动机的原理——用电产生磁，利用磁的相互作用转动。教学中，我拿起小电动机的转子，正要引导学生认识转子的构造和功能，这时，杨新颖同学对我说："老师，汽车里面有电动机吗？"

我一想，这真是一个好问题，于是我反问杨新颖同学："你说呢？"

杨新颖同学想了想说："老师，我认为汽车里面有电动机。"

我没有立即给出答案，而是继续问："大家都说说，汽车里面有电动机吗？"

"汽车里面有电动机。"

"汽车里面没有电动机，汽车里面的叫马达。"

"汽车里面的也可以叫马达。"我解释说。

我又问了好几位同学，他们都认为汽车里面有电动机。

"大家再想想，汽车里面真的有电动机吗？"我继续问。

如果大家都答不出，我就想直接告诉同学们正确的答案。

正在这时，高甜甜同学举起手来，我示意她站起来，说说自己的观点。

"老师，汽车里面的不是电动机，因为汽车是烧汽油的。"高甜甜说明了自己的观点。

"恭喜你,说得完全正确!汽车的动力来自发动机,发动机是用汽油作为燃料的。"听完我的解释后,同学们恍然大悟。

"当然,现在也有一种新型能源汽车,是利用电动机作为动力的,不过比较少。"我最后补充说。

"同学们,你们知道什么电器里面有电动机吗?"

"老师,有电动车。"

"有洗衣机。"

"有电吹风,还有抽油烟机。"

……

同学们思维异常活跃,列举了很多很多。

反思:

汽车里面有电动机吗?这是一个非常好的问题,是教学的生成。教师并没有直接给出答案,而是因势利导,引导学生思考,直到学生自己想出答案。恰到好处地处理学生的生成,才有教学中生成的美丽!

必须以实际存在的为基础

这节课是五（1）班的科学课，课题是《食物链与食物网》。课堂上，同学们认识了食物链的概念后，我让学生说说自然界里存在着的一些食物链，同学们深入思考后，纷纷举手。

"大鱼吃小鱼，小鱼吃虾米，虾米吃水草。"

"蝗虫吃庄稼，青蛙吃蝗虫，蛇吃青蛙，鹰吃蛇。"

……

此时，同学们思维异常活跃，天上地下，海阔天空，列举了很多。

这时，王莹同学站起来说："老虎吃狮子，狮子吃豹子，豹子吃……"

话音未落，同学们哈哈大笑起来。

"老师，我认为这个食物链不成立。"有的同学提出了反对意见。

"老师，老虎不吃狮子。"

"说说你的理由。"我问。

"老师，是狮子吃老虎。"

"老虎比狮子厉害……"

"我也听说过一个报道，有人做过实验，他们把老虎和狮子放在一个笼子里，让它们打架，看谁更厉害。经过激烈的交锋，结果老虎似乎耐力更强，但是这并不是食物链的关键问题。"我接着这位同学的发言进一步解释说。

"想一想，食物链是按照什么关系联系在一起的？"我问。

"食物关系。"

"吃和被吃的关系。"

"你们比较的是什么？"

"谁比谁更厉害？"

"就算老虎比狮子更厉害，但它最终也并未把狮子吃掉。"

"你认为他们说的食物链正确吗？"

"不正确！"

"为什么？"

"它们之间不是吃和被吃的关系。"

"说得很正确！"

"老师，老虎是森林之王，而狮子是草原之王。"一位同学说。

"你的意思是？"

"老虎、狮子分别生活在不同的地域，它们根本碰不到一起。"

"说到了要害处！老虎、狮子生活的地域相距很远很远，它们谁也吃不到谁，换句话说，这个食物链并不存在。我们在自然界中寻找食物链必须以自然界的实际情况为准。"我总结说。

"狮子吃豹子的情况在自然界是存在的，因为狮子和豹子都生活在草原里，所以，从豹子往下说，还是可以的。"我进一步总结说。

思考：

食物链是指在一个生态系统内，生物之间像链环一样的食物关系，比如"大鱼吃小鱼，小鱼吃虾米，虾米吃水草"，这就是非常典型的食物链，这样的食物链在自然界中是普遍存在的。但是，"老虎吃狮子"这个食物链是不存在的。这些动物虽然同属一个地球,但却生活在不同的地域,它们相距十万八千里,根本谈不上"谁吃谁"的问题,所以这样的食物链只存在于同学们的主观想象之中,而在自然界里这样的食物链是根本不存在的。而我们谈食物链,则必须以自然界中客观存在的生物之间的食物关系为基础,否则,这样的食物链就是无中生有,而这正是科学的大忌。

钓鱼岛也是生态系统

六年级《做生态瓶》一课,同学们认识了生态系统的概念,即像池塘里的生物、非生物这样互相作用、互相依存,形成一个密不可分的整体。教学进行到这里,我问:"自然界里还有哪些生态系统?"

同学们思维异常活跃。

"一片森林,可以看作一个生态系统。"

"说得正确!"我肯定地说。

"一块草地也是。"

"还有一片田野!"

"一条小河也是一个生态系统。"

"还有一片海洋也是!"

"一个花坛也是。"

"同学们说得都很好!"我表扬说。

正在同学们兴致盎然的时候,不知是谁大声说了一句:"老师,钓鱼岛也是!"一句话惹得大家哈哈大笑起来。

我想了想,觉得钓鱼岛虽然是一个岛屿,但那里有山有水,有动物有植物,钓鱼岛还真可以说是一个生态系统。再说,现在正是中国和日本关于钓鱼岛问题的敏感时期，能够想到钓鱼岛，说明这位同学思维还是很敏捷的，同时也表现出他对钓鱼岛问题的关注。

于是我对同学们说："同学们能联系国际形势来思考这个问题，非常难能可贵！钓鱼岛是中国的岛屿，也是一个美丽的岛屿，那里有动物、植物，周围还有海洋，它的确是我国一个巨大的生态系统。现在，日本人企图非法占领我国的固有领土，我们绝不允许！"

思考：

在日本侵占我国固有领土——钓鱼岛，严重侵害我国领土主权的国际大背景条件下，学生联想到钓鱼岛，可见其思维的敏捷性。教学中教师既对学生的观点给予了肯定和表扬，同时又对学生进行了"钓鱼岛是中国固有领土，神圣不可侵犯"的爱国主义思想的渗透，可谓一石二鸟。

要实事求是

四(1)班的科学课上,同学们认识了云的三种类型:积云、层云和卷云。也初步认识了这三种云的特征,比如积云,看上去像棉花堆一样。教学进入最后一个环节,我问:"今天天空是哪种类型的云?"

"老师,是积云。"一个女同学回答。

"有多少这样的云?"

"有五六块。"

听完学生的回答,我在想,刚才在室外的时候,没有看到天空中有什么云,所以,我断定孩子的回答是不准确的。

于是我又问第二个女同学:"你来说,今天天空有什么类型的云?"

"天空有积云。"

"有多少呢?"

"有很多这样的云。"

我没有对学生的回答做出任何评价,继续问第三个女同学:"今天天空中有哪种类型的云?"

"老师,今天天空什么云也没有。"

"你怎么知道的?"

"我课下的时候观察过，天空非常蓝，万里无云。"

接着，我对大家说："我们回答问题，不要人云亦云，要有自己独立的见解。今天天空中到底有什么样的云，我说话也不算数，下面，我们带着记录本和笔亲自到外面去观察一下。"

同学们排好队，来到教学楼外北边的空地上，开始仰望天空。

"老师，天空没有云！"几位同学大声喊道。

"嗯，认真做好记录！"我提醒同学们。

接着我带着孩子们来到操场上，大家仰望天空，只看到蓝蓝的天空，没有看到一丝云。同学们仰望各个方向的天空，还是只看到蓝蓝的天空，没有看到任何类型的云。

回到教室，我问同学们："通过刚才的观察，你知道天空有哪种类型的云？"

"天空什么云也没有。"

"现在，你有什么想法？"

"研究科学要讲究真实。"

"我们不要轻易相信别人的观点！"

"只有亲自观察，才能获得正确结论！"

"同学们说得真好！研究科学就是要实事求是，一是一，二是二，有什么说什么，只有这样我们才能学好科学！"我最后总结说。

科学的本质就是"实证性"，也就是要讲究实事求是。所以在本课的教学中，教师抓住有利时机，因势利导，既让孩子们在亲自观察中得出了正确结论，又培养了孩子们实事求是的唯物主义的科学态度。

"丑小鸭"

这节是四（2）班的科学课。课堂上同学们通过实验，认识了声音可以在空气、液体、固体中传播。为了让同学们更好地认识声音的传播，我给同学们提出这样一个问题："电影《铁道游击队》里，游击队员为了知道远处火车的情况，常常把耳朵贴在铁轨上，这是为什么？"

"声音是由振动产生的。"有同学回答。

"声音确实是由振动产生的，但是这不是这个问题的原因。"我解释说。

"这个事例说明声音能在铁轨里传播。"一个同学回答。

"回答正确！可以给你们小组加10分。"我表扬说。

"可是，声音也可以在空气里传播呀？为什么要把耳朵贴在铁轨上呢？"我继续追问。

我提问了几个同学，他们不是默不作声，就是回答不准确。

这时，我看见班里的赵博雅同学在举手。

在我的印象里，赵博雅同学平时几乎不举手，有时只是在自己的座位上摆弄一些小东西，但今天既然能举手，总是件好事。

于是我示意她站起来回答。

"老师，是声音在铁轨中比空气中传播效果更好吧！"赵博雅回答。

"完全正确！赵博雅反应很机敏！"我一边表扬，一边给赵博雅所在的小组加了30分。

"哇塞！"有好几位女同学惊奇地叫了起来。

"怎么回事？"我疑惑地问。

"老师，她学习很差，在班里表现很不好……"

"她从来不回答问题，谁都比她强……"

听着同学们毫不留情地列举着赵博雅同学的"罪状"，我终于恍然大悟。原来赵博雅同学学习一贯较差，又不爱回答问题，在大部分同学眼里，她就是个学习差的"丑小鸭"，这一次居然回答出好同学都没有答出的问题，于是有的同学吃惊，有的同学不服气。

看到这种情况，我大声说："在老师的眼里，同学们都是好学生，可能某些同学平时学习成绩差，被认定为差生，但那都是暂时的。学习成绩差，通过努力也可以取得进步，今天赵博雅同学表现就非常出色，所以我们不要总是戴着有色眼镜来看待任何一位同学。"

当教学进行到最后一个环节时，我提出了一个富于思考性的问题："小明和小红来到了月球上，他们彼此交流，却只看到对方嘴在动，却听不到声音，这是怎么回事？"

我问了两个同学，他们没有回答准确。这时，我又看到赵博雅在举手，于是我让她来回答。

"因为月球上没有空气！"赵博雅的回答非常简洁。

"恭喜你！回答得完全正确！加20分！"我表扬说。

"耶！"赵博雅所在的小组同学欢呼起来，好多同学也向她投去了敬佩的目光。

教学艺术的本质不在于传授本领，而在于激励、唤醒、鼓舞。所以，很多时候即使大家公认的"丑小鸭"，也可以通过激励、唤醒，展示出不俗的实力，甚至让大家刮目相看。

原来学生竟如此喜欢科学

今天下午,六年级的科学课上,同学们正在忙着做实验,我也边巡视边指导着。当我来到田盼、刘梦露同学一组时,田甜同学笑着对我说:"老师,你喜欢田畅吗?"听到田甜的这个提问,我感到很奇怪,田畅是三年级的一位女同学,我平时也未对她给予什么特别的照顾,她怎么想起问这个问题呢?我于是笑笑说:"她们班每个同学我都挺喜欢,你怎么问起这个问题来了?"田甜笑着说:"老师啊,田畅在家里可喜欢科学了,在家里她天天看科学书,她还和她爸爸一起看科学,并且跟她爸爸说她非常喜欢科学课。"

听完田甜的叙述,我心里真有一种说不出的高兴,因为自己作为一个科学教师,只教了三年级一个多月的时间,想不到田畅同学竟然如此喜欢科学,而如果田甜不说,自己竟然一点儿也不知道,于是我又问田甜:"田畅喜欢科学,你是怎么知道的?"

"老师,我和田畅经常在一起玩,她干什么,我当然知道了!"田甜说。

听了田甜的解释,我确信她说的是真实的。

我又想了想,平时上课虽然也没有对田畅有什么特别的"照顾",但是,由于她上课经常举手发言,回答问题也很准确,所以,我也常常在课上表扬她。我猜想,可能是我的表扬进一步激发了她学习科学的兴趣和信心了吧!

第二天，上完三年级的科学课，我问田畅："田畅，你真的很喜欢科学吗？"

"喜欢！"田畅非常肯定地回答。

"为什么？"我问。

"如果不学习科学，我啥都不知道！"说完，田畅转身回教室上课去了。

听了她的回答，我更是十分感动！

看，学生一句最简单最朴素的回答，却道破了学习科学的意义，这也是对科学教师最好的激励！亲其师，信其道。作为一名科学教师，我有什么理由不教好科学呢？

光源的争论

这节是六（2）班的科学课，这节课的主要内容是认识光的传播。引导孩子们认识光源的概念后，我提问："自然界和生活中还有哪些光源？"思考后，同学们纷纷举手。

"有太阳。"

"电灯、火。"

"还有萤火虫。"

"老师，萤火虫不是光源。"一位同学反驳说。

"萤火虫发光吗？"我反问。

"老师，萤火虫晚上发光，白天不发光。"

"萤火虫白天不发光吗？"

"白天因为有太阳，所以萤火虫白天发光我们也看不到。"一个同学解释说。

"你解释得真好！"我表扬说。

我把同学们说的光源一一写在黑板上，太阳、月亮、星星、萤火虫……

"这里面哪些不是光源？"

"月亮不是光源。"一位同学反驳说。

"为什么？"

"月亮不会发光，它反射的是太阳发出的光。"

"说得完全正确！"我表扬说。

这时，我正要进入下一环节，忽然我听到下面有同学小声说："老师，他说星星不是光源。"

"杨佳悦，你说说星星为什么不是光源？"我问。

"老师，我觉得天上的星星有的是光源，有的不是。"

"哪些是光源，哪些不是光源？"

"老师，像北极星就是光源，而有的星星就和地球一样，是不发光的。"

"你说说哪些星星不发光？"

"金星就不发光。"

"说得真好！天上的星星绝大部分是光源，但也有少数星星是行星或者人造卫星，它们不是光源。"我最后总结说。

思考：

在以上教学中，同学们列举出了许多自然界中的光源，比如太阳、星星、月亮、萤火虫等，这些物体中，有的是光源，有的不是光源。但是在教学中，教师没有立即给予肯定，也不是急于否定，而是让同学们独立思考，自由辨析，充分发挥了学生的主动性。在有的同学说出星星不是光源的时候，他说得很有道理，所以，教师给予了充分的肯定和表扬，尊重了学生的主体地位——让我们看到了学生的创新思维不断闪光！

语言要准确

这节是六（3）班的科学课，课题是《原来是相互关联的》。教学进行到最后一个环节，我提出"这些生物器官有什么特点，它有什么作用"这一问题，张璐宇同学站起来，以蒲公英为例，阐述了蒲公英种子"长有毛毛，很轻"的特点，接着他说："……风一吹来，蒲公英就会飘向各方大地！"

"各方大地？什么叫各方大地？"我反问。

此时，同学们哄堂大笑。

"应该是大江南北！"张鹤飞同学大声说。

"大江南北，这也太辽阔了吧！"

我说完，同学们又哈哈大笑起来。

接着又有几个同学说了几个词语，但都不是太合适。

后来孙悦同学站起来微笑着说："应该是四面八方！"

"说得很好！风吹来，蒲公英会飘向四面八方，这样说就很合适！"我表扬说。

"还可以怎么说？"我问。

"飘向远方。"有的同学说。

"飘向远方，也是可以的，而且很简洁！"我表扬说。

"我们回答问题或者写文章，都要用词准确！如果拿不准，也不要乱说，这样会闹出笑话的。这就需要我们平时多积累,多练习,时间长了,我们的语言表达能力也会逐渐提高。"我最后总结说。

多考虑学生的需要

中午，六年级的林海洋、张艳阳、贾小男等几位同学到实验室来做科学小制作。张艳阳做的小制作是"热是怎样传递的"演示器，小制作看上去很简单，但很精致。林海洋要做的是"神舟七号"飞船的模型，由于制作过程相对复杂，张艳阳便和林海洋一起做，正做着的时候，林海洋突然问我："老师，现在的科学课越来越难懂了！"

听了这话，我感到很惊奇，便问："是老师讲的你们听不懂吗？"

"不是！"

"那是为什么呢？"

"老师，是因为科学课本上的一些资料或者总结性的文字，越来越看不懂了！"

听了林海洋的话，我似乎有些明白。本学期，六年级开始使用了教科版的新教材，新教材的一些章节里面，往往有一段概括或者总结性的文字，这些文字当中往往有些专业术语。编者的意图也许只是让学生有个大概的了解吧，作为教师，我备课时只是简单地看了看，也没有太在意。现在既然学生提出来了，就再看看吧！

于是，我随手翻开六年级的科学书，在《放大镜下的晶体》一课中，在左边方框中，有一段介绍"晶体"的文字，我指着这段文字问："是这样的文字吗？"

"是!"林海洋答应着。

我又仔细看了看书上的这段文字:"自然界中的大部分固体物质都是晶体或由晶体组成。晶体的形状多种多样,但都很有规则。有的是立方体,有的像金字塔,有的像一簇簇的针……有的晶体较大,肉眼可见;有的较小,要在放大镜或显微镜下才能看见。"这样一些文字虽然老师自己能够看懂,但学生未必就十分明白。并且有的课中的一些文字和资料即使老师也并不算十分清楚,况且这些文字在课堂上,我一般也并未做深入的讲解,而往往就是让学生阅读一下就匆匆过去了,至于学生理解或者了解了多少,自己并没有认真考虑。现在自己的学生竟然提出了这个问题,看来学生还是认真阅读了。

于是,我对林海洋说:"课本中的文字确实很难懂,以后老师要把这些难懂的文字用通俗易懂的语言表达出来,你看行吗?"

"那太好了!"林海洋高兴地说。

反思:

这件事给我的启示是,教师备课、上课时一定要多多考虑学生的需要。随着新课程改革的发展深入,我们的教材也在不断地改变,但我们的教材适合学生的需要吗?学生喜欢我们的教材吗?他们对哪些内容感兴趣?对哪些内容不感兴趣?他们在上课学习时遇到了哪些困难?……这些都需要我们教师深入学生中间去,了解他们的真实情况,只有这样,我们在备课以及教学中才能知己知彼,有的放矢,真正做到"用教材教,而不是教教材",真正做到"以人为本",提高我们的教学效率。

畅谈时间

上午第三节是五年级的科学课。课堂上,我让同学们做了这样一个小游戏:站立起来,举起双手,坚持一段时间;接着我又让田盼同学到前面唱一首大家喜欢听的歌,田盼演唱时,同学们注意力非常集中。然后,我又让贾慧玲同学到前面来跳舞,贾慧玲跳得很优美,同学们看得也很认真。跳完后,我问同学们:"我们刚才做了三个活动,举手、唱歌和跳舞,猜猜看,做三个活动,我们分别用了多长时间?"

"举手两分钟,唱歌、跳舞分别半分钟!"有同学回答。

"举手一分多钟,唱歌、跳舞不到一分钟!"

我说:"其实三个活动各用了一分钟!那为什么我们感觉有这么大的差异呢?"

刘梦露同学站起来说:"老师,我明白了,我们平举双手,很费力气,后来简直就是一种煎熬;而看同学们唱歌、跳舞,感到非常轻松、有趣,所以感觉时间过得快!"

"时间有快慢吗?"

"有快慢!"

"没有快慢!是我们的感觉在作怪!"

"当我们做高兴的事时,感觉时间过得快;当我们做不愿做的事时,感觉时间过得很慢,但实际上,时间流逝的速度是不变的!"

"时间过去了，还能回来吗？"

"不能，时间一去不复返！"

"那我们应该怎样对待时间？"

"珍惜时间，勤奋学习！"

"说得好！知道关于时间的一些格言吗？谁来说一说？"

"一寸光阴一寸金，寸金难买寸光阴！"

"浪费时间等于慢性自杀！"

"应该是浪费自己的时间等于慢性自杀，浪费别人的时间等于谋财害命！"一位同学纠正说。

说到这里，班里的同学哈哈大笑起来。

"老师，还有一句，完成工作的方法是爱惜每一分钟！"此时，班里同学立即把目光投向墙壁上达尔文画像下的名人名言。

"就地取材，善于观察！"我表扬说。

"老师，我认为这句名言应该改一改，完成工作的方法是爱惜每一秒钟！"田盼抢着回答。

"改得好！完成工作的方法是爱惜每一秒钟！"我重复着田盼同学修改后的名言。

接着，我继续说："如果我们在学习中真的能做到珍惜每一秒钟，那我们每个同学一定是个成功者！这节课要结束了，最后老师还要赠给同学们几句名言：

　　时间最不偏私，给任何人都是二十四小时；时间也最偏私，给任何人都不是二十四小时。

——赫胥黎

人世间比青春更宝贵的东西实在没有，然而青春也最容易消逝！

——郭沫若

心动不如行动，愿同学们做珍惜时间的有心人！

细胞与生命同在

上节课,六年级同学利用显微镜观察了各种各样的细胞,并认真做了观察记录。这节课,同学们交流了他们的观察结果。交流结束后,我提问:"观察了这么多的细胞,你可以得出什么结论?"

"细胞真是多种多样,动物和植物的细胞就不一样!"闫梦璇同学站起来回答。

"细胞有不同的形态!"

"细胞有不同的形状,有方格形的,有圆球形的,还有柱状的。"

"概括得都很好!"我表扬说。

"老师,我知道葱剥下来的皮儿也是由细胞构成的!"黄刘宇菲同学站起来回答。

这个回答让我感到很意外,因为黄刘宇菲在班里很少回答问题,他今天能够回答问题,并且见解也比较深刻,这让我感到非常意外。看来,上节课的观察和实验,确实起了不小的作用。

"黄刘宇菲同学的回答很精彩!"我继续表扬说。

"通过观察,你还有什么新的认识?"

"老师,我认为,生物体都是由细胞构成的。"杨新颖同学的话刚刚说完,周围几名同学哈哈大笑起来。

这一笑,我感到莫名其妙!杨新颖说得很好啊,难道她说的有什么不妥吗?

我倒要听听其他同学的高见!

"老师,我认为那样说不妥,我认为细胞与生命同在!"高甜甜同学发表了自己的观点。

"细胞与生命同在,这个观点很新颖,而且富有哲理!"我表扬说。

"不过,杨新颖同学的观点有什么不妥吗?"

"不妥,但我说不清楚,只是感觉而已。"

"其他同学,你们认为生物体是由细胞构成的吗?"我继续提问。

"我认为有的生物体由细胞构成,有的生物体不是。"有同学提出自己的理由。

看来,同学们对生物体和细胞的关系可能还存在模糊的认识,所以,澄清学生头脑中的模糊认识是非常必要的!

于是我问:"人是由细胞构成的吗?"

"是!"

"动物是由细胞构成的吗?"

"是!"

"植物呢?"

"植物也是由细胞构成的!"

"人、动物、植物合起来就叫作生物。由此我们可以得出什么结论?"

"生物体是由细胞构成的!"同学们异口同声地回答。

最后我总结说:"细胞是构成生物体的基本单位,所以说,杨新颖说的生物体是由细胞构成的说法完全正确!细胞的生长、发育、成熟、衰老、死亡的过程,就是生物体生长、发育、成熟、衰老、死亡的过程,细胞与生命同在!"

科学课上,让学生畅所欲言,各抒己见,发表自己富于创造性的观点和见解,是我科学课上追求的一个目标,要想达到这样一个目标,教师营造民主、宽松的课堂教学氛围是重要的,但更为重要的是交流之前的观察和实践。如果没有了观察和实践,交流也就成了无源之水、无本之木!

大侠

这节课是一年级的美术课。已经上课了,一位女同学还站在教室前面,她身上披着一件棉衣,棉衣很大,已经盖过膝盖。棉衣的前面只系着一颗扣子。看到她这身打扮,我对她说:"把衣服扣子系好,或者把棉衣脱下放到椅子上吧!"

小女孩回到自己的座位上,把棉衣脱下来,放到自己的椅子上。这时,一位女同学笑着对我说:"老师,她是大侠!"

我想了想,说:"很多电视剧里确实有大侠,但那是在电视剧里面,现在我们是在美术课上,可不是演武打片,我们要做的就是遵守课堂纪律,保持正确的坐姿!我们小学生只有努力学到真本领,将来才能成为真正的大侠!"

我的话还没说完,同学们哈哈大笑起来,同时也坐得更加端正起来。

疾风知劲草

这节是六年级的科学课，课题是《原来是相互关联的》，内容是让学生认识植物特殊的结构与环境的关系。我先让同学们观察了浮萍、小草、玉米等植物的根，然后让他们说说这些根有什么不同。同学们思考后纷纷举手。

有的同学说："浮萍叶子很小，它不需要很大的根来供给水分和养分，所以浮萍的根很细很小，适合浮在水面上。"

有的同学说："小草没有明显的主根，有许多须根，所以它能扎根土壤……"

在同学们充分谈了自己的看法后，我总结说："小草正因为有很多须根扎根土壤，所以狂风能把参天大树连根拔起，但对小草却无可奈何，正所谓疾风知劲草……"

在讲述的过程中，教室里很安静，同学们听得很专注。

在本课教学中，不仅使学生认识了相关科学知识，而且一句"疾风知劲草"把科学教学上升到了人生哲理高度，从而对学生产生了良好的教育意义。

如何减少声音

这节是四（2）班的科学课，课题是《保护我们的听力》。教学进行到控制物体发声的环节时，我提出了这样一个问题："打仗行军的时候，马走路的时候，马蹄声很大，如何让马蹄声音减小？"

同学们思考后想出了许多方法。

"可以把马蹄用海绵包住。"

"可以把马蹄用布包上，这样马在行走的时候会小很多。"

这些方法无疑是合适的，我表扬了同学们。

接着，我随机提出下面这个问题："在教学楼内，女老师穿高跟鞋声音较大，如何减少这种声音？"

同学们思考后纷纷举手。

"老师，可以把高跟鞋的跟儿切去。"

刚说完，同学们哈哈大笑。

"这样做，高跟鞋就破坏了。"我笑着说。

"可以把高跟鞋用布包住。"

"这样老师穿起来太难看了！"我说。

同学们又是哈哈大笑。

"老师，可以让老师滚着来上课。"

同学们又是哈哈大笑。

"这种方法你也想得出来。"我笑着说。

……

又有几个同学说了几种方法，但都很不合理。

"同学们思考问题，不要把简单的问题想的过于复杂。"我引导说。

"老师，那就让女老师别穿高跟鞋了！"一名同学站起来回答。

"这就对了！这种方法最简单也最合适！"我最后表扬说。

思考：

没想到我在课堂上随机提出的一个问题，引来同学们这么多奇异甚至荒诞的回答，当然这些奇异的回答也增强了教学的趣味性，活跃了课堂气氛。看来，同学们在思考问题时很容易产生思维定式。在教学中，教师要有意识地引导同学们打破这个思维定式，这样才有利于培养孩子们的创新思维。

🎓 老师，实验室的防火沙箱怎么不见了

下课的时候，同学们陆陆续续地走出实验室。董欣同学看见我问："老师，实验室的防火沙箱怎么不见了？"我说："你是怎么知道的？"董欣说："老师，每次走进实验室，总能看见它，今天没有看见。""看来你观察得挺仔细！我已经把沙箱搬到北面的窗台下面，那里没有人经过，放在原来的过道处，碍手碍脚，实在太不方便了！"听了我的话，董欣深有感触地说："老师，您做得太对了！以前，没搬走沙箱的时候，我们每次从那里走，总要小心翼翼的，怕踩了沙箱！现在把沙箱搬走了，以后再也不用担心了！"

看来，移动一下沙箱，效果确实是立竿见影了！挪动一下沙箱，也许是一件微乎其微的小事，但意义却不算小！原来，防火沙箱一直放在南面墙壁下面，沙箱北边是实验桌。实验桌和南面墙壁有个过道，南面的同学进出实验室，都要从这个过道通过。但是，由于多了个沙箱，这一段过道的空间变得比较狭小，于是一些同学从这里走过的时候，一不小心脚就会碰到沙箱，有时还会拌一下，个别同学在跨过沙箱时，还不小心把沙箱和里面的沙袋踩坏了。虽然这个沙箱有些碍脚，但也没出现过什么大事，时间长了，自己觉得这个沙箱放在那里也没有什么"不好"，于是也"见怪不怪"了！

直到有一天，我走到沙箱前，仔细观察了一下沙箱，发现沙箱的薄木板已经

破损了，里面的沙袋也已经破得不成样子了。我想，从这里经过的同学的脚不知有多少次要碰到这个沙箱，虽然我经常强调让学生不要踩到沙箱！但是，为什么不把沙箱挪一下位置呢？此时此刻，我终于下定决心，用力搬开了沙箱，把它挪到了北面没人经过的合适位置，再回过头看看原来放沙箱的过道，果然畅通无阻了！

　　通过这件小事，我想到，我们每一位教师在教育教学中，常常存在这样或那样的不足，这种不足，我们也许常常意识不到，就如同那碍脚的沙箱。如果我们平时不认真、不深刻地反思自己的行为，那种碍脚的"不足"，就会永久地延续下来，从而阻碍我们成长的脚步。而当有一天，我们痛下决心，彻底去掉那些"碍脚"的行为，我们会惊奇地发现，我们成长的脚步竟然如此轻松快捷！

是惯性吗

中午,去厕所的路上,我遇见了吴易硕同学,他手里拿着个小玩具车,对我说:"老师,为什么车轮会飞快转动?"

"你说呢?"我反问。

"老师,我认为因为惯性。"

"说得很对!确实是因为惯性。"

"像运动起来的火车、汽车惯性都很大,即使是刹车,由于惯性的原因,它也会滑行一段距离。"我解释说。

"过一会儿,轮子会停下来,这是为什么呢?"我问。

"是惯性消失了。"吴易硕回答。

"不是的,运动的物体有惯性,静止的物体也有惯性,任何物体都有惯性。"

"老师,为什么物体会有惯性?"

"惯性是物体本身固有的一种属性,是本来就有的。"我解释说。

"轮子为什么会转动起来?"我继续问。

"我拨动它了。"

"也就是你对它用了——?"

"我对它用了力。"

"完全正确！当轮子飞快转动起来时，为什么过一会儿，轮子会停下来？"我继续问。

想了一会儿，吴易硕说："是因为轮子和轴之间有摩擦力。"

"对！是摩擦力使轮子逐渐停了下来。所以说，力可以使物体运动起来，也可以使物体静止下来。力可以改变物体的运动状态。"我解释说。

"发明千千万，起点是一问。"孩子们随时随地都能提出问题，这是一种非常好的学习习惯，也是学生发明创造的开端。教师要善于因势利导，鼓励学生大胆提问，解疑质疑，只有这样，才能不断促进学生创新思维的发展。

爸爸的安全帽也是拱形的

六(3)班的科学课上,学生学习了拱形承重的特点,于是我对学生说:"生活中你还知道哪些物体是拱形的?"

学生思考后列举了很多,比如鸡蛋、建筑物的屋顶、古代城门等。

轮到贾博涵同学发言时,她站起来说:"老师,我爸爸的安全帽也是拱形的。"

"你怎么知道的?"我问。

"我看到爸爸经常戴着。"

"安全帽做成拱形的,有什么好处?"

"比较结实。"

"爸爸是做什么工作的?"

"我爸爸是搞建筑的。"

"爸爸工作辛苦吗?"

"很辛苦!"

"那你该怎么做呀?"

"好好学习。"

"今天我们学习拱形,你能想到爸爸的安全帽,说明你很善于思考,也说明你是个细心的女孩子。当我们在教室里学习时,爸爸正在建筑工地上辛勤地工作着,我们做儿女的只有努力学习,才能不辜负父亲的期望。"我动情地说。

"老师,我知道了。"贾博涵说。

思考:

让学生谈谈拱形在生活中的应用,贾博涵能想到爸爸的安全帽,说明她是一个细心的女孩子。教师也因势利导,适时地对学生进行了思想情感方面的教育,使科学教学获得了升华。

让科学课多些笑声

这节课是四（1）班的科学课，课题是《听听声音》。上课的时候，我问："在我们的周围有哪些声音？"

同学们思考后纷纷举手，有的说刮风下雨的声音，有的说有汽车鸣笛的声音。接着，一位同学站起来说："老师，还有笑声。"

"希望科学课多些笑声吗？"我问。

"希望！"学生回答。

"我也希望科学课里多一些会心的笑声。"我说。

同学们大笑起来。

"老师，还有你说话的声音。"

这位同学说的无疑是正确的，接着我解释说："对，这是老师在给你们传授知识，如果老师不说话，和你们打哑语，你们能学到知识吗？"

我开始不说话，做起打哑语的动作，同学们哈哈大笑起来，我也笑了。

思考：

科学课，教师提出问题，学生思考后回答，这种师生交流是科学课上必要的环节。但这种师生间的交流并不是简单的一问一答,而是包含着深刻内涵的互动交流。在这种互动交流中,教师运用机智和幽默,使课堂多些笑声,这些都是孩子们非常喜欢的。

月亮遐想

今天晚上，我在学校值班。走在校园里，校园里一片寂静。月亮像一面大圆镜挂在天上，月光均匀地洒在大地上，像白花花的水。

一个人走在操场上，并不觉得孤独寂寞，因为有月亮为伴。此时，什么都可以想，也什么都可以不想。

站在操场上，看了看身后，还有自身的影子，但很淡。我想起了科学课上，在上《太阳钟》一课时，有的同学提出晚上没有太阳，可以制作"月亮钟"，但是有的同学立即提出质疑：月亮下物体的影子很淡，不容易观察，而且月亮升起的时间也不一样，月亮的形状也不相同……因此做"月亮钟"是不合理的。看来，白天学生的质疑是很有道理的。

今晚的月亮特别圆，圆圆的月亮也叫满月。我猜想今天应该是农历十五或者十六吧！月有阴晴圆缺，这就是月相的变化，如果此时学生也一起（可以不在同一个地方）观察，那是一件多么惬意的事情啊！

很久以前，人们就喜欢月亮，著名的"嫦娥奔月"的故事代表了人们对月亮的无限向往……古代的大诗人更是极尽其文采来赞美月亮，以月亮来抒发情感，著名的诗句有"举头望明月，低头思故乡"，"海上生明月，天涯共此时"，"月上柳梢头，人约黄昏后"……

啊，月亮带给了我无限的遐想……

老师，上课的时候我可以这样坐着吗

早晨，天阴沉沉的，大有"山雨欲来风满楼"的势头。果然，大约九点钟，天空下起了瓢泼大雨。不一会儿，地面上已是水流成河。

上午第三节课是五年级的科学课。上课前，王新同学打着雨伞来问我："老师，在哪儿上课呀？"（一般情况下科学课是在实验室上的）

我说："操场上积水那么多，那就在教室上吧！"

随后，我披着雨披和王新一起去教室。走进教室，脱下雨披后，几位同学热情地向我打招呼："老师好！"

"你们好！"我也热情地回应着。

上课铃还没有响，于是我和几位同学闲谈起来。谈笑间，贾慧玲同学笑着对我说："老师，上课的时候我可以这样坐着吗？"接着她做了个把脚放在椅子上的动作，当然这个脚是光着的。

我问："为什么呀？"

贾慧玲说："下课的时候，我们去厕所，厕所里面全是积水，我们往里面一走，鞋和袜子全湿了。"

此时，我一下子明白过来。于是我对贾慧玲说："把脚放在椅子上可以，不过，脚不能越过桌子。"

说完，班里的同学哈哈大笑起来。

接着，我又说："老师对你们很宽松，老师也给你们提个条件，那就是专心致志听讲，可以吗？"

"那是一定的！"同学们异口同声地回答。

接下来的科学课上，同学们果然注意力集中，积极举手发言，教学效果出奇的好！

上课的时候，脚是不能放在椅子上的，但是特殊情况除外。

她只是一只纸老虎

下午第一节课是一年级的体育课。快上课的时候,我走出办公室,准备去上课。一出门,就看见一年级的贾海洋同学朝我走来,只见她头上戴着一个老虎的头饰,这副装扮还真有点像《射雕英雄传》中的黄药师刚出场的样子。

走近我,她便像老虎一样"张牙舞爪"地向我"扑"来。我一看这副"凶恶"的样子,便笑笑说:"这是美术课上做的头饰吗?"

"是!"贾海洋说。

"老师,你看我做得好吗?"

"挺好的!"

我和贾海洋同学一起来到操场上,同学们已经排好整齐的队伍,正准备上体育课呢!

看到我和"老虎"在一起,刘谷方雄同学笑着问我:"老师,你被吓着了吧?"

"怎么会呢!她只是一只纸老虎!"我说。

一句话,逗得大家哈哈大笑起来。

老师戴的眼镜是放大镜吗

科学课上,同学们初步认识了放大镜的结构特点,我随机提出了这样一个问题:"想一想,老师戴的眼镜是放大镜吗?"

同学们陷入了深深的思考,过了一会儿,还没有同学举手,于是我点名让贾羽同学来回答。

"我觉得你戴的眼镜是放大镜。"贾羽站起来回答,声音并不算大,可能是她对自己的回答并没有足够的信心。

"为什么?"我追问。

"因为戴眼镜可以把物体放大,从而看得更加清楚。"

"还有其他想法吗?"我问。

此时,班里又有几名同学举起手来。

"老师,如果您戴的眼镜能放大的话,那眼镜离物体应该是很近的,而事实上并不是这样!"刘思雨同学站起来说。

"说得有道理!谁还来说说?"

"如果眼镜是放大镜的话,我们看到的物体就会很大,我们用放大镜看人的眼睛就显得很大,而且和我们用肉眼看物体是很不一样的,如果是这样的话,那就太可怕了!"刘思雨同学再次站起来回答。

话刚说完，同学们哈哈大笑起来，看来刘思雨同学的"归谬法"相当有道理！

"谁还来说说自己的观点？"我继续提问。

这时，刘胜男同学站起来说："老师，我认为最主要的是，放大镜和老师戴的眼镜的镜片结构是不一样的。放大镜的镜片特点是中间厚、边缘薄，而老师戴的眼镜镜片是中间薄、边缘厚，两者是不同的镜片！"

"真是一语中的！"我表扬说。

"老师，我知道谁戴的眼镜是放大镜！"孙赛男站起来回答。

"说说看。"

"我奶奶戴的老花镜就是放大镜！她的眼镜我戴上，一片模糊！"

说完，同学们哈哈大笑起来。

"正像同学们说的那样，放大镜和老师戴的眼镜——近视镜是两种不同的镜片，正是由于这种构造上的不同，才使得它们分别具有不同的功能！"我最后总结说。

反思：

一个好的科学问题往往能调动起学生的生活经验，激发起学生的思维波澜，使学生从不同角度来思考问题，寻找答案，起到"一石激起千层浪"的作用。在以上教学中，教师提出的这个问题就达到了这样的教学效果。

今日事今日毕

下午两节课之后,我开始忙着写一篇教学案例。坐在电脑前,我边思考边输入文字,改改停停,停停改改,就这样一篇文章已完成了大部分,这时我的思维已进入亢奋状态,虽然说不上文思泉涌,但也可以说相对顺畅。正在这时,忽然校长来到我的办公室,给我送来了一份通知,我看了看,是关于学生参加自制玩教具方面的。明天就是星期六了,要赶快告诉学生,提前做好准备。

于是,我先来到五年级教室,向同学们转达了"通知"上的内容,然后回到办公室又重新坐到电脑前,继续输入那些未完成的文字。刚刚打了几个字,这时下班铃声响了,此时是停止写作回家,还是继续写下去?回家当然也是可以的,因为到家里还可以完成。再说,明天是双休日,时间充裕得很,还怕文章完不成?但是回到家里,真写假写,效率如何,就是另外一回事了。而在学校,自己的思维正处于最佳状态,何不一鼓作气完成它?想到这里,我又重新输入起文字来。

又过了一会儿,手机铃声响了,是妻子的声音:"在干什么?还不回家吗?"

我说:"我在写一篇文章,一会儿就完成了!"

妻子催促说:"那快点啊!"

我说:"好的!"

我接着忙碌起来,这时再没有人打扰我了。大约过了半个小时,我的"大作"

终于完成了。

关好电脑,收拾好东西,关好门窗,我推着自行车来到操场上,此时的操场非常寂静,只听见鸟雀在树上叽叽喳喳欢快地叫着。看门大爷早把大门关好了,也许他认为,学校早已没有老师了。

骑着自行车行驶在回家的路上,我格外高兴,虽然回家晚了很多,但是我做到了"今日事今日毕",而不是把今天的事拖到明天!

学生对"反思"的疑问

中午,我正在备课,这时,田盼同学来到我的办公室,看见办公桌上有好几个备课本,便随手翻看起来。看完几本后,又找到一个备课本,看见上面写着"教学反思"四个大字,田盼不解地问:"老师,你们还写反思呀?"

"对呀。"我说。

"老师,难道你犯错误了吗?"她不解地问。

我笑了笑,回答说:"当然不是,我们老师上完课后,总有成功或失败的地方,分析其中的得失,并且记录下来,这样就构成了教学反思。在教学中我们不断总结,发扬好的,改正错的,教学水平就会不断提高。"

听了我的话,田盼说:"那可太麻烦了!"

我说:"的确麻烦一些,但是磨刀不误砍柴工嘛,写反思对我们教师的成长是非常有好处的,老师水平提高了,才能更好地教你们,做你们喜爱的好老师啊!"

"老师,我明白了!"田盼高兴地说。

最后,我又对田盼说:"我平时写教学反思,还写教情日记,也可以说是教学反思的一个类型吧!这几年我写了好几本了。我平时也让你们写观察日记,你们也要坚持下去,相信你们也会有所收获的。"

"好,老师,我一定坚持写下去!"田盼答应着。

"好，我们共同努力吧！"我笑着说。

这是我课余生活的一个小片段。田盼同学是四年级的学生，她勤学好问，成绩优异，对于她关于"教学反思"的疑问，我也用通俗易懂的语言表达出来，其实这也就是教师撰写教学反思的意义所在。最后，教师也提出了一个小期望，也算是"教学相长"吧！

爱的阳光雨露

那几年,我在唐山市塔头小学任教。中午也不回家,吃完饭后也不休息,然后就在办公室(也就是准备室,学校的实验室、准备室和仪器室是连在一起的)备备课,写写反思,这已经成为我多年的一种习惯。

那时候,许多孩子中午吃完饭后就赶到学校,到办公室和我待在一起。这个时候,有的孩子会很随意地和我谈谈心,说说学习中开心或者困惑的事情;有的孩子会用粉笔在黑板上写写字;有的孩子会帮我扫扫地、擦擦实验桌;还有的孩子会静静观察鱼缸里饲养的小鱼、水蜗牛。有的时候他们会在仪器室观察标本,观察人体模型;有的时候他们会给我送来捉到的青蛙、蚯蚓、螳螂、水蜗牛等小动物;有的时候他们会在我的电脑上查找一些资料(因为那时候电脑还没有普及);有的时候他们会把自己做的小制作拿给我看……许许多多的事情,不胜枚举。所以,中午这个课余时间,常常是我和孩子们度过的最美好、最快乐、最自由的一段时光。在这段时光里,我拥有一大帮天真无邪、活泼可爱的小朋友,孩子们则拥有我这样一位和蔼可亲、平易近人的大朋友。他们围在我的身边,看看书,写写字,问这问那,无所不谈,和孩子们在一起,我的心永远年轻!

还记得有个班的几个孩子,快毕业的时候,因为舍不得离开老师,舍不得离开实验室,他们就在科学实验室前面的一块空地上种上了一棵樱桃树,以留作纪念。经过浇水、施肥，樱桃树成活了。几年后，这棵樱桃树就长大长高了，变得枝繁叶茂。每年的夏季，树上就会结满果实，那红红的、圆圆的樱桃，吸引了众多校园里的孩子，他们随手摘几颗，含在嘴里，酸酸的、甜甜的，那种感觉真是令人心醉！

  我们的孩子就像那一棵棵樱桃树，在爱的阳光雨露滋润下，都能茁壮成长，结出累累的果实！

超级教师（Superteacher）

下课的时候，四（3）班的同学陆续离开实验室。刘思祎同学走到我跟前，悄悄塞给我一张小纸条就走了。我打开纸条一看，上面写着这样几行清秀的字体：科学老师是：科学、美术、数学、语文、体育的结合体。（超级教师呀！）左下角还有用英语写的两个单词：Superteacher。单词下面注释着"超级教师"四个字。由于时间紧，下一节还有课，也没有仔细思考其中的含义，所以就先把纸条叠好，放到了口袋里。

晚上，我拿出这张纸条，看了看上面的字体，我问女儿："super是什么意思？"女儿笑着说："哎呀，连这个都不认识，super是超级、极好的意思。"并且告诉了我正确的读音，我终于恍然大悟，于是笑着说："我还以为'super'是'supper'，是'晚餐'的意思呢！"我又从百度里查阅了一下这个单词，发现女儿说的的确是正确的——今天我又认识了一个新的英语单词。

第二天，我在一楼大厅遇见了刘思祎和几位女同学，我笑着问刘思祎："那个超级教师是什么意思啊？"

"就是超级棒的教师啊！"刘思祎笑着回答。

"谢谢，过奖啦！"我说。

"就是超级棒啊！"说完，刘思祎和几个女同学笑呵呵地跑了。

回到办公室，打开纸条，我又反复咀嚼着这句话：科学老师是科学、美术、数学、语文、体育的结合体。我是个科学老师，这话不假，但怎么是美术、数学、语文、体育的结合体呢？不太沾边吧！我又想了一下，有的时候，科学学科也包含着体育内容，比如《运动后会怎样》一课，为了比较平静状态和运动之后呼吸、心率的变化，我亲自带领学生去操场跑步、跳跃，学生在跑步、跳跃过程中很开心，运动结束后进行记录、分析，然后学生得出了结论，明白了科学道理。

有时候在给学生传授科学知识的时候，我也会引用一些诗词、佳句，来增加教学效果或者教学的趣味性，有时候为了更好地让学生理解知识和概念，会认真地板书、板画……诸如此类，可能是自己在科学教学中，自觉不自觉地融合了美术、数学、语文甚至体育方面的知识，学生觉得生动有趣又新奇，于是看在眼里，记在心上，给了我这么高的评价。但是，我觉得这是老师应该做的，也没有什么特别出奇的地方。

学生的赞誉，无疑是对老师的最高奖赏！虽然自己做得还很不够，但是我还是特别喜欢孩子送给我的这句话，特别喜欢孩子送给我的"超级教师"（Superteacher）的称号。

时间一天天过去，刘思祎送给我的纸条一直放在我的口袋里，有时间我还会拿出来看看，每次品味的时候，内心常常很激动，也很开心。可是后来还是不慎把这个纸条弄丢了，但是，还好我给这张纸条拍了照片，并且一直珍藏着——"超级教师"（Superteacher）的称号是我不断努力进取的目标和动力！

🎓 爱的传递

今天下午,我和六年级同学去罗各庄村的劳动教育基地劳动。由于康各庄小学和劳动基地有四五里地远,而且天很阴,为了防止雨淋,我特意带了一把雨伞。

在劳动基地里,同学们挥锹铲土,热火朝天地干了起来。我也找了把铁锹和孩子们一起干了起来,正在劳动的时候,田晨曦同学来到我身边,对我说:"老师,把铁锹给我吧,你歇会儿吧。"

我把铁锹给了田晨曦,她就用力铲了起来。劳动基地的土地很硬,土很不好铲,但是她很用力,一会儿,坚硬的土地被翻开了很多。田晨曦个子并不高,说话柔声细语,一副娇小可爱的样子。她一边铲土,一边和我聊天,还和我聊起上午学到的科学课知识。看得出来,最近一段时间她学习科学很认真,学习效率也很高。在我的印象中,田晨曦是个温柔的女孩,上课不爱发言,但是我还是常常点名让她回答问题,在我的鼓励下,她进步了很多。有一次下课的时候,田晨曦自告奋勇说要当科学课代表,帮助同学收发作业,我答应了她的要求。

田晨曦干累了,我又接过铁锹干了起来,就这样我和她轮流使用铁锹,翻了很多土。大约忙碌了两个小时,同学们汗流满面,但是大家依然很开心。平时在教室里写作业,难免枯燥乏味,大家一起出来劳动,既锻炼了体力,又学到了课本上学不到的知识,真是一举两得啊!

劳动快结束的时候,天终于下起雨来,好多同学都撑起了雨伞。这时,我看到田晨曦没有带雨伞，就把雨伞递给她，说："你用吧！"

"谢谢老师！"她撑起了雨伞，并且给另一位女同学罩住，就这样，两个女孩同用一把伞，雨淋不到了。

回来的路上，雨小了些，但是没有停，有的同学看到我没有打伞，奇怪地问："老师，你的雨伞呢？"

我笑着说："给她们了。"

"老师，你真好！"有个同学笑着说。

"没什么，应该做的。"我笑着回答。

此时，十多年前的一段往事浮现在我的脑海中。

那时候，我在塔头小学任教。一天上午，天下起了雨，由于地面很湿，当时的操场还是土路，坑坑洼洼的，有很多积水，而且这是同学们来实验室上课的必经之路，为了避免同学们来实验室的不方便，我决定去教室给四年级上科学课。

刚出办公室，我忽然听到了一个清脆的声音："老师，我接你来了！"声音很耳熟，仔细一看，原来是四年级的林海洋同学，手里正举着一把伞。

"谢谢你！你想得真周到！现在雨已经小了，你自己留着用吧！"

"那怎么行呢？"说着，她踮着小脚，用手高高举起了雨伞，罩在了我的头上，此时，我觉得林海洋瘦小的身躯显得异常高大。

我接过她手里的雨伞，又把伞罩在了她的头上。就这样，我们同用一把伞，一起来到了教室。

走进教室里，几位同学热情地向我打招呼："老师好！老师好！"

我也热情地回应说："同学们好！"

一位女同学关切地问我："老师，你冷吗？"

我笑着说："不冷！一点儿也不冷！同学们的热情感染了我，我感到很温暖！"

上课时，我把林海洋同学"雨中送伞"的故事讲给学生听，讲完后，我再一次对大家的热情表示感谢，此时，教室里响起了热烈的掌声。

一晃十多年过去了，但是林海洋同学"雨中送伞"这件事，一直留在我的记忆里，并且时时想起。在我的记忆中，林海洋"雨中送伞"远不止这一次，一个小女孩雨天给老师送雨伞，也许只是件平常的小事，但是这件小事却饱含了孩子对老师的最纯真的爱，我想，只有这种爱，才是世界上最宝贵的东西。

今天又下起了雨，我把雨伞让给了一位小女孩，虽然自己身上淋了些雨，但我内心却感到很惬意。把雨伞让给女孩，这也是我应该做的一件小事。我想，这也是爱的传递吧！

区科技运动会"埃菲尔铁塔"搭建赛，四位同学包揽冠亚军

作者和科技小组的同学在一起（许多同学在省市科技创新大赛中获得一二等奖）

静待花开——教育随想

> 人只有献身于社会，才能找出那短暂而有风险的生命的意义。
>
> ——爱因斯坦
>
> 社会是一部大机器，需要各种各样的人才，陈景润、袁隆平是人才，雷锋、李素丽同样是人才。孩子不是一块可以任意揉搓的泥团，而是有着自己独特个性的树根，对孩子的培养应是"因势象形"的根雕艺术。

🎓 可贵的平民意识

一年级的体育课上,同学们正在操场上兴高采烈地跳绳。跳累了,很多同学便主动和我唠起了家常,比如自己是哪个村庄的,住在哪里,父母在哪里上班等。这时,一位个头不高的小女孩走到我跟前笑着对我说:"老师,我妈妈在批发市场卖衣服。"

"妈妈挣钱多吗?"

"我妈妈挣一千多块!"

"那也不多呀!妈妈一定很辛苦吧!"

"是。"女孩点了点头。

"老师,我爸爸是掏垃圾的。"女孩说话的声音似乎小了些,脸上似乎显出了一丝不好意思的神情。

听了女孩的诉说,我也很明白女孩的心理,但是,女孩能够说出来,也证明了她的诚实和坦荡。于是我正想转移话题,这时,只听见女孩又把刚才的话说了一遍:"老师,我爸爸是掏垃圾的!"我想,女孩一定是担心刚才的话我没有听见,于是又大声把刚才的话说了一遍。

"爸爸一定很辛苦吧!"

"是很辛苦。"

此时，我正想用"爸爸的工作很光荣"之类的话语来安慰女孩，但是转念一想，这样的大道理不说也罢，因为从女孩高声的话语中没有看出什么"高低贵贱"的成分。我想，在今天这个物欲横流的社会里，在这个极其看重人的身份、名誉、地位的社会里，能够把这样的话语大声地说出来是多么难能可贵呀！对于"掏垃圾"这样的职业，没有几个人会赞美它，相反更多的人往往是不屑一顾或者嗤之以鼻。但是，今天这位女孩坦荡的回答让我十分感动，因为参加工作快二十年了，今天第一次听到这样响亮的回答！在女孩简单而朴素的意识中，我分明看到了一种极其可贵的平民意识在闪光！

还记得几年前的一次英语课上，我让同学们说说自己的理想，很多同学侃侃而谈，他们说长大了要当企业家、"大款"、主持人、电影明星等。只有一位同学说自己的理想是成为一个农民，这样的回答让同学们哄堂大笑！在同学们的讥笑声中，这位同学简直无地自容。在大多数同学的眼里，成为大老板、"精英"才是一件十分荣耀的事情，而成为一个普通农民则是多么没出息！当然，作为他们的老师，我批评了那些抱有偏见的同学，并教育同学们工作只有分工不同，没有高低贵贱之分，成为一个合格的农民和成为一个优秀的领导者、企业家、影视明星同样是光荣的！

现在一个无可争议的事实是，许多学生都把"做领导者""当大老板""成为社会精英"等作为自己的人生选择。很多家长也是望子成龙、望女成凤，他们都希望孩子上名牌大学或者出国深造，未来有份体面、风光的工作。他们认为只要孩子能够出人头地，即使是砸锅卖铁也在所不惜。看来，"精英""白领"意识已深入许多孩子和家长的头脑。但是，我们要知道，社会是一部大机器，需要各种各样的人才，陈景润、马云是人才，王进喜、时传祥同样是人才，缺少了哪种人才，社会这部大机器都不能正常运转。一个社会无论如何发展，社会的主要成员还是工人、农民以及其他普通劳动者。虽然他们从事的常常是又脏又累的体力劳动，但是，任何人也不能否认，正是这些千千万万从事平凡工作的人，为社会主义大厦添砖加瓦,创造了我们这个美丽多彩的世界。因此,培养学生的平民意识,对于学生树立正确的人生观、价值观,是非常必要的。

当今社会竞争日益激烈,人们拼命奋斗,努力往高处走,本无可厚非,但是我们绝不能仅仅把"卓越"视为荣耀,把平凡看作落伍。拿破仑说:"不想当元帅的士兵不是好士兵。"但是,元帅只有一个,绝大多数只能是普通的士兵。能成为大老板,确实风光无限,但是,倘若人人都成为大老板,那么大老板也要亲自去"打工"了。可见,既然有人站在金字塔的顶端,就会有无数平凡的人脚踏实地铺垫在金字塔的底端。所以,我们可以有成为元帅或者大老板的志向,但是自身必须做好成为一名普通士兵的准备。倘若只有远大的目标,看不起平凡的工作,不愿干枯燥乏味的工作,不愿干脏活累活,大事做不来,小事又不做,想入非非,好高骛远,则只会一事无成。

培养学生的平民意识对于学生养成良好的行为习惯,培养学生热爱劳动者、热爱劳动者成果的意识也十分关键。前几天,我们很多老师去一所名校参观学习,这所学校现代化的教学环境以及教师学生的高素质确实是一流的,这让我十分钦佩。但是钦佩之余,我发现了学生中有一种非常不好的行为习惯——就是浪费粮食的现象较为严重!每次中午学生吃完饭后,我发现学生就把很多剩菜剩饭倒掉了!连我这位参观学习的老师看了都觉得十分可惜。而这样的浪费现象在我们学校是较少见到的。应该说,这个学校的学生家境一般都比较富裕,父母一般也都是一些有地位的社会名流,他们在学生的吃穿问题上当然是不差钱的。但是,我们要尊重劳动者,更要尊重劳动者的果实;如果孩子不懂得这些道理,我们的老师和家长则要教给孩子们这些道理!我想如果我们的老师家长多一些平民意识,他们应该不会不教育孩子尊重劳动者,尊重劳动者的成果。而我们这里(学校)的孩子的家长大部分是农民和打工者,他们都是些普通的劳动者,所以,我们的孩子更懂得普通农民的辛苦,所以没有浪费粮食的现象。"谁知盘中餐,粒粒皆辛苦",如果我们的孩子热爱农民,热爱农民的劳动成果,他们还会浪费粮食吗?

现在，很多城市里的孩子在家里"衣来伸手，饭来张口"，一心只读圣贤书，只为将来成为"精英"；我们很多大学生在社会上什么脏活累活也不想干，他们眼高手低，只想当"精英"或者"白领"，这不也正是我们当前教育的一种缺失吗？

培养学生的平民意识，让他们热爱劳动人民，让他们对普通人有一种发自内心的尊重，这对于他们成才以及为社会做出贡献，意义十分重大。比如，焦裕禄任县委书记时经常教育他的孩子从小做一个正直的普通人，并且让他的女儿去卖咸菜，从基层又苦又累的工作做起。毛泽东主席在教育子女问题上，更是值得我们学习。毛岸英从苏联回国后，毛主席就让他和农民学种地，上"劳动大学"。吃惯了洋面包的毛岸英，睡农民的土炕，和农民一样干活儿，处处和普通劳动者打成一片。朝鲜战争爆发后，毛主席又把毛岸英当作普通一兵，送到朝鲜战场上，最后壮烈牺牲。后来江泽民主席深有感触地说："假如我们所有的干部对子弟都能像毛主席对待毛岸英一样，我们的党一定兴旺，我们的党一定为群众所拥护。"

当然，"精英"和"平民"看似对立，其实并不是水火不相容的关系。很多领导者以及各行各业的高级人才，比如焦裕禄、杨善洲、袁隆平，他们都是从社会基层、普通劳动者一步步干出来的，因此即使后来他们身居高位，功勋卓著，也依然保持着平民本色。杨善洲退休后，毅然扛起锄头走向大山，艰苦奋斗20年，建起价值超过3亿元的林场。杨善洲是位卓越的领导干部，农民出身，他始终没有忘记自己从哪里来，根在何处。"杂交水稻之父"袁隆平名满天下，依然心系百姓，专注于田间水稻。他淡泊名利，简单朴素得就是一介农夫。他们以身作则，平易近人，他们处处为群众着想，将自己与普通劳动者置于平等的位置，彰显着他们的朴素人生和崇高品德。

国家主席刘少奇曾握着劳动模范时传祥的手说："你掏大粪，是人民的勤务员；我当国家主席，也是人民的勤务员。"那个纯净如水的小女孩说："我爸爸是掏垃圾的！"那个淳朴的小男孩说："我的理想是成为一个农民。"国家主席和小女孩、小男孩的话真有异曲同工之妙，这声音振聋发聩，发人深省！——重要的不是职务、地位的高低，而是精神和人格的高贵！

教改新举措之思辨

前几天看书，看到这样一段文摘：上海虹口区某小学出台教育改革新举措，学生上课可以插嘴、睡觉、喝水、下位、上厕所……消息传出，舆论哗然，不少人纷纷质疑，这样做，孩子长大后会成为合法公民吗？

上海虹口区某小学出台这一教育改革新举措后，众说纷纭。许多老师表示不理解，说："这不是乱套了吗？这样今后老师还怎么上课？"有的老师甚至全盘否定，说："这是教育乱套的又一表现！"

对于上海某小学的教育改革新举措，我认为不能一概而论，要具体问题具体分析，下面是我的一些思考：

新举措 1——上课可以上厕所

上厕所本来是课下的事，上课的时间主要是集中精力学习。如果老师讲课，孩子有事没事都要去厕所，加之个别孩子在教室里不想学习，借上厕所机会出来耍闹，肯定影响正常的学习，甚至可能发生意外，所以除非特殊情况比如拉肚子或者生病，否则，正常上课时间不要让孩子去厕所。

还有一种情况值得注意，老师刚刚上课不久，有同学就喊着要去厕所，老师询问其中的原因，原来上节课的老师在课间十分钟，还在给学生上课，也没有给孩子休息或者上厕所的时间，这样做是不可取的。课间十分钟是孩子们的时间，孩子们可以活动一下，也可以上厕所，这都是他们的权利。如果教师把课间孩子们上厕所、休息的时间都给剥夺了，不但不利于孩子们的健康，而且也影响下节课的老师的正常教学。所以下课铃声响后，教师应停止上课，不要拖堂，要把"课间十分钟"还给孩子。

新举措2——上课可以睡觉

课堂上睡觉肯定是不允许的，如果睡觉可以到家里去睡，老师和同学们在上课，你能睡得安宁吗？你睡觉的目的是什么？难道在睡梦中也可以学到知识？当然极特殊情况除外，比如学生头疼头晕或者身体感到很不舒服，在桌子上趴一会儿也是可以的。

新举措3——上课可以喝水

课堂上，学生实在口渴，喝口水，解解渴，倒也无可厚非，许多老师上课也没有明令禁止。但是，对于学生来说，这种事只可偶尔为之，不可变成习惯或者成为理所当然的事情。因为上课我们学习知识，就要全神贯注，心无旁骛，只有这样，才能提高学习效率。上课认真听讲，还可以培养我们的耐心、意志力，也是尊敬老师和同学的体现，这对学生未来的成长都会产生深远的影响。

新举措4——上课可以下位

在科学教学中，尤其是在分组实验中，学生收取材料，进行实验操作，下位是必要的，有利于实验教学的展开。学生下位到别的小组借用材料，观察现象，请求帮助，这些都是小组合作学习的优势所在。如果一节课都不离开座位，反而束缚了自身的学习。当然，个别同学下位和别的同学说些与学习无关的话，属于违反课堂纪律，影响了别的同学的学习，这是要受到批评的。

新举措 5——上课可以插嘴

只要不是故意违反课堂纪律，或者别有用心，插嘴也许是学生学习积极性和主动性的表现。恰当地利用学生的"插嘴"，教师因势利导，有利于教学的生成——形成不可预约的精彩！

仔细分析，上海某小学之所以提出这样一项新举措，不外乎想体现"以人为本""营造民主、宽松、自由的课堂气氛"这样的教学理念，或者效仿国外小学生课堂上的表现，但是如果我们只是片面理解某些教学理念，或者只是追求外在的表面形式，而没有看到内在的本质的东西，其结果只能是东施效颦，适得其反。

所谓"没有规矩，不成方圆"。有人考察过国外的小学课堂教学，他们发现，孩子上课总是安安静静，说话声音很小，这反映了课堂教学的井然有序，这也是提高教学质量最根本的保证。在我们的教学中，我们也经常可以看到孩子们坐得端端正正，他们在认认真真听老师讲课；在发言时，他们经过慎重的思考，快速举起了小手，然后侃侃而谈；在别人交流发言时，他们懂得认真倾听，从不轻易打断别人的发言；在有不同观点和意见时，他们总是举手示意；在实验活动中，他们总是安静认真地摆弄着实验器材，他们长时间痴迷地观察着蜗牛、蚯蚓、蚂蚁等小动物，他们沉浸在科学世界中，体验着科学的神奇魅力，达到了忘我的境界，正所谓宁静致远。在这样的课堂里，学生是快乐的，教师是幸福的。这样的课堂是高效的、有品位的，也是当下的课堂所缺少的。

菩提祖师的"教育"失误
——看《西游记》有感

今天早上,看了电视剧《西游记》第一集的一个片段,情节是这样的:孙悟空出世不久,跋山涉水到菩提祖师那里拜师学艺。由于孙悟空的聪明伶俐,取得了菩提祖师的信任。菩提祖师先后向孙悟空传授了72般变化、一个筋斗十万八千里等武艺,由于孙悟空悟性高,加之勤学苦练,很快学会了这些本领。一天,在众人面前,孙悟空卖弄本领,变成一棵松树,忽小忽大,全然不见了自己,惹得大家哈哈大笑,正在喧闹之际,惊动了祖师。祖师知道了事情的缘由后,很生气,这时孙悟空叩头说:"望师父赎罪!"祖师对悟空说:"你回去吧!"孙悟空不解地问:"到哪里去?"祖师说:"你从哪里来,就回到哪里去!"这时孙悟空幡然醒悟,随即满眼是泪,叩头道歉,表示"知罪",并说了"念师父厚恩未报,不敢走"的话,言辞恳切,但祖师主意已定,还是坚决"辞退"了孙悟空,并说了"日后不要提及我的名字,否则叫你万劫不得翻身"的绝情的"临别赠言"。就这样,孙悟空结束了他短暂的"拜师学艺"的生涯。

看到这里,我不禁为孙悟空因"卖弄本领"而被辞退的结果感到惋惜,同时也为祖师的果断"辞退"做法深感遗憾。我想,作为天资聪颖的孙悟空学得高超武艺,得意之际,显示一下自己,这本是人之常情。或者既然祖师有洞察明辨之心,以此来断定孙悟空日后必然惹祸行凶的话，也应该给予适当的批评教育或者惩戒，这都会帮助孙悟空步入健康发展的轨道。然而作为孙悟空的"启蒙老师"，菩提祖师不是未雨绸缪，防患于未然，及时给予正确引导，而是选择了放弃——赶走悟空，正所谓"一了百了"，日后无论你成神成妖，也无论惹出什么事端，反正与我无关了。这就使得孙悟空的这种性格缺点在后来的成长中暴露无遗，甚至"愈演愈烈"，以致后来"大闹天宫"，屡犯天规，后来被如来佛祖压在五行山下，长达五百年之久。

"人非圣贤，孰能无过，过而能改，善莫大焉"，当孙悟空卖弄本领之事被菩提祖师知道后，孙悟空已有悔改之意。即使在被"辞退"之时，他也表示了"感恩"之心，可见，这个从石头里生出来的"猴子"并非石头心肠，而是知错能改，重情守义。这样的天资聪慧之人，如果能及时给予正确的引导、教诲，日后必将成就一番大的事业。当然，我们知道，后来孙悟空保护唐僧西天取得真经，修成正果，成就了一番惊天动地的事业。但是，这种惊天伟业，却是在孙悟空屡屡犯上作乱又屡屡碰壁后才完成的。孙悟空的改邪归正，正是菩萨、唐僧等人多方点化、不断教诲的结果。如果当初祖师及时给予点化、教诲，而不是抛弃，我们所喜爱的孙悟空在成长的道路上将会少走多少弯路啊！

说到这里，我觉得菩提祖师在"教育"的过程中，还有一个重大失误，那就是：作为孙悟空的师父，他只尽了"授业、解惑"的义务，而没有尽到"传道"的责任。换言之，他只传授给了孙悟空神奇的本领，并没有教给他做人的道理。我们知道，孙悟空只是一个石头里蹦出来的"毛猴"，可以说涉世未深，不食人间烟火，也不知道什么是非曲直。去寻师学艺，不过是为了寻求"长生不老"之术。在菩提祖师那里，经过祖师的考察，也取得了祖师的信任（菩提祖师也不是什么样的人都可以教的），因此也使得祖师把"七十二般变化"等本领传授给他。但是，在祖师传授本领的过程中，应该传授的"道法"始终没有。比如，苦练本领到底用来干什么？是为了争强斗狠，还是为了除暴安良？祖师只字未提。当他得知孙悟空在人前卖弄本领之事,也没有点化、教诲,只是责备之后,便予以"辞退"。可见在"教育"过程中,祖师只"教艺"而未"传道",祖师的义务和责任只尽到了一半,这也是后来孙悟空大闹天宫、屡屡犯上的原因之一。

菩提祖师还有一个缺点,就是虚荣心太强。在临别之时,他告诫孙悟空"凭你怎么惹祸行凶,都不许说是我的徒弟",言下之意,你以后做了坏事,与我无关,无论如何,你都不能毁了我的"一世英名",祖师虚荣心之强可见一斑。难道孙悟空不提你的名字,他就不是你的徒弟了吗?如果孙悟空真的犯上作乱,作为他的"启蒙老师",你就可以推卸责任了吗?

当然,我们看到的电视剧演绎的只是一个神话故事,孙悟空的成长历程或许只是作者的刻意安排而已。而在现实生活中,那些有了缺点错误就被抛弃而得不到正确引导的孩子该有多少呢?去年那个让"熊猫烧香"病毒肆意流行的"网络少年",可谓天才绝顶,但就是用错了地方!"网络少年"的畸形发展,不就是因为我们的教育失误(未能得到正确引导),加之社会的抛弃而自暴自弃最后误入歧途的吗?孙悟空屡屡犯上作乱,却有幸受到菩萨、唐僧的点化教诲,后来终于修成正果。而在我们现实生活中,那些遭到抛弃、误入歧途的人又会受到谁的点化教诲呢?那些只"授业、解惑",而没有"传道"的教育工作者又应该从中得受到哪些启示呢?

科学的本质是什么

在一次科学教材培训会上,培训老师让大家提出一些问题。我想了想,提出这样一个问题:科学的本质是什么?因为我想这是每一位科学教师必须首先回答的问题。由于当时时间紧迫,培训老师只简单地说出了几点:比如实证性、逻辑性等。

几年来,由于不断学习,不断实践,逐渐对科学的本质有了一定的认识,下面谈谈自己的粗浅看法。

1.科学具有实证性,它可以通过证实的、证伪的方法来得出结论,而且可以重复多次,是可检验的。

2.科学的结论是符合逻辑的,可以通过推理的方法得出结论。

3.科学的结论是有局限性的,随着时间的推移,其结论也是可改变的。

这几点看起来似乎很抽象,但其实并不复杂,下面我来逐点进行剖析。

先说第一点,科学具有实证性,即科学是讲究证据的,也就是说它需要通过实验来证明。达尔文曾给科学下过一个定义:"科学就是整理事实,从中发现规律,做出结论。"这个定义无疑说明了科学的内涵。比如认识什么是溶解,可以找来食盐、沙子、面粉等材料,把它们分别放入水中,充分搅拌后,发现食盐在水里不见了,而沙子还在水中,用肉眼可以看得见,于是我们说食盐在水里溶解了,而沙子在水里并未溶解。至于面粉在水里会怎么样呢？似乎不大好判断，于是该怎么办呢？我们可以继续做实验，取一个漏斗，里面放好滤纸，把面粉和水的混合液慢慢倾倒在滤纸上，这时我们会发现，水可以透过滤纸，但面粉留在了滤纸上，由此，我们可以判断，面粉在水里是不溶解的。以上这些实验都是可以重复多次的，且每次观察到的现象都是一样的。

说到这里，你可能会说，不就是做实验吗？这也太简单了！可是在科学史上建立这样一种实证思想，许多科学家为此付出了极其艰苦的努力。

一千多年前，古希腊哲学家亚里士多德说过：一个十磅重的铁球和一个一磅重的铁球同时从同一高度往下落，十磅重的铁球下落的速度是一磅重铁球下落速度的十倍。千百年来，人们对此深信不疑。如果有人提出质疑，他就会被指责：难道你想违背人类的真理吗？但是，年轻的意大利科学家伽利略并不迷信这一观点，他通过多次反复的实验，发现亚里士多德的观点是错误的。虽然当时的人们并不相信他，但他依然坚持自己的观点。后来，他在比萨斜塔，从同一高度，同时让不同重量的铁球落下，站在塔下的人们亲眼看到了两个铁球同时着地，从而推翻了亚里士多德的错误观点，证明了自己观点的正确。

伽利略除了在科学上卓有成就外，他倡导实验和理论相结合，用实验来检验理论的正确性，开创了以实验为基础的具有严密理论体系的近代科学，被誉为"近代科学之父"。伽利略这种"用实验来检验理论"的思想，也为后来革命导师马克思、恩格斯创立辩证唯物主义的思想——实践是检验真理的唯一标准，奠定了基础。因此，从这个角度说，科学是哲学的基础，科学也推动了哲学思想的进步。

说起科学是讲究证据的，这让我联想了许多。大家都知道科学家爱因斯坦获得过诺贝尔奖，那你知道他是因为什么获得诺贝尔奖吗？你可能认为是因为爱因斯坦发现了相对论，事实上并不是。1921年，爱因斯坦因为发现了光电效应而获得了诺贝尔奖。1905年，爱因斯坦提出著名的相对论而震惊世界，那爱因斯坦为什么没有因为提出"相对论"而获得诺贝尔奖呢？况且"相对论"也是科学史上最伟大的发现啊！其根本原因就在于当时爱因斯坦并不能提供足够的证据来证明其理论的正确性，因此，评委会就不能授予其诺贝尔奖。

当然，相对论如果没有足够的证据来支撑，那只能被认定为"假说"，虽然爱因斯坦本人没有拿出证据，但是后人还是在不断探索"相对论"的证据，比如1919年，爱丁顿的船队对日全食中背景恒星光线弯曲的观测；又比如1942年，芝加哥大学成功启动了世界上第一座核反应堆。这一系列事实都证明了爱因斯坦相对论的正确。

下面来说第二点，科学的结论是符合逻辑的。我们还是以伽利略对"两个铁球同时着地"的思考为例。在当时，伽利略是这样思考和推理的，假设把两个不同重量的铁球用一根线拴住，看成一个整体，那么按照亚里士多德的观点，两个铁球下落的速度应该大于大铁球下落的速度。但是，同样按照亚里士多德的观点推理，大铁球下落的速度快，小铁球下落的速度慢，那么在下落的过程中，小铁球会拖住大铁球，那么两个铁球下落的速度应该小于大铁球的速度。同样是按照亚里士多德的观点推理，结果会得出两种自相矛盾的结论，因而我们可以断定亚里士多德的观点是站不住脚的。由此可见，亚里士多德的观点由于不符合逻辑推理而不能成立。

所以说，科学的结论必须是符合逻辑推理的。

又比如下面的推理：

凡是身体表面长有羽毛的动物都是鸟；

鸡是身体表面长有羽毛的动物，

所以鸡是鸟。

这样的推理是科学的，是符合逻辑的。

下面说第三点，科学的结论都有局限性。随着时间、地点、条件的改变，科学的结论也会随之改变。比如科学史上，伟大的天文学家哥白尼通过30年的观测、计算和研究，提出了"日心说"。"日心说"认为，太阳是宇宙的中心，地球等行星围绕太阳运动。"日心说"相对于"地心说"无疑是正确的,对天文学的发展起到了巨大的推动作用。但是,"日心说"放在历史的长河里,也是有自身的局限性的。后来,意大利科学家布鲁诺发展了"日心说"。他认为太阳也不是宇宙的中心,宇宙是无限的。当然,布鲁诺的思想也是存在着局限性的,随着时代的发展,他的思想也得到了丰富和发展。

又如,牛顿是伟大的科学家,他创建的牛顿力学理论是人类历史上最伟大的发现之一,但是牛顿创建的力学理论也是有其局限性的,因为它反映的只是宏观物体低速运动的规律,而对于高速运动的物体来说,它就不适用了。而爱因斯坦的相对论则打破了牛顿以来传统的绝对时空观,反映的是物体高速运动的规律,是对牛顿力学的继承和发展。但是,爱因斯坦的相对论也不是十全十美的,也有其自身的局限性,因而也是需要不断丰富和发展的。

过去科学教材中明确指出,太阳系里有九大行星,它们分别是水星、金星、地球、火星、木星、土星、天王星、海王星、冥王星。可是现行教材里,太阳系中只有八大行星。这是为什么呢?国际天文联合会认为,冥王星由于体积小等原因,被宣布退出太阳系。由此可见,任何科学的结论都是相对的,随着时间、地点、条件的变化,科学的结论也会跟着发生变化。因此,那些以静止、僵化、一成不变的观点来看待问题的人都是要发生错误的。

综上所述,我们知道了科学的本质是什么,科学具有实证性、逻辑性和发展性,因此我们说,符合这三个条件的就是科学的;反之,不符合这三个条件的就是不科学的。科学是推动社会发展的强大杠杆,科学是我们认识自然、改造自然的强有力的武器。在实际教学与生活中,让我们拿起科学这个强有力的武器,自觉运用科学的方法,使它更好地为我们的教学和生活服务。

牛顿的伟大
——写在"神舟八号"发射之际

2011年11月1日,"神舟八号"飞船发射成功,举国欢腾。作为炎黄子孙,我们都为中华民族的这一航天壮举感到骄傲和自豪!同时我不禁惊叹于中国的航天科学家和无数的航天工作者的智慧和汗水!我不禁惊叹于科学技术的力量!感叹之余,思绪万千,我不禁想起了另外一个人,他就是世界闻名的大科学家牛顿。也许有人会问:你是不是想得太多了?"神舟八号"的升空与牛顿有什么关系吗?答曰:当然有关系,而且关系还不小呢!又问:此话怎讲?答曰:不要急,听我慢慢道来。

众所周知,地球对周围的物体都有引力的作用,因而抛出的物体要落回地面。但是,抛出的速度越大,物体就会飞的越远。科学家牛顿发现了万有引力定律时,就曾设想过,从高山上用不同的水平速度抛出物体,速度一次比一次大,落地点也就一次比一次离山脚远。如果没有空气阻力,当速度足够大时,物体就永远不会落到地面上来,它将围绕地球旋转,成为一颗绕地球运动的人造地球卫星。牛顿在他的著作中绘制了一幅人造卫星的原理图——它同时也是当今社会人造卫星发射的宏伟蓝图,而这样一个宏伟蓝图是牛顿在300多年前创立的!

说到这里,你也许明白了,今天,人类能利用火箭把各种卫星、航天飞机及各种航天器送入太空，人类能登上月球，都离不开牛顿的天文学理论——万有引力定律。换言之，牛顿的万有引力定律奠定了现代天文学的基础，可以说，没有牛顿，就没有现代的天文学，当然也就没有卫星的升空，也没有人类的太空遨游。想一想，牛顿是多么伟大的人啊！

1969年7月20日，美国宇航员阿姆斯特朗踏上了月球表面，完成了人类登月的梦想。他自豪地说："这是个人的一小步，却是人类的一大步。"我们说阿姆斯特朗很伟大！他是人类登月第一人，但是阿姆斯特朗不应该忘记牛顿，他是牛顿理论的实践者，他成功将牛顿的理论变成了现实！

当然，我们不能说有了牛顿的万有引力定律，人类就一定可以一飞冲天。人类的飞天梦想是无数人经过几百年的艰苦努力甚至付出生命的代价。我们很多人都知道爱因斯坦质量和能量的关系式，即 $E=mc^2$，爱因斯坦的伟大发现为原子弹的发明提供了理论基础，但是原子弹的横空出世，却是千百万科技工作者艰苦探索的结果！我们不应该忘记这千百万科技工作者的努力，但是，一个科学家的价值就在于他为科学技术的发展指明了道路和方向！

多年前，我参加了唐山市优质课大赛和全国优质课大赛，都取得了优异成绩，课题都是《人造地球卫星》。在教学中也适时渗透了牛顿的一些理论知识和思想。说实在的，作为一名科学教师，作为一名牛顿理论或者知识的受益者、传播者，我也应该感谢牛顿呢！（当然，我做得还很不够，尚需努力）

牛顿的科学成就不仅仅限于天文学，他在物理学、数学方面同样卓有成就！正如革命导师恩格斯所评价的："牛顿由于发现万有引力定律而创立了科学的天文学，由于进行了光的分解而创立了科学的光学，由于创立了二项式定理和无限理论而创立了科学的数学，由于认识了力的本性而创立了科学的力学。"牛顿是人类历史上最伟大的科学家，他的研究成果对于整个人类文明都产生了决定性的影响！

虽然牛顿在科学上做出了巨大的开拓性的贡献，但是他从来都是非常谦虚的，他说过：我不知道在别人看来，我是什么样的人；但在我自己看来，我不过就像是一个在海滨玩耍的小孩，为不时发现比寻常更为光滑的一块卵石或比寻常更为美丽的一片贝壳而沾沾自喜，而对于展现在我面前的浩瀚的真理的海洋，却全然没有发现。

今天，我们生活在信息化时代，科学技术飞速发展，人类的生活也发生了翻天覆地的变化，人类日益生活在科学技术给我们带来的巨大幸福之中。"吃水不忘挖井人"，我们追古思今，当然是为了怀念古人，不但怀念那些在伟大的时代产生的伟大人物，而且也怀念那些默默无闻，为人类的进步做出贡献的人们。"科学技术是第一生产力"！伟人坚定有力的话语回荡在耳边，尊重知识，尊重科学，尊重人才，这是我们这个社会必须树立的时代风尚！同时，我们自己也应该不断努力，与时俱进，开拓创新，用科学知识武装自己的头脑，为人类的文明进步贡献自己的一份力量！

朝花夕拾——生活杂感

> 生命,那是自然付给人类去雕琢的宝石。
>
> ——诺贝尔
>
> 人的生命似洪水奔流,不遇着岛屿和暗礁,难以激起美丽的浪花。
>
> ——奥斯特洛夫斯基
>
> 习惯是一种力量。由于多年来坚持撰写教学反思、随笔,所以思考和写作成了我的一种习惯。除了写教学随笔,生活中的所见所闻、外出旅行等,也常常激发起自己的一些感想,于是拿起笔来,记录了这些零思碎想。这些零思碎想,也能达到思考和练笔的目的。

沙入蚌中谁曾见，一朝成珠天下奇

昨天路过唐山开滦一中的时候，看见学校围墙上挂着许多标牌，上面写着许多格言警句，其中"沙入蚌中谁曾见，一朝成珠天下奇"一句，引起了我深深的思考。这句话的含义就是沙子进入蚌壳中，没有人知道河蚌所经历的痛苦，但是某一天沙子变成珍珠的时候，就会让很多人感到惊奇。

仔细品味一下这句话，我们就会知道这句话所包含的生物学原理——珍珠的形成过程。当蚌壳张开的时候，如果恰好有沙粒进入河蚌那坚硬的小房子，掉在了外套膜与贝壳中间，没办法把它排出来，沙粒就会不断刺激该处的外套膜，就如同人的眼睛进入沙子一般，磨得又痒又痛，十分难受。于是，外套膜的上皮组织就会分泌出珍珠质把它包围起来，一层又一层，久而久之，沙粒外面形成了一层厚厚的珍珠质，于是，就形成了圆圆的漂亮的珍珠。

由此可见，一颗美丽的珍珠虽然晶莹剔透、光彩夺目，但却是河蚌在河流中积年累月默默孕育而成。从一颗微小平凡的沙粒，蜕变成璀璨夺目的珍珠，河蚌要在海水、河水中走过漫长而艰难的历程。在这个漫长的历程中，粗糙的沙粒不停地刺激着河蚌最柔软的躯体——壳内的嫩肉儿，它要忍受多少痛苦与煎熬，恐怕只有河蚌自己知道。但河蚌并没有沉沦，没有屈服，经过不断的磨砺与挣扎，终于化不利为有利，化平庸为神奇——一颗美丽的珍珠就诞生了。

因此，珍珠的形成向我们诠释了这样一个道理：创造和收获总是艰苦辛劳的产儿，慵懒懈怠只会让人一事无成。车尔尼雪夫斯基说过："世界上一切美好的东西都是在斗争和牺牲中获得的。"伟大的史学家司马迁被处以宫刑，精神上和肉体上遭受了巨大的痛苦，但他没有自暴自弃，而是坚定信念，用一生的心血、艰苦的劳动，创作出了永远闪耀着光辉的伟大著作《史记》。《史记》被鲁迅先生称为"史家之绝唱，无韵之《离骚》"。伟大的作曲家贝多芬，一生经历各种磨难，贫困，失意，孤独，疾病……26岁时因病丧失听力，在巨大的灾难面前，他忍受着病魔造成的常人难以想象的困扰和痛苦，顽强地工作着、奋斗着，创作了《英雄》《命运》《第九交响乐》等无数伟大的乐章。痛苦和磨难并没有把贝多芬击倒，相反，他的坚韧不拔让生命绽放得更加美丽！

作家冰心说过："成功的花，人们只惊羡她现时的明艳。然而当初她的芽儿，浸透了奋斗的泪泉，洒遍了牺牲的血雨。"乒乓球运动员邓亚萍，如果没有积年累月的大运动量的艰苦训练，18个世界冠军的头衔怎么会落到一个只有1.5米的弱女子头上？在物质条件极其恶劣的条件下，如果没有顽强的毅力，没有在实验室十年如一日的埋头苦干，呕心沥血，居里夫人怎么会有"镭"的伟大发现？一个女人怎么会有两次诺贝尔奖的殊荣？由此可见，古今中外那些杰出人物、成功人士，哪一位没有经历过艰苦奋斗的历程？

董卿是一位非常优秀的主持人，在荧屏上常常语出惊人，让人十分敬佩。一次在领奖时她引用歌德的话说："没有在长夜痛哭过的人，不足以谈人生。做文化节目的，没有几个没有背着人掉过眼泪。"看来，任何光鲜亮丽的背后，同样是无数的辛酸、汗水和泪水，这些都是成长过程中必须经历过的。不经历风雨，怎能见彩虹？没有人可以随随便便成功。安逸的生活常常会使人颓废，使人丧失斗志，失去拼搏进取的精神。所以孟子说："生于忧患，死于安乐。"卢梭说过："在我们中间，谁最能忍受生活中的不幸与忧患，谁就是受到最好教育的人。"苦难是人生的老师，它教会我们重新做人。失败与挫折是我们每个人不愿意经历的，它会给我们每个人带来痛苦，但是，它同时也教育了我们，磨炼了我们。只有这种刻骨铭心的伤痛，才能最大限度地激发起人的斗志和潜能，催人奋进，从而创造出令人惊叹的人间奇迹。教师的专业化成长也从来不是柳暗花明，也常常要经历各种艰难困苦，失意挫折，只有迎难而上，在风雨中磨炼自己，才能创造人生的辉煌。

沙入蚌中谁曾见，一朝成珠天下奇。珍珠的形成教给了我们痛苦与成功、辛苦与收获的辩证法。让我们做一颗河蚌吧！不畏艰难困苦，埋头苦干，坚持不懈，砥砺前行，只有这样我们才能化平庸为伟大，化腐朽为神奇，最终收获闪亮的珍珠！

我看《小兵张嘎》

中午,中央一台正播放着电视剧《小兵张嘎》,已经上一年级的女儿正在津津有味地看着,有时还手舞足蹈起来。看着女儿高兴的样子,我也在一旁跟着看了起来——

镜头一

胖墩儿和一个戴眼镜的小男孩被绳子绑着,旁边有几个日本兵看护着。这时,张嘎子神不知鬼不觉地绕到鬼子兵的后面,突然打开鬼子身后的手榴弹后盖,引燃了导火线,然后嘎子以迅雷不及掩耳之势快速向前跑去,随后鬼子开始去追嘎子。这时一位小姑娘趁机救下了两个小男孩……接着伴随着一声巨响,鬼子被炸得粉身碎骨,嘎子不但自己逃脱,而且救下了自己的伙伴。

镜头二

村里的老百姓要为八路军运送一批药品,这时百十来号鬼子已经越来越近了,怎么办呢?正在这千钧一发之际,嘎子二话没说,迅速把药品从马车上搬下来,然后自己驾车故意从鬼子身边驶过,鬼子一起追击。在敌人的乱枪中,嘎子不仅引开了敌人,而且毫发未损。随后大部队赶到,鬼子被消灭。

镜头三

敌人被打得丢盔弃甲，只剩下一个日本军官狼狈逃窜，突然嘎子出现在身后，随着一声"举起手来"，嘎子用自己的木头枪缴获了敌军官的"王八盒子"，"小英雄"凯旋。

我只是随便看了这一集中的几个镜头，心里便觉得比看任何娱乐片还滑稽可笑：这哪里是小兵张嘎呀？这分明是齐天大圣孙悟空转世啊！想当年，孙悟空大闹天宫，十万天兵也拿他不住！现在是，这位嘎小子在成百上千的日本兵面前神出鬼没，如入无人之境。随便消灭几个日本兵如同探囊取物一般……看来论智谋和勇猛，中国历史上的司马光、曹冲、周瑜、张飞、关羽……这些古代的英雄们捆一块也不如我们的嘎小子啊！再想想看，如果部队里多几个"嘎子"，中国的抗日战争何苦打十四年啊，也许几个月就结束了！

我想，稍微懂得中国历史的人都知道，中国的抗日战争，国共两党合作一共打了八年，后来美国在日本投了两颗原子弹，苏联还出了兵，日本最终投降。如果抗日战争从1931年"九一八"事变开始算起，一共是打了14年。在这14年里，中国军民共付出了伤亡超过3500万人的代价，战争的残酷性可想而知。而在剧中，一个小孩子竟然把成百上千的日本兵当猴耍，是不是太离谱了！虽然说，艺术来源于生活，可以高于生活，但如果过于夸张，严重脱离生活，那还叫艺术吗？也许可以算是"娱乐片"了，大家哈哈一笑，皆大欢喜，多好！

也许我们的孩子可以看得津津有味，可以手舞足蹈，他们可以相信那是真的，那以后他们长大了呢？他们对小时候受到的愚弄做何感想呢？

洪师傅不一定要舍弃生命
——看《叶问2》有感

昨天看了港片《叶问2》，很受感动。其中洪拳师傅洪震南与英国拳王比武的场景真是让人热血沸腾。洪师傅为了维护武术的尊严，不要武术在洋人面前丢脸，与英国拳王拳脚相向，生死相搏。比武中，洪师傅身负重伤，本可以放弃比赛，保存生命，但洪师傅为了捍卫尊严，继续殊死一搏，后终因实力不济，丢掉了性命。

看到这里，我不禁为洪师傅宁死不屈的硬汉精神深深感动。孟子说过：大丈夫贫贱不能移，富贵不能淫，威武不能屈。千百年来，孟子提倡的这种思想和价值观也深深影响了无数的中华儿女，也成了他们的行为准则。特别是威武不能屈，正体现在了洪师傅身上。他非常勇猛，宁死不屈，打不过对方，还要用尽最后一口气，博得尊严和面子。孟子又说：生，亦我所欲也，义，亦我所欲也。二者不可得兼，舍生而取义者也。舍生取义，就是为了正义事业可以慷慨赴死。洪师傅就是典型的舍生取义的积极分子。但是，当我们站在现代社会的角度重新审视"慷慨赴死"这种价值观的时候，也为他的死深深感到惋惜，洪师傅为什么一定要舍弃生命去追寻所谓的道义呢？比武场上，胜负是很自然的事情，既然打不过人家，放弃比赛（认输）又会如何呢？"留得青山在，不怕没柴烧"，人活着，以后还可以重整旗鼓，再来比武。再有，当时他的徒弟叶问也正是年富力强的时候，武功高强，他完全可以击败洋人，以此来报自己的"一箭之仇"，中华武术精神还是可以继续发扬光大。遗憾的是，洪师傅最终选择了"舍生取义"，但这种无谓的牺牲又有多大意义呢？

戊戌变法是中国近代史上的一次爱国救亡运动，当然变法最后失败了，谭嗣同等人最后遭到顽固派杀害。当时，谭嗣同本来有逃跑的机会，但他却坚决选择了放弃！当然，他的死也确实警醒了一批后来的人，但台湾作家李敖这样评价谭嗣同，这种做法是弱者和失败者的作风，作为强者，我一定要比敌人活得更久，也就是说敌人一定要比我先死。人最宝贵的就是生命，舍弃了生命，也就舍弃了和敌人继续做斗争的资本，舍弃了东山再起的机会。

与谭嗣同的做法不同，戊戌变法失败后梁启超逃到日本，结果生命得以保存，他继续为中华民族的救亡图存奔走呐喊，为社会的发展做出了应有的贡献，这才是真正强者的作风和真正智者的行为。"三十六计，走为上计"，这才是中华民族传统智慧中的精华。毛主席说过："打得赢就打，打不赢就跑。"面对强大的敌人，避其锋芒，战略性地放弃或者退却，不要做无谓的牺牲，正是为了保存实力，待时机成熟，重整旗鼓，以图东山再起。长征时期，面对强敌，毛主席带领中国工农红军正是因为战略性地放弃、退却、转移，才保留了革命的火种。解放战争初期，敌强我弱，人民解放军正是因为选择了放弃、撤离，才换来了"解放全中国"的胜利。

唐代诗人杜牧有这样一首诗：胜败兵家事不期，包羞忍耻是男儿。江东子弟多才俊，卷土重来未可知。这首诗告诉我们，胜败乃兵家之常事，难以事前预料。能够忍受失败和耻辱，才是真正的男儿。项羽一世英名，但是受到挫折便灰心丧气，含羞自杀，怎么能算是真正的"男儿"？由此可见，洪师傅在比武赛场上，重面子胜于一切，视荣誉为生命，做一个武术的殉道者，是不可取的！

"卑躬屈膝"并不能赢得女性的芳心
——看《非诚勿扰》有感

昨天看了江苏卫视的《非诚勿扰》，其中一个情节让我内心久久不能平静：来自青岛的男嘉宾刘海琛面对自己爱慕的心动女生，大胆吐露真情，还现场唱了《爱你一万年》……但心动女生不为所动，于是男嘉宾开始了一场疯狂而炽热的"真情表白"——长跪不起，弄得现场女嘉宾以及现场氛围十分尴尬，就连一贯机智幽默的主持人孟非一时也不知所措……亏得嘉宾乐嘉还算比较老练，连忙走上前台，连说"海琛兄，我也为你跪下了""海琛兄，快快请起"才算为男女嘉宾圆了场。

临别时，海琛兄还不忘说了句"我就不明白，为什么我付出一片真情，怎么还是遭到拒绝呢？"唉！聪明的海琛兄，这有什么难以理解的，难道你付出一片真情，就要求别人也一定为你付出真情吗？就不允许别人拒绝你了吗？假如一方付出真情，另一方也一定一拍即合，这样岂不是天下皆"有情人终成眷属"了吗？但事实上，"有情人终成眷属"只不过是人们的一种美好愿望，而事实上却是"人生不如意者十之八九"，正如主持人孟非所说："这个舞台上，有专为心动女生而来成功的，也有为心动女生而来不成功的。"海琛兄把"可能成功"当成了"必然成功"，这和"守株待兔"中的那位"待兔者"有何区别呢？

所谓男女之间的爱情是两颗心的相互碰撞，而并非是单方面的。所谓"落花有意，流水无情"，作家三毛说过"是你的就是你的，不是你的就不是你的"，这句话用在感情上尤为合适。既然明白了这样的道理，当别人严词拒绝你的时候，有礼貌地说声"谢谢"就可以的，这样既不伤自己的颜面，也显示出自己的大度胸怀。而长跪不起，拿出一副"非你不娶"的架势，表面上看似乎是"真情表白"，但在理智的女子或者不喜欢你的女人看来，实则是十足的奴才相，这样做的结果，常常不但不能俘获女人的芳心，反而会更让女人感到反感。

面对倾心所爱的人（包括男人或者女人），大胆吐露自己的真情，这是很自然的事，本无可厚非，但是"过犹不及"，如果对对方的情况比如性格、脾气以及是否对自己有好感等基本情况都不了解，只知道一味地付出真情，甚至做出一些过分的举动，这样做无异于"盲人骑瞎马"，其结果十有八九是要失败的。

在《非诚勿扰》的舞台，我们经常看到一些男女嘉宾面对众多的女（男）嘉宾，从容不迫，侃侃而谈，到最后终于赢得了女（男）嘉宾的青睐。所以说，在爱情上，不卑不亢，落落大方，这才是我辈应有的风范！古代的绝代佳人虞姬在楚霸王项羽末路之时，上演了"霸王别姬"的千古绝唱，绝非在于虞姬仰慕霸王项羽的"儿女情长"，而在于仰慕霸王项羽一生叱咤风云的丰功伟业以及"力拔山兮气盖世"的英雄气概。也难怪几百年之后，著名女词人李清照在路过乌江时（项羽自刎的地方）也不禁发出了这样的感慨：生当作人杰，死亦为鬼雄。至今思项羽，不肯过江东。仰慕之情溢于言表。由此可见，一个女人真正所由衷仰慕的是人的内在的东西，而绝非外在的形式上的东西。

所以，我认为时下即将步入或者已经走向爱河的青年男女们，首先要做的不是"卑躬屈膝""急于表白"，而是要不断提高自身内在的修养和素质。

清明节的思念

每年的清明时节，我和妈妈都要回家乡给逝去多年的爷爷奶奶等祖辈去上坟、扫墓。

今天是清明小长假的第一天。早晨六点钟，我和母亲便乘车出发了。八点多钟，我们就到了母亲的家乡——丰润火石营村，一下车，便看见了在车站等待已久的老舅。由于母亲需要乘车到家乡办一些事，我便和老舅一起骑着自行车出发了。

离开了火石营，一踏上北岭（一个村庄的名称）的大上坡，便望见了远处的田野和家乡的腰带山，而我的家乡就在腰带山西麓山脚下，此时一种思乡之情油然而生。还记得当年在丰润车轴山中学上高中时，每次回家自己就是骑着自行车，整个路程大约需要四个半小时，路途虽然遥远，但是一踏上北岭这个大上坡，就感觉到家了，虽然这里离家乡还有七八里路。

提起腰带山，丰润人可谓无人不知无人不晓，它可是唐山十大名山之一，也是丰润区海拔最高的山。腰带山又称玉带山，相传唐太宗李世民东征，曾把玉带丢落山顶。腰带山夏季常有一条乳白色的云带，飘浮于山腰间，好像一条美丽的玉带，称为"腰带横云"。"九万冈斯下，萧然接上天。奇峰云际出，冻雨古崖边。海色苍茫小，村星远近悬。昂霄攀白日，知界几含烟。"这就是腰带山自然风光的真实写照。整座山雄奇险峻，林壑幽美，百草丰茂，景色秀丽。腰带山不仅有美丽的自然景观，古老的文化，更富有革命传统。抗日战争时期，腰带山成为中国共产党领导下的敌后根据地。由于腰带山地势险要，易守难攻，所以在抗日战争时期，李运昌、周文彬、节振国、苏林晏（我姥姥的姐夫）等共产党人和抗日英雄，都在这里领导着英雄的丰润人民与日本帝国主义展开了艰苦卓绝的斗争。周文彬曾任冀东地委书记，是抗日英雄节振国的入党介绍人，后来在丰润杨家铺战役中壮烈牺牲。我的大爷（我爷爷的大哥）名叫杨维英，化名王旭三，当时是丰润县（现为丰润区）老八区的书记，也是丰润一带有名的"大官"。大爷和周文彬也在一起工作过，一起领导着丰润地区的军民抵抗日寇。想当年，大爷带领着八路军战士南征北战，出生入死，抵抗日寇，立下赫赫战功。大爷带领战士们俘虏过很多日本士兵。抗战胜利后，几个日本俘虏还留在了我家，他们干活很卖力气，不过后来给遣送回国了。

家乡美丽的还乡河（远处的山就是腰带山）

也许是归心似箭的缘故吧，我和老舅骑得很快，但感觉速度还是很慢，大约20分钟，我们终于到了我的家乡——黄昏峪。一进村口，我又看到家乡的山川、田野、树木、房屋……感觉是那样熟悉和亲切。我的家乡群山环抱，绿树掩映，美丽的还乡河从村西边蜿蜒流过，夹岸芳草萋萋，绿油油的庄稼一望无际，河边的垂柳倒映在水中，构成了一幅美丽的图画。还乡河，丰润大地的母亲河，小英雄雨来智斗日本兵的传奇就发生在这里。小时候，我和小伙伴们经常在一起玩耍，踏遍家乡的青山绿水，过着天真烂漫、无忧无虑的童年生活。

上学时，我学习成绩不错，中考那年我发挥出色，以全乡第一名的成绩考入丰润区车轴山中学（历史悠久的百年名校），从此名声大震，正所谓"十年寒窗无人问，一举成名天下知"，这样的成绩自然也为家乡赢得了荣誉。大学毕业后，我成为一名光荣的人民教师，在平凡的工作岗位上努力工作着。由于成绩显著，我多次被评为优秀教师、先进工作者，并受到了领导、老师和学生的热情赞誉。作为"名门之后"，我应该没有辱没这个称号吧！

母校——美丽的车轴山中学校园（历史悠久，百年名校）

作者和老同学相聚在母校——河北丰润车轴山中学

来到村东口,便看见了马路边竖立着一块大石头,上面写着"聚仙谷"三个大字,这个"聚仙谷"不是别的,正是家乡人民最近几年修建的风景区。"聚仙谷"风景区在家乡黄昏峪的东北面,位于腰带山的西麓,俗名大险沟,也叫沟里,其实就是腰带山的大峡谷。"聚仙谷"峰峦巍峨挺拔,峪谷幽深,层林叠翠;怪石嶙峋,悬崖峭壁,如刀削斧劈。聚仙谷一年四季景色宜人:阳春山花遍野,鸟语花香;盛夏绿树成荫,流水潺潺;深秋层林尽染,野果飘香;严冬青松积雪,银装素裹。以前在家乡的时候,我们家的自留地就在"聚仙谷"里,有时候我就跟着爸爸、妈妈来地里干活,因为离家较远,如果地里的活很多,中午也不回家,带些干粮就在地里吃。小时候,爷爷、母亲经常来"聚仙谷"种地(因为爸爸在唐钢上班,所以来地里干活的时间很少),爷爷和母亲从村子里挑着水,一走就是五六里,现在想来，这样的高强度劳动简直不可思议，但是那时候爷爷、母亲似乎就没有感到过劳累，也正是这种吃苦耐劳的精神造就了爷爷、母亲强健的体魄。

家乡聚仙谷景区入口（腰带山西麓）

来到爷爷、奶奶、大奶奶的墓前，我点着了烧纸，又在坟头填了些土，这可谓是最简单最朴素的祭拜仪式。站在墓前，心里默默祈祷着他们在天堂平安，思绪又飞到了遥远的过去。我的爷爷奶奶都是土生土长的农民，他们勤劳的一生，让我永远难以忘怀。中国的农民自古以来就过着"男耕女织"的生活，我的爷爷奶奶也不例外。从我记事起，我就经常看到他们忙碌的身影。爷爷经常在地里干各种农活，还打火石（火石是家乡一带埋藏于山中的一种矿石，开采出来，再用一头尖的铁杵削成长方体形、球形，成为火石砖、火石球，整个开采加工过程，是一种非常艰苦的体力劳动），爷爷整日忙碌着。我的奶奶是个裹脚女人，在家里一天到晚忙碌着家里九口人的生活，有时候也会跟着爷爷去地里干活。还记得上小学的时候，每次早晨上学的时候，天刚蒙蒙亮，我便看到爷爷已经从外面拾粪回来；中午吃饭的时候，爷爷还没有回家，奶奶经常让我到山上去叫爷爷，到山上的时候我看见爷爷还在忙着砸砟子（类似于打火石）。爷爷一生非常勤劳，而且体格十分强健，力大过人。过去常常听邻居家的长辈介绍，说爷爷年轻的时候，一人能挑三四百斤的重物，比一般的驴子驮的还要多。爷爷挑着这么多重物从小河中的石墩上走过，也不会摔倒在河里，而且还能再走好几里的路。那时候许多年轻的小伙子不服气，要和爷爷比试摔跤，结果四五个小伙子也摔不倒他；爷爷每次下地归来，随便从田野里用手采些柴草，烧火做饭就能用几天；爷爷的手非常粗糙，长满了茧子，一般的硬核桃，爷爷根本就不用锤子，只需用拳头就可以砸开。也许正是由于体格强健的缘故，爷爷似乎不太注意身体的保健，有了病也不吃药打针，常常硬挺过去。1984年的时候，爷爷突然得了病（具体什么病，由于爷爷并未来得及做检查，就已去世，大家也不清楚），但是爷爷还是常常忍着剧痛，在田间劳作。爷爷挑了一辈子井水，那一年，家乡终于要通上自来水了，需要挖几十米长、一米多深的坑，爷爷便抢镐挥锹，忙个不停，经过日夜奋战，深坑终于挖好了。爷爷不但挖好了自家的深坑，还帮助邻居家的二爷家挖好深坑。那么长那么深的坑，一个近70岁的老人在重病缠身的状况下，还没日没夜地奋战，得需要多么大的体力和毅力啊！但爷爷始终没有说一个"累"字，没过多久，家里终于通了自来水，而此时爷爷却突然与世长辞，正所谓"生命不息，奋斗不止"，"春蚕到死丝方尽"。用这样的词句来概括爷爷勤劳的一生，是再贴切不过的了。我想，爷爷是个平凡的人，他只是千百万劳动人民中普通的一员，但是正是这千百万劳动人民创造了和创造着中国的历史。

我的大奶奶是我大爷的前任妻子，在革命战争年代，大爷带领战士们在前方和日军浴血奋战，大奶奶就成了有名的"军嫂"。那时候，许多八路军将领和战士常常住在家里，大奶奶便为他们做饭，做衣服，掩护、照顾伤病员，就是现在，老家房屋住宅下面还有许多地道，这些地道就是战士们养伤、藏身的地方。一次，日军来"扫荡"时，大奶奶不幸被捕，敌人对她用尽各种酷刑，让她说出八路军的下落，但是大奶奶始终坚贞不屈，视死如归。后来日军没有办法，就把她推搡到家里的一个很深的菜窖里，然后往下投下大石头，结果大奶奶的腿都被砸断了，但庆幸的是，最后大奶奶竟奇迹般地活了下来。

新中国成立后，大奶奶和大爷一起到了丰南胥各庄定居，但由于各种原因，他们一直都没有孩子，所以让我父亲小时候和他们一起生活。大奶奶晚年身患肺病，一直由我的父亲母亲照顾，去世后，被安葬在家乡的腰带山西麓山脚下。我大爷于1997年去世，由于各种原因，大爷的骨灰并没有安葬在家乡，这不能不说是个很大的遗憾，但是"青山处处埋忠骨，何须马革裹尸还"，说得极是！

祭扫归来，我想，清明时节，祭拜先人，固然是寄托我们的哀思，但是更为重要的是，我们要化悲痛为力量，把追思之情化为我们努力工作、回报社会的动力，为建设祖国、建设家乡贡献自己的一份力量。

泰山游记

今天,我们十几位老师在教育局领导的带领下在山东省平阴一中参观学习。学习结束后,局领导决定在最后一天让我们去游览泰山。一听到这个消息,我是既高兴又激动,因为泰山是中国第一名山,杜甫的"会当凌绝顶,一览众山小"的名句可谓耳熟能详,李健吾老师"像是欠下悠久的文化传统一笔债似的"的佳句可谓记忆犹新,但是自己一直没有机会登临泰山,今天这个美好的愿望终于要实现了,我怎么能不高兴和激动呢?但是自己又十分担心,因为自己从小就有恐高症,还记得上大学的时候和同学去昌黎县的碣石山(曹操曾登临碣石山,并写下千古名篇《观沧海》)游玩,由于山势陡峭,自己登山的时候感觉很不舒服,于是爬到半山腰就败下阵来了。后来知道人家许多女同学都登上山顶了,而自己一个堂堂的男子汉竟然半途而废,真是好不惭愧!如果明天登泰山再半途而废,那真是羞愧难当啊!和我住在一起的廉老师向我介绍,泰山并不算十分陡峭,也只有十八盘比较陡峭,一般体力较好的人登上去是没有什么问题的。听了廉老师的介绍,自觉心里有了些安慰,但自己还是惴惴不安,因为担心自己在攀登十八盘的时候功败垂成。一整夜,自己的内心颇不宁静,但是心里还是想,无论如何明天还是要登泰山的。

第二天早晨7点半,我们乘车先来到了泰山脚下。说来天公作美,昨天晚上泰安还是风雨大作,而今天则是秋高气爽,蔚蓝的天空万里无云,真是难得的好天气!既然老天都这样赏脸,自己还有什么困难不能克服呢?说起困难,除了自己先天的恐高之外,还真有一些。比如,前天晚上右脚不慎被开水烫伤,起了很多大泡,自己真担心由于登山劳累等原因发生感染现象。另外,自己身上只穿了一件薄薄的T恤衫(因为这几天自己在车里一直觉得很热,所以早起的时候索性把外套脱了),站在山脚下已经感觉很冷了,山上气温要低得多,自己能吃得消吗?还有自己脚上穿的是一双大皮鞋,登泰山要长途跋涉啊……过多的忧虑还是萦绕在脑子里。"开弓没有回头箭",千里之行,始于足下,要走就快走吧!于是我和十一位老师大步流星地就出发了。

拾级而上,我们来到一座跨道式石坊,名叫一天门。导游告诉我们,泰山有三座门,一天门,中天门,南天门,每道天门上都有三重天,这就是人们常说的九重天。这样三重节奏构成了一道步步登天、雄伟壮观的朝天序列。

泰山一天门

经过一天门,走了不远,我们又来到一座石坊,石坊绿藤缠绕,古朴肃穆,这里就是著名的"孔子登临处"。据说这是为了纪念孔子登临泰山修建的,孔子在这里发出了"苛政猛于虎"的感叹。石坊旁边有一棵紫藤,传说何仙姑登临泰山,坐在这里宽衣解带休息,走后却把腰带丢下了,就变成了这棵紫藤。

一路景点众多,古朴典雅的建筑接二连三,令人目不暇接,所以我和朋友大军一边观赏,一边忙着找到适合的地点拍照,忙得不亦乐乎!"天阶坊""红门宫""万仙楼"等景点都留下了我们珍贵的瞬间。

开始这段路,地势比较平缓。悬崖下流水潺潺,像在为远方的客人吟唱。小路周围苍松翠柏,古木参天,郁郁葱葱,密密层层,阳光透过来留下斑驳的倩影,真是曲径通幽,渐入佳境!我们走在林间小路上,有说有笑,虽然自己足底穿着大皮鞋,但并不觉得硌脚;虽然脚上肿起了很多大泡,但自己并没有什么疼痛的感觉;虽然自己穿得太单薄,凉风不断袭来,但由于人始终处于运动之中,再加上兴致盎然,所以并不觉得寒冷。

从回马岭再往上,山路开始陡峭,峰回路转,经过药王殿、鹰石涧,我们终于登上了中天门。中天门也是一座石坊,这里地势开阔,楼阁簇拥,许多人在这里休息。中天门是泰山主峰的天然屏障,位于泰山的半山腰。站在石坊旁,向北望去,巍巍岱峰,傲然耸立,山上树木枝繁叶茂,郁郁葱葱,令人心旷神怡!这里峡谷幽深,溪流淙淙,缆车凌空,缓缓而上,好一幅壮美的图画!站在中天门上,既骄傲,又担心。骄傲的是自己攀登了泰山的一半,担心的是,还有下一半的路程。朋友手指着远方告诉我:"那就是十八盘。"顺着他手指的方向望去,只见远处一条细长的白色"蟒蛇",竖直盘旋在崇山峻岭之上,这就是通往泰山之巅的"天路"。望着远处的"天路",心里立即凉了半截,还那么遥远呢!直上直下,那么陡峭,自己能登上去吗?我又开始担心起来。唉,既来之,则安之,既然选择了攀登,哪能半途而废呢?

从中天门往下走了一段土路,再往上走,地势相对平坦,这里林茂风清,景色宜人，此时疲惫的身体顿时轻松许多。路旁一块大石头上刻有"快活三"（又叫"快活三里"）三个大字，"快活三里"真是名不虚传啊！沿着石级往上走，前面有一座拱形石桥，名叫云步桥，桥北边是一片陡峭的石崖，崖上有"云桥飞瀑"四个石刻大字。一片漂亮的瀑布沿着巨大的石崖壁倾泻下来，在阳光照射下，飞溅的水珠映出了一道彩虹，非常漂亮！

欣赏了瀑布，继续往上攀登，两边的山越来越近了，山石上刻满了历代名人的诗词、佳句。石刻文化可谓是泰山一大特色，因为有孔子、司马迁、杜甫、李白等文化名人登临泰山的壮举，所以泰山被称为文化名山。这些石刻书法，严谨雄浑，源远流长，寓意深刻。比如"虫二"（郭沫若解释为风月无边的意思），杜甫的《望岳》诗，陈毅元帅的"泰岳高耸"，还有毛主席的诗句"数风流人物还看今朝"等，可谓琳琅满目，美不胜收。山上的石刻文字，篆书、隶书、草书、行书、楷书，应有尽有，可谓百花齐放，争奇斗艳。里面既有鸿篇巨制，也有一字之惊。这些石刻文字，构成了泰山一道亮丽的风景线。品味着这些石刻文字，我们实实在在感受到了中华民族书法艺术的博大精深和劳动人民的无穷智慧。站在石刻旁拍照留念，真是别有一番韵味！

往上走，景色愈加美丽，盘路两峰对峙，峰上古松，浓郁苍翠，重重叠叠，充满诗情画意，这里便是对松山。清代乾隆曾有"岱宗穷佳处，对松真绝奇"的咏叹。过了对松山，山路变得崎岖陡峭，此时我们已经不知不觉来到了著名的十八盘。十八盘是泰山的灵魂，也是泰山最险要的一段山路，共有石阶1600余级。明代诗人祁承濮有"拔地五千丈，冲霄十八盘"的诗句，十八盘的险峻可见一斑。

这时，抬头望去，山势起伏逶迤，崖壁陡似削，山石横如断，陡峭的山路劈山而进，镶嵌于崖谷之间。直上直下的台阶，好像万丈云梯直冲霄汉，十分壮观！此时我们攀登的脚步也慢了下来，自己也觉得腿部有些沉重，为此我喝了些"红牛"，算是给自己补充一些能量。十八盘的台阶很窄，并不能容得下整个脚踩上去，只能把脚倾斜一些，然后往上攀登，就这样一步挨一步，而且要步步小心。上山的，

泰山十八盘留念

陡峭的泰山十八盘

下山的，人来人往，络绎不绝，我便跟在这向上的人群中。俗话说，上山容易下山难。这话一点不假，山势虽然陡峭，但是如果只顾低头向上攀登，似乎并不觉得特别害怕，但是如果突然回头往下看，才发觉自己已悬在半空了！真是让人胆战心惊！好像稍不小心，人就会滚落下去。这时我已经汗流浃背，脚步也异常沉重，但两旁"努力登高""共登青云梯"等石刻大字却在不断激励着我挑战自我，攀登不止！在攀爬的过程中，我手里拿着的红牛易拉罐，吸引来一位不速之客——一只小蜜蜂，这只小蜜蜂在罐口处贪婪地吸吮着。过了一会儿它又在我面前飞来飞去，弄得我有些惊慌失措，因为害怕蜜蜂蜇到自己。但是自己又不能随便乱动，如果乱动的话，自己滚落十八盘下，那后果可是不堪设想！于是我终于镇定下来，索性不管它了！它飞它的，我爬我的，井水不犯河水嘛！小蜜蜂围着我转了好多圈儿，觉得我是个勇敢者，最后终于无趣地飞走了。

我的前面是位老大爷，看到我小心翼翼的样子，老大爷对我说："不要急，你跟在我后面走吧！"我们一边攀登一边聊天，老人告诉我，他来自黑龙江齐齐哈尔，今年70岁了。听了老人的话，我不禁大吃一惊，没想到老人家这么大岁数，身体还这么硬朗，还和年轻人攀登这么陡峭的十八盘呢！想到这里，我不禁有些汗颜，自己刚过四十，怎么就这么没有信心和毅力呢？世上无难事，只要肯登攀！顿时，我觉得自己浑身有了更多的力量，虽然脚下还是比较沉重，但是老大爷的从容、镇定鼓舞了我，我终于一鼓作气，跨过十八盘的最后一级台阶，登上了南天门。此时，回首望去，一条如云梯般的险峻山路被踩在脚下，内心充满了无比的自豪感。

南天门的观景台上，人山人海，有说的，有笑的，有拍照的，有远眺的，人们的脸上洋溢着胜利的喜悦。扶着栏杆，极目远眺，连绵起伏的群山，峰峦叠翠，犹如大海的波涛在翻滚。远处的山川、树木、河流、房屋尽收眼底，真是"会当凌绝顶，一览众山小"！峰峦的尽头，一条河流好似一条飘带，闪着金光，弯弯曲曲，伸向天际，原来这就是"黄河金带"的伟大奇观！清代诗人袁枚曾有"一

泰山之巅的巨石石刻

条黄水似衣带，穿破世间通银河"的生动描绘，令人叹为观止！抬头仰望，瓦蓝瓦蓝的天空没有一丝白云，天仿佛就在我们头顶之上，我们仿佛处于人间仙境！此时，我不禁想起了著名诗人李白的诗句"不敢高声语，恐惊天上人"！俯视山下，万丈峡谷，深不可测，令人不寒而栗；奇峰异石，悬崖峭壁，如刀削斧劈，鬼斧神工，令人惊叹不已。两山之间，只见几条长长的"细线"横跨在高空中，缆车载着游人缓缓移动，天堑终变通途！泰山的雄伟、险峻、壮美交织在一起，构成了一幅浑然天成的美丽画卷，真是"无限风光在险峰"！泰山无愧于"五岳独尊""天下第一名山"的美誉！

经过天街、碧霞祠，我们来到了大观峰，这里巨石林立，题刻遍布，自然景观和人文景观交相辉映，十分丰富，令人目不暇接。江山如画，令人心驰神往。站在泰山之巅，阵阵冷风吹来，我终于感觉到泰山之巅的寒冷了！此时，我真正理解了宋代大诗人苏轼的名句"高处不胜寒"的含义了。在泰山之巅,好多人都穿着厚厚的棉衣,而自己却只有薄薄的T恤衫!朋友笑着问我:"这回你感觉凉快了吧!"我得意地说:"确实很凉快!"如果心情愉快,就是冬天也是春天啊!

在泰山之巅,我们又游览了玉皇顶等著名的景点,尽情领略了泰山的雄奇壮美。这时,太阳已经明显往西偏了,此时已是下午2点多钟了,于是我们开始往

泰山之巅的巨石石刻——五岳独尊

回走，由于身体等原因，我们中有六位老师依然乘缆车回去，而剩下的我们六个人则坚持步行下山。下山的时候，我们实实在在地感受到了脚步的沉重，以及腿部的酸痛，虽然我们有些步履蹒跚，但依然乐此不疲。当我们赶到山下的时候，马路上已是灯火辉煌，车水马龙。坐在回宾馆的车上，我们依然有些恋恋不舍，而且感慨万千——今天，我们不仅欣赏了中国第一名山——泰山的雄伟壮丽，而且真正体验了这样一个道理：世上无难事，只要肯登攀。

后 记

做教师多年，自己并没有要写点什么的想法。伴随着"课改"的大潮，对"教师成长＝经验＋反思"（美国波斯纳）这个公式也有所了解，于是拿起手中的笔，针对自己的课堂写起了教学反思。一个偶然的机会，由于一篇教学案例的交流，一鸣惊人，受到广泛赞誉，就这样一路坚持了下来。2005年，靠着5篇发表的教学论文（为全国有名的刊物和全国中文核心期刊发表），荣幸地被评为"高级教师"（后来的一级教师），可谓实至名归。这些发表的论文就是自己勤于实践、善于反思的结果。十多年过去了，现在的教师是不是可以不写反思、不写论文呢？

李镇西老师说过："教育写作是教育与人生的里程碑，是一段生活的定格，是一种精神的凝固，是一份情感的珍藏，是一道理想的光芒，是一串记忆的珠贝，是一束青春的花朵……"李老师的这段话十分精彩。我想，如果我们心中还有梦想，那么就应该拿起手中的笔。大凡有成就的教师绝不只是一名"教书匠"，而必然是一位教学研究者。他们热爱写作，笔耕不辍，他们在教书育人的同时，认真对自己的教学经验和教育智慧进行反思和总结。正是沿着这样一条平凡而又不平凡的道路，走出了许多成绩显赫的名师、教育专家。有的老师可能说：我当不了教育专家。我想说，不想当元帅的士兵不是好士兵。教师一定要有追求卓越的意识，一个追求卓越的教师一定不排斥写教学反思，不排斥写教学论文。

我是个科学教师，科学讲究实事求是。本书记录的就是我和孩子们的教育故事，这些教育故事是真实可靠的。它记录着自己教育教学的点点滴滴，记录着孩子们的童心童趣，记录着孩子们的智慧火花，记录着孩子们的探索发现。真诚的文字记录着永恒。这些文字，每每读来，脑海中不断浮现出一个个聪明伶俐、活泼可爱的形象，内心总是涌动着无限的美好，我常常惊诧于孩子们非凡的想象力和创造力以及锲而不舍的探索精神。

教育无小事，事事皆育人。在我和孩子的这些教育故事中，有很多都是一些平凡的小事，但正是这些平凡的小事中蕴含着最真实的感动和最朴素的美，也正是这一朵朵平凡的小涟漪，汇成了教育的美丽浪花。我想，如果我们撒播的教育的种子能深入孩子们的内心世界，在孩子心中生根、发芽、开花、结果，那么，这会成为他们一生中宝贵的精神财富。

多年来在笔者的成长中得到了各级领导、同事、朋友的关爱、支持和帮助，在此表示最衷心的感谢！在书稿整理过程中，我校的滕俊峰校长和远在上海的好友张伟老师也给出了很好的意见和建议，在此表示感谢！在成书过程中，中国国际广播出版社、北京人文在线的编辑老师们也付出了大量的心血，感谢他们的辛勤工作！

限于水平和经验不足，本书难免挂一漏万，希望各位专家、读者、教师多多批评指正，仅此致谢！

2020年，是不平凡的一年。当新冠病毒在武汉及全国各地肆虐，无数白衣天使奋战在疫情一线的时候，我们向那些白衣天使们致以最崇高的敬意。国家有难，匹夫有责。虽然不能像白衣天使那样奋战在疫情一线，但是我们可以做一些力所能及的工作。于是拿起手中的笔，写了一些文字，完成了书稿最后的整理修改，也算为教育科研事业添砖加瓦，贡献自己的微薄之力。

"沉舟侧畔千帆过,病树前头万木春。"经过全国人民的努力,疫情终于得到了有效控制。2020年的春天来了,百花盛开,姹紫嫣红,她比以往更加美丽,因为她是涅槃后的重生,是新希望的复苏,祝愿我们伟大的祖国万紫千红总是春!

多难兴邦。艰难困苦,玉汝于成。一个国家的成长要历经许多磨难,一个人的成长也是如此。教师的专业化成长也从来不是柳暗花明,往往也要经历许多艰难困苦、失意挫折,我们只有勇敢面对,自强不息,不忘初心,砥砺前行,才能书写自己壮丽的人生篇章!

2020年4月杨晓林于河北唐山